DROEMER

Adriaan van Dis

Das verborgene Leben meiner Mutter

Roman

Aus dem Niederländischen von
Marlene Müller-Haas

DROEMER

Die niederländische Originalausgabe erschien 2014 unter dem Titel
»Ik kom terug« bei Uitgeverij Augustus in Amsterdam.

Besuchen Sie uns im Internet:
www.droemer.de

FSC
www.fsc.org
MIX
Papier aus verantwortungsvollen Quellen
FSC® C083411

Deutsche Erstausgabe Oktober 2016

Der Verlag bedankt sich für die Förderung bei
Nederlands letterenfonds
dutch foundation
for literature
Redaktion: Mirjam Madlung
Covergestaltung: NETWORK! Werbeagentur, München
Coverabbildung: Arcangel/Marcos Appelt
Satz: Daniela Schulz, Puchheim
Druck und Bindung: CPI books GmbH, Leck
ISBN 978-3-426-28162-8

2 4 5 3 1

You must sacrifice your family on the altar of fiction.
David Vann

All sorrows can be borne if you put them
into a story or tell a story about them.
Karen Blixen

I

Wir standen uns gegenüber, meine Mutter und ich. Sie auf der einen Seite der Truhe, ich auf der anderen. Und zerrten an den Griffen. Sie hatte Pantoffeln an, ich feste Schuhe. Sie rutschte weg, und ich keilte sie ein. Gewonnen.

Der Schlüssel steckte noch im Schloss. Er hatte darum gefleht, gestohlen zu werden, es war ein geheimer Schlüssel – aus verschnörkeltem Schmiedeeisen –, meine Mutter trug ihn an einer Silberkette um den Hals, wie ein Schmuckstück. Keines ihrer Kinder bekam je die Gelegenheit, ihn in der Hand zu wiegen.

An einem faulen Sonntag lag er auf ihrem Nachtschränkchen. Sie saß in der Wanne, der Boiler bollerte, und meine Hand schlich, wohin sie nicht durfte. Sie vermisste ihn erst, als sie sich anzog, stürmte im Morgenmantel nach unten und fand mich gekrümmt vor der Truhe, stochernd in dem rostigen Schloss.

So begann das Schubsen und Zerren.

Die Silberkette schlug gegen das Holz. Ich bückte mich wieder nach dem Schlüssel. Hab ihn – aber meine Mutter erwischte mein Handgelenk. Eisern umklammerten mich ihre Finger. Wie Stacheldraht.

Ich schrie auf und ließ den Schlüssel samt Kette in ihre mächtige Pranke fallen und sah ihn dann zwischen ihren dampfenden Brüsten verschwinden. Eine Demütigung, die mir so viel Kraft verlieh, dass ich die Truhe ächzend über das Linoleum zerrte – bis sich mindestens achtzig Kilo Mutter auf den Deckel warfen. »Das ist meine Truhe«, kreischte sie. Als ob ich das nicht wüsste, schließlich stand ihr Name auf dem Deckel, in tropfend weißen Lettern, sie hatte sie nach dem Krieg von Palembang mit in die Niederlande verschifft – zu klotzig für eine Dame, nur von Kulis zu stemmen, und auch das nur mit Peitsche dazu. Solange ich mich erinnern konnte, schmorte das Monstrum in einer Ecke des Esszimmers unter einem Batiktuch vor sich hin.

Der Griff knarrte vor Aufregung – oder war es ein Seufzer des Verlangens? –, ein Kupfernagel platzte ab. »Meine Truhe, du ruinierst meine Truhe!« Noch ein Ruck, das Leder riss. Ein Wölkchen wirbelte auf – brauner Staub. In der Schrecksekunde stieß ich meine Mutter zu Boden … und da lag sie, mit klapperndem Gebiss. Ihr Bademantel war aufgesprungen, der Schlüssel keuchte. Der nackte Schlüssel. Sie bedeckte sich, aber ihre Augen – braun, mit einer Spur Gelb – sprühten vor Zorn. Zwei große Tränen rollten an ihren Nasenflügeln entlang, links eine, rechts eine, in Zeitlupe – ein Bild, das sich in meine Netzhaut einbrannte: Meine Mutter konnte weinen!

Ich schlang die Arme um die Truhe, ich zerrte sie zu den Flügeltüren, schrammte über Linoleum und Teppich, aber der Teppich wanderte mit, der Tisch wanderte mit, Bücher fielen zu Boden. Meine Mutter rappelte sich auf und versperrte breitbeinig die Flügeltür zur Terrasse.

Ich trat einen Schritt zurück, rammte meinen Kopf in ihren Bauch, und da flog sie hin, klirrend durch die Bleiglasfenster. Und jetzt Bahn frei, Türen auf, über die Schwelle mit dem Ding, auf den Rasen (ihr ganzer Stolz, nicht das kleinste Moospölsterchen), Erde spritzte auf –

ein Panzer war nichts dagegen. Die Schlacht meines Lebens! Ich hatte nicht gewusst, dass eine Frau so kreischen kann.

Wir wohnten in einem Außenbezirk, die Weißdornhecke war noch jung, der breite, langgestreckte Garten ging in einen Wald über – man konnte tun und lassen, was man wollte. Die Zeitungen waren gerade voll von einem Mordfall, ganz in der Nähe, ein paar Jungs aus gutem Haus, die ich aus der Tanzstunde kannte, hatten die Leiche eines lästigen Kumpels in einem Brunnen entsorgt – erst nach einem Jahr wurde sie entdeckt. Wir hatten keinen Brunnen, allerdings einen Komposthaufen mit einer tiefen Grube, in der es gärte vom gemähten Gras. Doch so weit kam ich nicht, beim Fliederbusch blieb ich stecken. Meine Mutter klammerte sich an meinen Rücken, aber ich schüttelte sie ab und sprang auf die Truhe. Kippe an und in aller Ruhe rauchen, auf Lunge. Reinziehen, rausblasen. Mein Kriegssignal. Mit sechzehn.

Komm doch, wenn du dich traust.

Eines Nachmittags, als eine Unterrichtsstunde ausgefallen war, hatte ich sie an der Truhe erwischt. Ich kam zufällig an der Terrassentür vorbei und sah ihren Kopf über den geöffneten Deckel ragen. Sie kniete, mit dem Po auf den Fersen und kerzengeradem Rücken – ja, ich hatte damals eine Yogamutter, stark und biegsam. Ihre Hände durchwühlten Papiere, sie hob einen Ordner hoch. Durch das bunte Bleiglas konnte ich nicht erkennen, was er enthielt. Ihre Lippen bewegten sich, und sie riss etwas in Fetzen. Fühlte sie meinen Schatten? Oder meine brennende Neugier … mit einem Mal drehte sie sich um und sah mich dort stehen, ich winkte verlegen, aber sie ignorierte mich und klappte den Deckel zu. Als ich ins Haus kam, lag das Batiktuch wie immer darauf, die Trockenblumen im Ingwerpott zitterten nach –

die einzige Erschütterung im Zimmer –, meine Mutter saß seelenruhig am Tisch, die Nase in einem Buch. Kein Wort über das, was ich gesehen hatte. Die Truhe existierte nicht. Sie war ein Beistelltisch, an Geburtstagen ein Hocker, notfalls eine Fußbank, aber nichts, worüber man sprach, einfach ein Ding, das für mich auf ewig verschlossen blieb.

»Ich hasse die Truhe, ich hasse die Truhe, ich hasse die Truhe.« Das war mein Mantra an dem Tag im Garten, und ich wusste verdammt gut, was ein Mantra war. Du musst es nur tausendmal aufsagen, dann hebst du ab. Ichhassedie-TruheIchhassedieTruheIchhassedieTruheIchhassedie-TruheIchhassedieTruheIchhassedieTruhe.

Bis ich heiser war, und high.

Lamentierend lief meine Mutter zum Schuppen und kam mit einem Beil zurück. »Runter von der Truhe.« Ich lachte sie aus, sprang herunter und schubste sie in den Flieder. (Es braucht nur eine Dolde, und ich rieche diesen Tag.) Her mit dem Beil. Ich riss es ihr aus der Hand und hämmerte damit auf den Deckel. Erst mit der stumpfen Seite, und noch ein Hieb mit der scharfen. Das Tropenholz splitterte. Meine Mutter sprang mir auf den Rücken.

»Ich enterbe dich! Du wirst enterbt!«

Sie schlug mir die Fingernägel in Nacken und Hals. Die Tigerin.

Meine Lunge fiepte.

Sie gewann.

Die Truhe wurde wieder ins Haus gezerrt.

Tuch drüber.

2

Einen Monat nach dem Tod meines Vaters machte meine Mutter Großputz. Sein Geruch musste weggeschrubbt werden, sein Geist verscheucht. Sie schleppte die Matratze seines Krankenlagers nach draußen und vermöbelte sie tüchtig mit dem Teppichklopfer.

Rasierpinsel, Nagelbürste, Zahnbürste, Kleiderbürste – ins Feuer mit ihnen, sie mussten brennen, geläutert werden und die Reste in einem tiefen Loch begraben – kein Haar, kein Schüppchen von ihm durfte zurückbleiben. Nach einem Tag Durchzug, der die Fenster in ihren Haken klappern ließ, entzündete sie eine Kerze, und wir schritten zusammen dreimal mit einem Zitterflämmchen um das Haus, um so die negativen Kräfte, die uns umzingelten, endgültig zu veröden. Von nun an würde seine Wut unsere Haustür nicht mehr finden können und sein Geschrei uns nicht mehr aus dem Schlaf reißen. So trieb sie meinen jähzornigen Vater aus – mit Feudel, Schrubber, Teppichklopfer und Zündhölzern. Und indem sie den Tisch so nah an die Wand rückte, dass nur noch sie am Kopfende Platz hatte.

Danach war ich an der Reihe, der Sohn, infiziert von der bösen Galle meines Erzeugers. Eine Reinigungsdiät sollte mir helfen: Rohkost, Weizenkeime, mit Bierhefe verstärkter Yoghurt, Gurkenbouillon, geriebene Kurkumawurzel und literweise Rote-Bete-Saft. So spülte ich mein Gedärm, pisste mich rein und wuchs über mein niederes Ich hinaus.

Nach dem Körper der Geist. Mir wurde eine neue Lebensweise auferlegt. Um meinen Jähzorn zu zügeln, vertiefte sich meine Mutter in den schriftlichen Kurs *Praktische Hypnose. Negative Gedanken vertreiben, überall und jederzeit einsetzbar.* Anhand von Anleitungen wollte sie versuchen, mein Unterbewusstsein zu Gelassenheit zu bewegen – eine bewährte Methode in ihrem okkulten Freundinnenkreis. Der Energiefluss zu meinem höheren Selbst war blockiert, und wenn ich nur meinen Geist öffnete, kämen die positiven Energien ganz von selbst wieder zurück.

Beim Essen redete sie Kurssprache: Der magnetische Zentralblick ist der Sender des Verstands …

Nach einer Woche des Studierens gebot sie mir, mich ihr direkt gegenüber zu setzen, und legte mir die Hände feierlich auf die Schultern. Mich zu sträuben war zwecklos, ich war es gewohnt, ihr Versuchskaninchen zu sein. Bevor wir zu einer beruhigenden Hypnose übergingen, mussten zuerst unsere Energieströme ineinanderfließen – je weniger Widerstand, desto besser. Ihre Ärmel kitzelten mich an der Wange. Das Hypnoseheft lag neben ihr auf dem Tisch. Mit Holzkohle malte mir meine Mutter einen Punkt auf die Nasenwurzel. Ich sah zu ihr auf und zählte die Fältchen um ihren Mund, die Furchen, die Sorgen. Sie gab sich größte Mühe, mich »tief und innig« anzusehen, aber mittendrin driftete ihr Blick in die Anleitungen.

»Deine Augen sollten sich jetzt von selbst schließen.«

Ich kniff sie fest zusammen.

»Denk positiv«, sagte sie mit schwerer Stimme.

Ich gab mir größte Mühe, an Bumsen zu denken – ein Flüsterwort aus der Schule.

»Lass dich fallen.«

Ich biss die Zähne zusammen, konnte das Lachen nicht verkneifen.

Emsiges Rascheln. »Du guckst mich an, das darfst du nicht.« Der magnetische Zentralblick ließ ihre Augen tränen, aber bei mir tat sich nichts. »Pure Widerspenstigkeit.«

Aber bei der Katze klappte es. Tiere waren sehr leicht zu hypnotisieren, Vögel, Schlangen, »alles wissenschaftlich erwiesen«. Sie hatte im Garten eine Maus aus den Krallen der Katze befreit – allein durch Anstarren. Die beleidigte Unschuld kam sogar ganz gegen ihre Gewohnheit und gab demütig Köpfchen. Meine Mutter hätte gleich beim Zirkus anheuern können.

Neue Bücher kamen auf den Tisch: über Heilmagnetismus, positives Denken, das sympathische Nervengewebe. Ihr Lesen wurde zum Studium. Sie machte Notizen und tippte sie nach dem Abendessen auf einer lindgrünen Schreibmaschine mit zweifarbigem Band ab. Nach ein paar Tagen hatte sie die Diagnose: Ich ließ mich zu leicht ablenken.

Wir verlegten uns auf Konzentrationsübungen. Uhr auf den Tisch und nur den Sekundenzeiger anschauen, sich nur auf diesen einen Zeiger richten und jedes Mal, wenn die Gedanken abirrten, einen Strich machen. Man musste lange üben, um unter fünf Striche pro Minute zu kommen; wenn es gelang, war man auf dem richtigen Weg. Sie lehrte mich, in die Stille hineinzugehen, indem ich mich nur auf mein Atmen konzentrierte und so die Geräusche ausblendete. Praktisch beim Hausaufgabenmachen und beim Lesen. In dem selbstgeschaffenen Kokon aus Stille war es nur ein kleiner Schritt, Dinge zu sehen, die nicht da waren. Jetzt, wo ihre Töchter aus dem Haus waren – zwei von ihnen hatten sogar das Land verlassen –, sah sie die Gelegenheit gekommen, auch mich in die Kunst des Schwebens einzuweihen.

Sie lehrte mich Kartenlegen, wir schlugen zusammen im I Ging nach und gingen wöchentlich meine Zukunft durch. Bedenklich, sehr bedenklich, aber noch war nicht alles verloren. Sie zog mich immer tiefer in ihre Welt hinein. Ich wollte es und wollte es nicht. Sie hielt mich in ihrem Bann. Wir begannen zusammen zu beten. Nein, wir quatschten nicht mit Gott, dafür brauchten wir keine Bibel. Gott war in uns. Wir beteten um Kraft. Ich, um mich zu wappnen, gegen Lust und Ungeduld, gegen meine dünnhäutige Wut und gegen Bosheit und Klatsch. (»Wir sind anders, sei stolz darauf!«) Und in dieser Wappnung musste man Frieden suchen, mit sich, mit seinen Nächsten. Das klingt widersprüchlich, aber damals nicht (und ich erkenne noch immer die Logik in ihrer Unlogik).

Vor dem Schlafengehen pressten wir unsere Fingerkuppen aneinander, eine nach der anderen. Ich spürte die Wärme ihrer trockenen Hand und die Schrunden von der Gartenarbeit. Unsere Finger atmeten – »Friede ein, Friede aus« –, und so verbannten wir die negative Energie. Dann rief sie die Flüsse zu Hilfe, um unseren inneren Schmutz abzuleiten, das Wasser strömte in einen See, und um diesen See lag der Dschungel (den ich schwarz-weiß aus dem Fotoalbum kannte). Ich musste mir die orangerote Glut einer untergehenden Sonne vorstellen – Orange über viel Grün.

Während sie das Loblied auf ein friedliches Leben anstimmte, sah ich auf meinem Schlafzimmerschrank den Fluchtkoffer liegen – verschossenes Segeltuch, mit Kupferecken, die glänzten, wenn das Mondlicht durch den Vorhangspalt hereinblinzelte. Gefüllt mit Notgepäck, mit Sunlichtseife, Desinfektionsalkohol für wenn der Krieg kam. Erwähnte der Nachrichtensprecher im Radio sowjetische Panzer in Ungarn, dann holte sie den Koffer vom Schrank und füllte ihn mit verderblicheren Gütern: Kakaopulver, Traubenzucker, Aspirin, Lebertran, einer Dose Nivea. »Da denkt man nicht als Erstes dran, aber der Krieg ist schlecht für die Haut.«

Sie impfte mir unsichtbare Panoramen ein, fruchtbar, üppig und sicher: »Grün, grün. Orange, orange.« Aber ich, das Versuchskaninchen, sah ein anderes Grün: meine aus einer Militärjacke geschneiderte kurze Hose, kratzig und steif, bis zur ersten Schneeflocke zu tragen, um mich abzuhärten. Bereit für die Russen. Gestählt für Sibirien. Und ich sah ein anderes Orange: das der Medaillenbänder für Tapferkeit, Besonnenheit und Treue für Königin und Vaterland, die mein dekorierter Vater nach einer schlaflosen Woche mit den Zähnen zerrissen und mir nach einem irren Salut auf den Schlafanzug geheftet hatte. Meine Mutter hörte keinen Schrei. Sie lief aus dem Zimmer, fort vom Blut auf meiner Brust – erfüllt von einem höheren Frieden.

Zermalme die Wut. Lechze nach Läuterung. Lass das Positive triumphieren. Ramm es hinein. Wir spielten Hammer und Amboss und fanden uns in der Kraft des anderen.

3

Mit neunzehn verließ ich mein Elternhaus und leckte die Wunden der Mutterliebe. Seither blieb ich auf Distanz, denn wenn ich etwas von ihr gelernt hatte, dann sicher das. Sie sträubte sich nicht, ihre Pflicht war erfüllt – ich war geformt. Außerdem handelte ich völlig in Übereinstimmung mit meinen von ihr erstellten Horoskopen. Der Pfeil des Schützen schießt am eigenen Hof vorbei. Ab und zu ein Anruf, das reichte, und dreimal im Jahr ein Besuch.

Nach ihrem fünfundachtzigsten zog meine Mutter in einen altmodischen Ruhesitz unweit der Küste. Vielleicht kam es durch meinen Umzug nach Paris oder durch die vielen Reisen, aber sie in ihrer neuen Bleibe zu besuchen, schaffte ich fast nie, und ich fühlte mich auch nicht schuldig; die wenigen Male, die ich kurz bei ihr vorbeischaute und sie mir lauen Tee vorsetzte, sah sie kaum von ihrem Buch auf. Ich schien zu stören. Sie kam prima allein zurecht. Zwei Töchter begraben und eine im Ausland – nie eine Klage. (»Nein, wirklich, ihr braucht nicht zu kommen, ich hab selbst viel zu viel zu tun. Schaut einfach, wie's passt.«) Klar im Kopf und nach eigener Aussage »nicht totzukriegen«. Wer hat schon so eine tolle Mutter. Nein, Ansprüche stellte sie keine. Bis zu dem Tag, an dem sie mich anrief: »Wann bist du wieder mal in Holland? Du musst was für mich tun.«

Sie hatte sich nicht groß verändert, als sie mir die Tür öffnete, war höchstens ein bisschen geschrumpft. Sie hinkte gottserbärmlich, schwankend suchte sie am Türgriff und am Handschuhschränkchen Halt. In der Ecke der *hall* stand ein Rollator – die Scheuerleisten und der alte Perser im Wohnzimmer zeigten Spuren schleifender Räder. Kein Stuhl war leer, außer ihrem, einem Thron aus Holz, mit einem welken Kissen – jeder Sitzplatz war von Büchern und Zeitungen besetzt. (»Besser ein Buch zu Gast als ein Mensch« – einer ihrer Lieblingssprüche.) Der große Esstisch war übersät mit Büchern und Papieren, die Hälfte davon aufgeschlagen und mit aufgerissenen Briefumschlägen gespickt, Stiftbecher standen links und rechts von ihrem Stuhl, ein Obstkorb, eine Jadeschale, gefüllt mit Halbedelsteinen, und eine Hasenpfote gegen Rheuma – in Griffweite ein Knotenstock, krumm wie ein Säbel. Er war ein Erbstück, aus eigenem Baumholz geschnitzt, in meinen Knabenjahren ließ sich damit noch gut schlagen, doch seit dem Umzug ins Seniorenheim diente er vor allem als Stampfstock gegen taube Nachbarn, die den Fernseher zu laut dröhnen ließen – so war es bei früheren Besuchen. Jetzt diente er ihr beim Gang in die Küche. Sie ging gebeugt, sah ich, und hielt beim Gehen einen dicken Bauch in Schach – etwas, wie eine Geschwulst. »Was hast du denn da?«, fragte ich. »Nichts, die mästen mich hier.« Ich wollte sie stützen. Nein, kein Arm. »Tapfer sein, tapfer sein.« Ihr Stock machte Überstunden (»Ein guter Stock kennt keinen Ruhestand«). Stolz zeigte sie mir, wie man mit der Spitze eine zu Boden gefallene Zeitung aufheben konnte, ohne sich zu bücken, wie sich ein zwischen Kühlschrank und Fliesenwand gefallener Löffel herausschieben ließ und wie man mit diesem dritten Arm das hohe Küchenfenster öffnen und schließen konnte. Siehst du wohl, sie brauchte niemanden! Auch wenn die Teekanne, die sie von der Spüle schlurfend zum Tisch trug, garantiert ein bisschen Spüli vertragen hätte, das Wedgwood-Porzellan – so alt wie sie – war schwarz von den Teelichtern, und an der Tülle klebte der Wasserstein … aber, ein Glück, der Tee war lau. Immer lau. Ich hatte schon befürchtet, sie hätte ihre alten Gewohnheiten abgelegt.

Das Tischtuch war fleckig. Vor allem vor ihrem Sitzplatz konnte ich sehen, wo sie sich hochstemmte, wo sie das Platzdeckchen auffaltete, wo sie täglich die Tarotkarten legte und kupferne I-Ging-Münzen warf – auch die Zukunft hinterlässt Spuren. Vor allem war es ihr Leseplatz, mit Verschleißspuren von Spannung und Langeweile: Sie las noch immer drei, vier Bücher pro Woche. Auch das war eine liebe Gewohnheit.

Nach einer Runde um den Tisch bestieg sie mühsam ihren Thron, legte das Kissen vor ihren Bauch und gebot mir, mich »doch endlich mal« zu setzen. Ich räumte einen Stuhl neben ihr frei – »nein, nicht neben mir, gegenüber, und schau mich nicht so an.«

»Ja, Mammie.«

Sie zupfte ihre schafwollene Weste zurecht und richtete die Kette auf ihrer Brust – sorgfältig aus ihrer Sammlung ausgewählt. Jedes Leiden, jeder Tag, jede Aktivität brauchte einen speziellen Stein. Diesmal hatte sie eine Halskette aus versteinertem Ostseeharz herausgefischt, obwohl sich das Goldgelb mit dem Rot ihrer Bluse biss: Bernstein war ihr Reisestein.

Und das wollte sie, reisen. Seit Wochen trug sie die Idee mit sich herum, und jetzt musste es heraus, ohne Wenn und Aber: »Ich will mein Elternhaus noch einmal sehen. Und zwar bald.«

Sie polierte den Bernstein. »Die Zeit drängt.«

»Was ist denn los?«, fragte ich besorgt.

»Nichts, aber meine Hände sehnen sich nach Lehm, und ich möchte so gern auf den Deich.«

»Aber du kannst kaum gehen.«

»Dann schiebst du mich eben.«

»Und damit kommst du jetzt an. Du wolltest doch nichts mehr von den Bauern wissen?«

»Ich träume vom Fort. Die Soldaten sind auf unseren Hof marschiert.«

»Krieg«, seufzte ich, »ist ja mal ganz was Neues.«

»Es wird meine letzte Reise.«

»Und wieso?«

»Es wurde mir angekündigt.« Sie sah mich triumphierend an, fast nötigend.

»Angekündigt, angekündigt, von wem denn, vom Arzt?«

»Nein, Stimmen, alte Stimmen.« Ach, wann war sie zum letzten Mal da gewesen, vielleicht vor fünfzig, sechzig Jahren?

»Schau mal, neue Schuhe, extra angeschafft.« Zwei Klettverschlusstreter quietschten unter dem Tisch. Ich schlug vor, das nächste Mal meinen Laptop mitzubringen und mit Google Earth über dem Bauernland zu schweben. Und Lehm konnte ich überall ausgraben.

Ihr Gehstock schlug auf den Tisch. »Nein, du verstehst das nicht, dort liegen Schritte von mir, mein frühestes Ich, mein erster Krieg …« Sie brach den Satz ab und blätterte ungestüm durch ihren Kunstkalender. Der Reisetag war bereits angekreuzt: ihr Geburtstag.

»Aber das ist ja schon bald, da kann ich nicht.«

»Na hör mal, einen Tag für deine alte Mutter. Ich werde achtundneunzig, verflixt noch mal.«

Wir kabbelten noch ein bisschen herum, aber ich hatte nichts zu melden (»Was machst du dort eigentlich, in Paris?«). Ein besserer Reisetag war auch auf absehbare Zeit nicht in Sicht. Sie hatte die Ephemeriden genauestens daraufhin nachgeschlagen – das hellblaue, kleine Buch mit dem täglichen Gestirnestand lag als Beweis auf dem Tisch –, ein Rollstuhl war schon organisiert.

Jahre war sie nicht von ihrem Tisch wegzuprügeln, wollte nichts von einem Ausflug wissen, und jetzt hörte sie nicht auf davon, wie wir fahren sollten, und wie lange und wie weit. Ja, wir würden uns einen schönen Tag machen, fern von unerbetenen Festlichkeiten, dem Glückwunschgeschwätz der Direktorin und dem Geburtstagskuchen im Aufenthaltsraum.

»Du denkst doch nicht, dass ich meinen Geburtstag unter lauter Alten feiere.«

4

Es nieselte, als ich sie eine Woche später abholte. Die Seniorenresidenz roch nach Kaffee, die Morgenzeitungen lagen aufgeschlagen auf dem Lesetisch neben dem Empfang, irgendwo, weit weg, hörte man ein Klavier, und Damen mit Betonfrisur schoben behende ihren Rollator zum Aufenthaltsraum – ihre Steuerkünste rührten mich, einst waren sie rollernde kleine Mädchen gewesen, man sah es an ihren Pranken. Aber wo waren die Männer, wurden hier nur Witwen verwahrt? Ich hatte meine Mutter schon einmal danach gefragt. »Frauen halten mehr aus«, gab sie zurück, »das weißt du doch?« Sie machte sich immer über die Männer lustig: »In der Gefangenschaft gingen sie auch als Erste drauf.« Ich dachte an meine Kondition und nahm die Treppe.

Im oberen Flur war es schwül und beengt, alle Fenster waren geschlossen. Einige Bewohner hatten Bilder in ihren Vorraum gehängt, viel Landschaften, Kunst, mit der man niemand beleidigen konnte, außer den guten Geschmack – Visitenkarten der Anständigkeit. Auf jedem Fußabstreifer stand ein kleiner Müllsack, offenbar wurde der Abfall an diesem Morgen abgeholt. Ein säuerlicher Geruch hing vor den Türen. Tropfenfänger, der Geruch des Alters.

Die Wohneinheit meiner Mutter ging auf den Garten

hinaus. Man musste Remonstrant sein, um so schön wohnen zu dürfen, eine Hürde, die sie mit links nahm: Sie war Mitglied von mindestens fünf Religionsgemeinschaften, obwohl sie nie zur Kirche ging. (»Um Gott zu finden, brauche ich keinen Pfarrer.«) Die Tür war angelehnt, sie saß bereits in der Diele und erwartete mich, reisefertig, in ihrem Rollstuhl vom Heim – Mantel zugeknöpft, Tasche auf dem Schoß, Stock in der Hand. Ich brauchte sie nur noch hinauszuschieben, bitte durch den Lieferanteneingang und nicht am Empfang vorbei – sie wollte einen großen Bogen um die Direktorin machen.

Der Rollstuhl passte kaum in den Kofferraum, die Mutter ins Auto zu verfrachten war noch vertrackter. Der Sicherheitsgurt drückte. »Was für ein Unsinn, das ist ja die reinste Zwangsjacke.«

»Es ist Vorschrift, Mammie.«

»Ich erklär das schon dem Polizisten.«

Erleichtert fuhren wir vom Parkplatz. Torte und Reden entwischt. So, jetzt konnte sie los und ledig Geburtstag feiern, im klobigen Tweedmantel, Spazierstock zwischen die Knie geklemmt und Tasche auf dem Schoß.

»Leg den Stock auf den Boden.«

»Nein.«

»Dann stell die Tasche runter.«

»Nein.«

»Und nimm den hässlichen Schal ab.« Na gut, weil du keine Ruhe gibst.

Nach einer Stunde knöpfte sie endlich ihren Mantel auf und breitete ihn halb über die Gangschaltung. Sie konnte sich nicht sattsehen an den Verkehrsschildern über der Straße und zupfte mich ständig am Arm, um mich auf verwirrende Autobahnkreuze hinzuweisen. Wir fuhren an neuen Vorstädten vorbei, an Industriegebieten, an Reihen aus Beton und Glas, nirgendwo noch ein Stückchen freier Horizont. »Es ist schon arg voll geworden«, sagte sie enttäuscht.

Nach Jahren in Paris musste auch ich mich an die bauwütigen Niederlande gewöhnen. Der Ballungsraum Randstad im Westen war fast geschafft, nur noch ein paar Kilometer Lärmschutzwall drum herum, dann konnte der Deckel drauf. Ich hatte gerade in der Zeitung gelesen, dass die Niederländer nach den Dänen das glücklichste Volk in Europa seien. Die Franzosen hatten viel schlechtere Ergebnisse, die schluckten massenhaft Beruhigungspillen.

»Oft bleibt einem nichts anderes übrig, als sich glücklich zu lügen.« Meine Mutter sagte es leise, fast nebenbei, sie suchte etwas in ihrer Tasche.

»Bist du glücklich?«, fragte ich. Sie drehte sich mir erstaunt zu. »So was fragt man eine Mutter nicht.«

»Und einen Sohn?«

»Du hast doch nichts zu klagen?«

Sie erwartete keine Antwort, der Inhalt ihrer Tasche war wichtiger, ein brauner Ledersack, an dem die Katze noch ihre Krallen geschärft hatte – eine Katze, die seit zwanzig Jahren tot war. Wo war diese verdammte Karte nur abgeblieben?

Puh, da ist sie ja, nach langem Wühlen kam sie ans Licht. Sie faltete sie über dem Knie und dem Lenkrad auf. Nicht ein Teilstück, das ganze Land, voll roter Schlängelstraßen, die sie vor sechzig Jahren mit einer Solex befahren hatte. Der Abschlussdeich war gerade noch drauf, aber die neuen Polder und die Deltawerke hatten es nicht mehr geschafft. Ich stieß Südholland von mir weg. Ihre Finger suchten die Straßen von einst (»Wo fahren wir gerade? Wo sind wir?«) – sie hatte eine andere Karte im Kopf.

Wir rasten über eine Brücke, kilometerlang (»Das hieß bei uns Meer, zu meiner Zeit war das eine Tagesreise«), und nahmen die neue Straße nach Süden (»quer über unser Land, verdammt noch mal«).

Wir bogen ab und fuhren langsamer durch verschlafene Dörfer, oft nicht breiter als ein morastiger Weg mit links und rechts ein paar Landarbeiterhäuschen. Die Zuckerrüben reckten schon fleißig die Köpfe, da und dort lagen Felder brach, Wasser glänzte in den Furchen. Ja, manchmal musste der Boden ruhen, wusste meine Mutter. Ein schmaler Weg, dunkel glänzend vom nassen braunen Lehm, führte uns an einem Grenzstein mit verwittertem Wappen entlang, das Kraut schlug gegen die Räder, aus Respekt vor den Pflanzen musste ich die Geschwindigkeit drosseln (ein Befehl!), Schritttempo musste ich fahren. Aber ich konnte nicht schalten, wieder war ihr Mantel im Weg, und nach einem Rippenstoß und Herumgefuchtel mit dem Stock ragte plötzlich eine grüne Wand auf – Erdwälle, verfallene Festungsanlagen und ein Kopf aus Stein. Schau, das war das Fort – hoch war es, damit man Angst bekam. Sie versuchte, die Karte zu falten und gleichzeitig hinauszusehen. Aufgeregt knüllte sie den Polder zusammen. Mein Gott, war das verfallen. Sie deutete auf zwei leere Augen. Dort, dort hatte früher der Lauf geschwenkt, der von der IJzer, so hieß die Kanone. Zu ihrer Zeit knallte man noch, um Eindruck zu schinden. Zu ihrer Zeit zeigte der Lauf nach Süden, um die vorstoßenden Deutschen hinter der belgischen Grenze abzuschrecken. »Wir mussten unsere Neutralität schützen. Die Niederlande waren feige und unparteiisch, aber der Krieg konnte im Nu hier sein.«

Sie vermisste die Flaggen, die Fahnen am Tor, und die schönen Weiden: alle umgehackt. Zu ihrer Zeit … Sie wollte das Beifahrerfenster öffnen. (»Wie geht das auf?«) Ich ließ es hinunter, ein Schwall Nieselregen schlug herein, der Wind plättete ihr dünnes Haar, aber sie atmete lachend den Dunst ein von der Erde und vom Meer hinter dem Deich. »Riechst du das?«

Ihr Vater wirtschaftete zwischen Rüben und Soldaten, aber die Soldaten sangen nicht mehr. Im Ersten Weltkrieg waren Aberhunderte im Fort. Männer, die ihr zuwinkten, die für sie die Zugbrücke herunterließen, wenn sie dem Kommandanten vor Einbruch der Dunkelheit eine Flasche Schnaps brachte, mit den Empfehlungen ihres Vaters. Einmal holte sie den Sanitäter, als sich ein Knecht schlimm verletzt hatte, und an ihrem achten Geburtstag bekam sie vom Heerlagerschneider einen Matrosenanzug, und die Köchinnen kochten Suppe für die belgischen Flüchtlinge. Sie hatten daheim eine ganze Scheune voll. Meine Mutter schwatzte immer weiter, erfüllt von ihrer Kindheit auf dem Land. Ich hatte sie noch nie so über den Polder reden hören. Komisch auch, wie ein alter Krieg Kontur bekam, während sie diese Zeit in früheren Erzählungen über ihre Familie als vages Abenteuer abgetan hatte.

Ein Knopfdruck, und die Fenster summten wieder zu. Wir fuhren langsam am Fort entlang, auf der Suche nach ihrem Elternhaus – es musste in der Nähe sein, sie war ein Kind gewesen, ein junges Mädchen, als ihr Vater den ganzen Kram verpachtete und sich in sein hohes Haus neben der Kirche zurückzog –, weit weg von Morast und Mist.

Schau, dort, dort, über den Deich war sie gelaufen, als er noch leer war und gerade, und nicht so breit vielleicht. Jeden Tag sechs Kilometer zur Schule, auch bei Schnee. Auf Holzpantinen. Damit haute sie den katholischen Jungs auf den Kopf. Und wenn es irgendwie ging, eine halbe Pfanne Aal zum Frühstück, nie mit leerem Magen losgehen. Ihr Vater fing sie eigenhändig in den Wassergräben um den Hof. Das Lebendhäuten erledigten sie zusammen – es macht einen stark.

Sie hatte noch immer stramme Waden vom Laufen, stolz waren Kinn und Hals. Ich suchte das Landleben im Craquelé ihrer wettergegerbten Haut, in den tiefen Furchen um ihren scharfen Mund. So nah hatte ich seit Jahren nicht neben meiner Mutter gesessen. Ich wollte sie anfassen, aber sie rückte näher zur Tür und stellte ihre Tasche zwischen uns.

Sie sah es. Sie sah es nicht.

Meine hochgezogenen Knie streiften ihren Mantel, in den Kurven auf den abgesackten Polderwegen war Kontakt unvermeidlich. Wir suchten das Gleichgewicht, unsere Schultern berührten sich, erschraken, und als ich meine Arme neben ihren sah, unsere grobschlächtigen Arme, wurde mir einmal mehr bewusst, dass ich ihren Körperbau hatte – die Bauernknochen. Wie gedrungen wir auch waren, auf dieser Reise wurden wir beide zu Kindern …

Ich schlich wieder durchs Haus meines Großvaters – groß und imposant, mit einer breiten Treppe und Geheimzimmern, wo Stühle und Sofas mit Laken verhängt waren. Mein Großvater lachte selten. Nach der Geburt seines Sohnes trauerte er ein Leben lang seiner im Kindsbett gestorbenen Frau nach, eine für mich unbekannte Oma, von der ich nie je ein Foto gesehen hatte.

Großvaters Horizont war so starr wie der Deich. Ein feststehender Rhythmus bestimmte sein Tun und Lassen: kalte Dusche bei Sonnenaufgang, Radionachrichten um zwölf und um sechs, warme Mahlzeit zu Mittag, kleine Runde um drei Uhr, und Punkt fünf der erste Kurze. Im Sommer wohnte er auf der Schatten-, im Winter auf der Sonnenseite. Der Umzug war im Kalender angekreuzt. Und immer ging er in dreiteiligem Schwarz. Geharnischt durch die vier R in seinem Leben: Regelmäßigkeit, Ruhe, Reinheit und Rendite – ein echter Kuponschneider. Er hatte Anteilscheine an allem und nahm nirgendwo Anteil. Auf dem hohen Holzstuhl (den später seine Tochter erben sollte) las er rauchend die Zeitung, in einem totenstillen Haus, ohne mich eines Blickes zu würdigen, doch wenn ich es wagte, mit dem Fuß zu wippen, hörte ich ihn knurren. Ich durfte mich nicht rühren. Über seinem Kopf lauerte ein gehässiger Frauenkopf von Rembrandt: Das Bild für den Sommer war noch gruseliger als das für den Winter.

Erst später begriff ich, dass diese furchterregenden Bilder Kopien aus dem neunzehnten Jahrhundert waren, aber sie galten als echt. Irgendwann würden wir den ganzen kostbaren Krempel erben und nicht nur von ihm: Jedes Jahr wurde ich zu zwei alleinstehenden Tanten mitgeschleppt, denen ich mich von der besten Seite zu präsentieren hatte, und meine gewienerten Schuhe, den sauberen Kragen und meine guten Manieren. »Sag nicht oje, für sie ist das ein Fluch.« Schade, dass sie mütterlicherseits so schrecklich alt wurden.

Wir erkundeten den Horizont des Polders, flach und weit, mit Reihen von Pappeln in den Kulissen. Wo stand denn dieses Elternhaus? Konnten wir nicht auf den Deich, um weiter zu sehen? Wir suchten nach einer Treppe oder einem Aufgang und hielten an einer Traktorspur. Es fisselte noch immer, laue Spritzer, doch das hielt uns nicht davon ab, den Rollstuhl aufzuklappen. Die Tasche musste mit. »Her mit dem Ding.« »Nein!« Wie bekam ich sie dort hinauf? Sie lehnte sich nach hinten, schaute zu den grauen Wolken, und die Tropfen liefen ihr über die Wangen. Gut für die Haut. Früher drehte sie sich tanzend im Regen, jetzt drehten sich die Rollstuhlräder. Das Gras glitschte.

Ein Bauer auf einem Traktor mit Mistanhänger sah uns herumstümpern und brachte die Rettung, indem er Rollstuhl samt Mutter hinaufschleppte, ohne zu keuchen, obwohl auch er nicht mehr der Jüngste war. Oben auf dem Deich stieg sie aus und benutzte den Mann als Spazierstock. Er lachte darüber: »Ich hab auch so 'ne Mutter.« Sie warf einen vorsichtigen Blick nach unten und zeigte auf die Traktorspuren im Lehm. »Wir hatten früher einen roten McCormick, den ersten Rübenroder im Polder.«

»Ja, das hat bestimmt was gebracht«, sagte der Bauer, »in der Erntezeit hat man ja immer zu wenig Hände.« Er sprach den Dialekt meines Großvaters, aber seine Stimme war leise, freundlich, und er trug eine Jeans – kein Mann der Vatermörder und pfaffenschwarzen Strümpfe.

Der Acker zog, meine Mutter bückte sich vor, auf seinen Arm gestützt, als wollte sie zum Boden sprechen: »Der McCormick hat grober geköpft, echt, das hat viele Rüben gekostet. Die Knechte und Mägde waren an die Messer gewöhnt und die Köpfschippe, als Kind bin ich in ihren Fußstapfen gelaufen.«

»Ja, ja, aber sie standen schon den ganzen Tag mit krummem Buckel.«

Menschen oder Maschinen, sie wurden sich nicht einig. Die letzte Ernte wurde durchgekaut, der Zuckerpreis, der Winterschaden und der verschlammte Weg nach der Rübenkampagne. Die beiden verstanden sich. Meine Mutter sprach mit Akzent, ich hatte nicht einmal gewusst, dass sie das konnte. Die weichere Aussprache gab ihr wieder ein Lächeln.

Mit Kennerblick betrachteten sie das wogende Rübenkraut und verfolgten einen Krähenschwarm bis ans Ende des Ackers. Meine Mutter zeigte auf einen Bauernhof, hinter einem Pappelhag versteckt. Die Fassade war weiß verputzt, aber das Dach … Sie war geschrumpft, war das früher nicht größer gewesen? Aber wer sonst hatte so ein breites Dach, höher als der Deich. Ach, das Fenster im

Obergeschoss gab es ja auch noch. Ja, das musste ihr Elternhaus sein. »Wenn ich früher eine Kieke vors Fenster stellte, konnte ich das Meer sehen und die braunen Segel der Kutter.«

Der Bauer legte seinen Arm um sie und schob mich sanft beiseite. »Jetzt sieht man vom Fenster aus die Coasters fahren.« Er strahlte.

Meine Mutter klatschte vor Verblüffung in die Hände. Kannte er das Haus denn von innen?

Na und ob, er wohnte schließlich dort, er war der Enkel des ersten Pächters!

Meine Mutter trat einen Schritt beiseite und betrachtete ihn noch einmal genau. Verdammt, das spitze Kinn, die hohe Stirn: ein echter Hopstake.

Das Zuckerland war klein, der Polder war klein. Namen fielen, von Nachbarn, entfernten Onkeln, Tanten und Cousins, die mit Cousinen verheiratet waren. So blieb das Land in einer Familie. Auch die Pächter hingen am Land, Generation auf Generation, bis sie Geld leihen und es kaufen konnten. »Zins für Stolz«, sagte der Bauer.

Mein Großvater kam zur Sprache, sein Name hatte im Polder noch einen Klang. Der Zähe wurde er genannt, jung verwitwet, und er schwamm in Land. Der Bauer machte eine ausholende Armbewegung, bis weit hinter den Schlafdeich. Solche Großbauern gab es nicht mehr. Sein Vater hatte zweimal im Jahr zum Hohen Haus (ich hörte die großen Anfangsbuchstaben in seiner Stimme) gemusst, um die Pacht zu bringen, ins Prunkzimmer, für jeden Hunderter ein Klarer. Pachttag war Blautag. Er kam immer mit Geschichten zurück.

»O ja?« Meine Mutter sah verdrießlich drein.

»Erster Pächter, da gehört man schon fast zur Familie«, sagte der Bauer.

So war das. Und ich stand daneben und konnte nicht

mitreden, obwohl ich einen Bauernnamen trug. Dieser Mann an ihrem Arm hätte ihr Sohn sein können, so vertraut wie sie da gingen. Die Verzweiflung meiner Knabenjahre schlug wieder zu.

Großvater las die Börsennachrichten mit einem dünnen Stahllineal – ein ernstes Ritual, bei dem ich ihn nicht stören durfte. Sein vergilbter Schnurrbart roch schon nach Branntwein, und aus seiner Tonpfeife stoben die Funken, trotzdem wagte ich es einmal, mich an ihn beim Zeitunglesen anzuschleichen. Ich wollte Schauspieler werden, und das sollte die ganze Welt wissen. Allein mit Spielen würde ich mich durchschlagen (auch im Krieg, denn ich würde mich nie erwischen lassen und mich verkleidet unter die Feinde mischen), und deshalb wollte ich bei unserem alljährlichen Osterbesuch meinen Großvater mit einem Gedicht von Vasalis überraschen, das ich eigens zu diesem Anlass auswendig gelernt hatte: *Der Idiot im Bade.* Vielleicht war es zu hoch gegriffen, aber eine meiner viel älteren Halbschwestern, die Lehrerin, die mich während der ganzen Schulzeit mit guten Büchern versorgte – über meinem Niveau, denn ein Kind muss sich hinauflesen –, hatte es für mich abgeschrieben. Für sie war Vasalis nicht nur eine große niederländische Dichterin, sondern auch Nervenärztin, sie konnte »in die Seele von Nervenkranken sehen«. Als ich das Gedicht zum ersten Mal las, dachte ich, sie hätte heimlich durchs Schlüsselloch unseres Badezimmers gespäht …

Die Schwester lässt ihn in das Wasser gleiten,
Er faltet seine dünnen Arme vor der Brust,
Er seufzt, wie bei dem Löschen seines ersten Durststs,
Und rund um seinen Mund scheint langsam auf
der Schimmer eines großen Glücks.«

Ich erkannte in dem Irren sofort meinen Vater, wenn ihn meine Mutter nach einem Anfall ins Bad setzte. Ein Ritual, das ihn beruhigte: Im Wasser wurde ein anderer Mann geboren.

Das war genau das Richtige für einen Vortrag in der Familie.

Der Idiot im Bade … kerzengerade baute ich mich vor seiner Zeitung auf und gab die erste Strophe (vielleicht würde er mich mit einem *Rijksdaalder* belohnen): *»Mit hochgezognen Schultern …«*

Mein Großvater ließ die Zeitung sinken und sah mich starr vor Staunen an.

»… die Augen zugekniffen, trabend fast, und oft …«

»Was soll das denn werden?«

»… in der Matte sich verhakend, hässlich und …«

Jäh zischte die Luft, während ich da so stolz und breitbeinig vor ihm stand, ein scharfer Ton peitschte an meinen Ohren entlang, Wind an meinen Wimpern … Das Lineal, er verjagte mich mit seinem Stahllineal. Ich machte einen Satz zurück.

Und nun folgte ein Text, der besser hängenbleiben sollte als jedes andere Gedicht, ausgesprochen mit bebender Hand und einem halben Blick auf die Liste der ausgelosten Obligationen: »Marie, du hast einen sonderbaren Sohn.«

Es klang wie ein Fluch.

»Aber er trägt Euren Namen«, sagte meine Mutter.

Mehr Trost hatte sie nicht zu bieten. Der Schauspieler trat ab.

Das Nieseln hörte auf, eine schwache Sonne brach durch. Meine Mutter ließ sich zum Rollstuhl führen und klopfte die Tropfen von ihrer Tasche. Die Kugellager knackten. Wenn sie sich nur kurz bücken und den Lehm in ihren

Händen fühlen könnte, ob ich nicht … Ich kickte einen Brocken los und legte ihn in ihre ausgestreckten Hände. Sie presste ihn durch ihre Finger. »Ob hier noch was von mir drin steckt, ein Fußabdruck, ein Atom?«, fragte sie leise. Der Bauer zwinkerte mir zu und zündete sich eine Zigarette an.

Meine Mutter starrte zum Dach ihres Elternhauses, sie sprach wieder Dialekt und sah sich am offenen Fenster sitzen, spät an einem Sommerabend, längst Bettzeit, ihr kleiner Bruder schlief schon, aber sie hatte in der Hitze keine Ruhe finden können und war nach unten geschlichen, um ihrem Vater Gesellschaft zu leisten. Er saß rauchend in seinem Stuhl und hielt den Pfeifenkopf in der Faust verborgen, selbst aufglühender Tabak konnte gefährlich sein. Es war Mobilmachungszeit, und der Polder musste verdunkeln, die Lampen waren blau angestrichen und unter den Tisch war ein Gewehr geklemmt. Knecht und Magd schliefen im Hinterhaus, die Belgier saßen in der Scheune, geflüchtete Soldaten, aus der Kriegszone herausgeschmuggelt und von Schiffern am Deich abgesetzt.

Die Fortbrücke war hochgezogen, nach Sonnenuntergang mussten sich die Bauern selbst bewachen. Ihr Nachbar, der Fortwächter, hatte nicht mal ein Gewehr, aber auf dem Deich sah man abends den Himmel über Antwerpen brennen, und bei Südwind hörte man ein dumpfes Dröhnen.

Der Brocken fiel zu Boden, der Mantel meiner Mutter war schlammverschmiert, aber das störte sie nicht. Sie spielte mit einer Muschel, die sich aus der Erde gelöst hatte.

»Es war Vollmond … hatte ich das schon gesagt? Ein wunderbarer Mond. Auf einmal sahen wir einen Mann zu Pferd auftauchen. Unten am Deich. Mein Vater nahm sein Gewehr und ging hinaus.«

Die kleine Marie musste im Haus bleiben, sie rückte den Stuhl ans Fenster, stieg auf den Sitz. Das Mondlicht machte alles größer. Ihr Vater stand hinter einem Baum, Gewehr im Anschlag. Die Stiefel des Reiters glänzten im Mondschein. Er kam immer näher. Ihr Vater rief: Wer da? »Wie der Wachtposten auf dem Fort.« Der Reiter bückte sich, griff nach etwas. Ein Schuss. Er hallte von den Mauern wider. Vater duckte sich. Marie schrie hinter der Hand, ein kleines Rinnsal tröpfelte an ihrem Schenkel entlang. Alles Mögliche passierte gleichzeitig: Das Pferd bäumte sich auf, die Krähen schwärmten aus den Pappeln hoch, der Hund riss an seiner Kette und bellte, die Flüchtlinge polterten in der Scheune, der Knecht und die Magd kamen herbeigelaufen, das Licht beim Fortwächter sprang an – schwachblau – und die Magd kreischte: »Scher dich hier weg, du solltest schon längst schlafen.«

Doch von oben hatte sie noch bessere Sicht: Der Reiter war vom Pferd gefallen und mit dem Fuß im Steigbügel hängengeblieben, das Pferd schleifte ihn mit. Der Fortwächter und ihr Vater jagten hinterher; der Knecht rannte durch die Rüben. Dem Reiter gelang es, sich loszureißen, und er stolperte den Deich hinauf. Ein zweiter Schuss, weiter entfernt. Im Fort wurde Alarm geschlagen, aber Marie konnte nichts mehr erspähen. Der Deich blieb leer. Auch am nächsten Morgen durfte sie nicht wissen, was hinter dem Deich passiert war, sie hatte schon viel zu viel gesehen. Ihr Vater sagte nur, dass es ein Schuft war, ein Spitzel, auf der Suche nach untergetauchten Belgiern.

Aber wo war er geblieben?

Kein Wort.

Und das Pferd?

Notgeschlachtet.

Der Knecht wusste mehr. Ein Messer war zum Einsatz gekommen.

Wir standen schweigend um sie herum, ein bisschen hilflos wegen des blutigen Ausgangs der Geschichte. Der Bauer sah kopfschüttelnd auf seinen schuldigen Boden, ich legte meine Hand auf ihre Schulter, aber sie zitterte sich los und friemelte an der Erde unter ihren Nägeln. War das meine Mutter? Die Frau, die sich nie an mehr erinnern wollte als an ein paar banale Anekdoten, die sich jetzt mit einem Mal in ein Mädchen verwandelte, das neugierig aus einem Fenster lehnte und uns mitschauen ließ. Das Elternhaus hatte in ihren Erzählungen nie eine Rolle gespielt. Brachte sie Häuser, Gegenden und Geschichten durcheinander?

Ich fragte sie, ob ihr die Geschichte lange auf der Seele gelegen habe.

»Nein, gar nicht, sie kam einfach hoch, mir macht das nichts aus, wenn du das vielleicht meinst.«

»Hat dein Vater den Mann echt totgestochen?« (Das Wort »Opa« wollte mir nicht über die Lippen.)

»Der Knecht wurde am nächsten Tag verhaftet.« Sie starrte über den Deich und sog gierig den salzigen Wind ein.

Ihre Tasche glitt zu Boden. »Kommt, wir gehen.« Der Bauer hob den Rollstuhl hoch und trug ihn zum Auto. Sie lehnte schwankend an seiner Schulter, erneut suchten ihre Augen den Acker ab. Erst als sie wieder auf ihren eigenen Beinen stand, fragte sie: »Wo sind die Scheunen geblieben? Und das Fortwächterhaus?«

Der Bauer sah sie fragend an, er kannte es nicht anders. Aber vom Fortwächter hatte er reden hören, dessen Haus war bei der Großen Flut weggerissen worden, lange vor seiner Geburt. Er zeigte ihr, wo der Deich gebrochen war, bei starker Trockenheit verfärbte sich das Land noch manchmal – nach mehr als einem halben Jahrhundert! –, und auch das Salz glitzerte noch auf den Mauern, doch dafür musste man ein Auge haben. »Nur unser Hof ist verschont geblieben, weil er so breit und hoch war.« Das Fort hatte die Wellen gebrochen. Meine Mutter drehte sich um und blickte auf eine bezwungene See.

»Kommen Sie doch, Sie sehen ganz erfroren aus«, sagte der Bauer. »Ein Kaffee wird Ihnen gut tun, ich zeige Ihnen den Bauernhof, dann können Sie meine Mutter kennenlernen, die wohnt bei uns, sie muss Ihren Vater noch gekannt haben.«

Sie wollte nicht, nein, wirklich nicht. Aber wir drängten darauf, der Bauer und ich. Na los, nun komm.

Ich startete den Motor und folgte dem Traktor. Der Anhänger vor uns schleuderte Matsch und Mist auf die Frontscheibe. Ihr Stock hämmerte wütend gegen das Glas. »Wir gehen nicht hin, fahr weiter.«

»Warum? Du wolltest doch hierher.«

»Es ist ein finsteres Loch.«

»Ach komm schon, ich will auch mal sehen, wo du geboren bist. Vielleicht kann ich Fotos machen.«

»Meine Mutter ist unter dem Dach gestorben.«

Der Mistkarren stand im Weg. Wir mussten wohl oder übel aussteigen.

Wir tranken Kaffee an einem naturbelassenen Holztisch, in einer sonnigen Küche, nach der neuesten Mode eingerichtet. Große Fenster zeigten auf Äcker und Pappeln, die Blätter rauschten und spielten ihre Schatten auf die gelben Fliesen über dem Ofen, drinnen war es sommerlich warm, aber meine Mutter behielt den Mantel an und das, obwohl der AGA-Herd leise zischte und der Duft von frischgebackenem Brot durchs Haus zog. Missbilligend musterte sie die Möblierung: zwei weiße leere Vasen auf der einen Fensterbank, auf der anderen zwei Plastikgänse mit Schleifen – das glückliche Landleben dampfte gegen das Glas. »Tja«, sagte sie, »doppelt hält besser.«

Nach dreimaligem Rufen kam endlich die Mutter des Bauern zum Vorschein, hereingeschoben von ihrer Schwiegertochter, die sich sofort wieder davonmachte. Ein Lamm blökte, und der Tierarzt wollte gleich da sein.

Ein grimmiges Gesicht starrte uns an – schwarze Augen unter borstigen Brauen, ohne *ein* graues Haar –, so wild, dass auch meine Mutter erschrak. Sie hätte eine Spanierin sein können, unkostümiert. In nichts der Sohn. Sie stellte sich vor als Cor. Meine Mutter murmelte auch ihren Vornamen, aber Cor sprach sie kühl mit *gnädige Frau* an.

Der Bauer schnitt Kuchen auf und machte Scherze, um das Eis zu brechen. »Na Mädels, kennt ihr euch jetzt oder nicht?«

Ein brauner Labrador kam schwanzwedelnd herein und legte sich gähnend unter den Tisch.

»Vielleicht vom Feld, oder so«, sagte meine Mutter im singenden Tonfall der Gegend, »man musste schon früh mit anpacken.«

Cor fiepte, sie drehte an ihrem Hörgerät. »Mit anpacken? Sie, den Buckel krumm machen? Ihr Pa hat den Hof doch schon bald weggegeben.«

»Ja, aber Stubenhocker mochte er nicht, er war ein harter Brocken, er war ein echt harter Brocken.«

Cor biss in ihren Kuchen. In dem schweigenden Kauen hörte ich ein ohrenbetäubendes Ja.

Die Mädels beäugten sich misstrauisch.

»Von wem isser denn?«, fragte Cor mit einem Nicken zu mir.

»Von Just.«

»Aber das war doch ’n Schwarzer?«

Meine Mutter schoss zurück: »Braun meinst du wohl, er war in der Kolonie geboren, ein Offizier, den hast du doch gesehen?«

»Mädels, Mädels«, beschwichtigte der Bauer.

»Ich bin von ihrem zweiten Mann, der hieß auch Just«, sagte ich so freundlich wie möglich.

Oh ja, da war was Verwickeltes ... ein zweiter Mann. Aber der ganze Polder hatte es über den ersten gehabt, tja, wie alt war sie da wohl, als meine Mutter heiratete, vielleicht zehn? »Vor der Kirche stand's reihendick, wir waren so was nich' gewöhnt, nich'.«

Meine Mutter stellte ihre Tasche mit einem Knall auf den Tisch und versuchte aufzustehen. Ihr Mantel roch feucht.

»Und die eigne Verwandtschaft?« Cor nickte erneut zu mir.

Ich verstand nicht. »Meine Halbschwestern?«

»Nein, hier im Polder?«

Ich sah meine Mutter fragend an. »Durch die Kolonie ist viel verwässert.« Ich musste mich vorbeugen, um sie zu verstehen, sie sprach sehr leise. »Und das Schicksal hat auch ein Wörtchen mitzureden.«

»Was iss?«, fragte Cor.

»Der Kontakt ist verwässert«, röhrte ich.

»Ja, wir haben's wirklich schwer gehabt. Es stand einem bis über den Kopf, alles voll Wasser, alles platt, aber die Mauern haben gehalten. Bei unserm Bruder hat's die Haustür weggerissen. Alles weg – Haus, Vieh, der schöne Schrank.«

»Jetzt reicht's, Mutter.« Der Bauer zündete seine sovielte Zigarette an.

Aber Cor reichte es nicht, sie setzte sich dafür zurecht, vorn auf die Stuhlkante, breitbeinig, wie ein zorniges Kind, die Hände zitternd auf den Knien, und schnauzte: »Nein, sie soll's ruhig hören. Wo war er denn, der Herr Vater, nach der Flut? Und du? Ich hab nich' das Vergnügen gehabt, dich hier zu sehn. Ihr habt auf dem Trockenen gesessen, aber wir« – sie schluckte etwas hinunter, ein Bröckchen Kuchen, eine Träne oder die Wut – »draußen auf dem Land, vor dem Deich, da ham wir am zweiten Tag einen kleinen Schuh aus dem Schlamm ragen sehn. Meine Nichte.«

Meine Mutter starrte auf ihre Tasche. »Unser Vater ist mit dem Motorrad vorbeigefahren, er hat meine Tanten bei uns aufgenommen.«

»Aber bei uns isser nich' abgestiegen«, schnaubte Cor, »er hat sich fürs Geld entschieden, ja, immer fürs Geld.«

Ich gab mitfühlende Laute von mir.

Cor zeigte mir den Salzrand über der Küchentür – eine Narbe der Flut. »Es schwitzt jeden Sommer aus.« Und wusste *die Gnädige,* dass Meeuwis und sein Sohn vom Deich runtergespült wurden? Unter seinem Vieh gefunden, so ein treuer Mann.

»Wer war denn Meeuwis?«, fragte ich.

»Ein leiblicher Neffe von Lijntje! Aber kein Wort, was, keine Hilfe, nix.«

»Und Lijntje?«

»Jetzt reicht's aber.« Meine Mutter zog sich am Tisch hoch. Ich war zu verwirrt, um ihr zu helfen.

»Frag sie nachher mal.« Cor schüttelte den Kopf. »Oder ist es so verwässert?«

Der Bauer bot meiner Mutter den Arm, aber sie lehnte seine Hilfe ab. Ich durfte ihre Tasche tragen. Zehn Kilo, schätzte ich. Sie wankte vom Ofen zur Küchentür, ein kerzengerader Rücken war ihr Gruß.

Der Hund lief mit zum Auto. Der Bauer machte den Pfad frei. Bevor wir einstiegen, schaute sie noch einmal hoch zum Dach.

Wir verließen den Polder und sprachen kein Wort.

»Wer war Lijntje?«, fragte ich, als wir über die Brücke fuhren.

»Meine Mutter.«

Zum ersten Mal hörte ich ihren Namen. »Was weißt du noch von ihr?« Sie presste die Lippen zusammen. »Hast du ein Foto, siehst du ihr ähnlich? Warum hast du das alles verschwiegen?«

»Verschwiegen? Du hast mich nie danach gefragt.«

5

Ehrlich sein.
Ehrlich sein.
Ehrlich sein.

Die zwei Wörter klapperten mit dem Auto mit. Warum haben wir in der Familie so gern gelogen? Warum zugedeckt, was stank? Auf dem Weg nach Paris dachte ich über unseren Ausflug ins Rübenland, ihr Lügenland nach, wie konnte es nur sein, dass ich so oft auf dem Weg zur belgischen Grenze ganz nah an ihrer Heimatscholle vorbeigerast war, ohne ein einziges Mal abzubiegen. Jetzt sah ich die Straßenschilder mit anderen Augen – Orte, an denen ich vor einer Woche noch achtlos vorübergefahren war, hatten unverhofft eine Bedeutung bekommen. Das Städtchen, wo meine Mutter so jung ihren braunen Offizier geheiratet hatte, lag nur wenige Kilometer von der Autobahn entfernt. Komisch, wie sehr sich ihre Bauernvergangenheit von der Kolonie hatte verdrängen lassen. Ihr Zweitland, wie sie es nannte, spielte in meinen Romanen eine maßgebliche Rolle, nicht weil sie so viel darüber gesprochen hatte, nein, eigentlich nie, überlegte ich, mein auf Java geborener Vater diktierte zu Hause die Geschichten. Ich hatte mir seine Flunkereien angeeignet, neue dazu erfunden. Zu Hause war meine Mutter die große Schweigerin. Vielleicht wurde sie auch vom Leben im

Repatriantenheim überwältigt, in dem sie mit ihrer lädierten Familie nach Kriegsende mehrere Jahre leben musste. Ich hatte viel über diese Zeit geschrieben, gerade weil ich nicht zu ihrer Vergangenheit gehörte, nicht zum Krieg, nicht zur Farbe meiner Halbschwestern und der anderen Kinder im Haus, nicht zum Sambal und zur Reistafel und zu den malaysischen Tischwitzen, deshalb sang ich als Friedenskind und rotblonder Sommersprossenkönig ihre Lagerlieder aus voller Brust mit und hasste genau wie sie die Japsen, die sie gedemütigt hatten. Ich sollte der Schatzmeister ihrer Traumata werden.

Aber die Bauern, bekamen die auch eine Geschichte? Wir hatten von ihnen geerbt, nach langem, geduldigem Zuwarten, ich hatte ihr Geld und ihren Glauben verspottet und mich über meine garstigen, ledigen Tanten lustig gemacht. Ihre Landgier war mir höchstens ein paar Seiten wert.

Und was wusste ich von der Großen Flut? Ich erinnere mich an den Sonntag, mit meinen Eltern am Radio klebend, die Deiche waren gebrochen, ein Teil der Familienhöfe war in Gefahr. Meine Mutter rief dort an, immer wieder, doch keiner nahm ab. Wir schickten den Flutopfern Kleider – ich musste meinen schwarz-gelb karierten Blouson hergeben. Ein Opfer, aber opfern tat gut.

Und jetzt stellte sich heraus, dass ihr heimatlicher Grund und Boden überflutet gewesen war, der Pächter davon betroffen, Leute, die sie kannte, und ein Großonkel war ertrunken und was weiß ich wie viele Verwandte noch.

Ich will es einmal anders erzählen. Ehrlich sein.

Wir waren völlig fassungslos. Die Sturmflut traf auch unser Dorf, hatte ein Loch in die Dünenkette geschlagen, und das Wasser stand bis an unser Haus. Mein Vater war überzeugt, dass die Russen dahintersteckten, sie rührten im Kosmos, beeinflussten das Wetter und setzten heimlich Atomwaffen ein, ja, die Russen waren weiter als die Amerikaner, nicht mehr lang, und die Bomben flogen um die Welt und stürzten in den Atlantik – New York und London würden überflutet. Meine Mutter beruhigte ihn, ihre Sterne standen anders, zum Glück, friedliche Konjunktionen dämmerten herauf, nach dem Sturm kam eine Flaute. Grund für meinen Vater, noch lauter zu toben: Die Russen wollten die freie Welt vernichten. Die Bombe, die Bombe, eine alte Geschichte, die uns schon längst nicht mehr den Schlaf raubte, aber im Winter war er auf andere Waffen gestoßen, er hatte Hunderte Zeitungen von vorn bis hinten gelesen, am Lesetisch des Badhotels, wo er für den Preis einer Tasse Kaffee so lange sitzen durfte, wie er wollte. (Er war nicht nur der bestgekleidete, sondern auch der bestinformierte Arbeitslose im Dorf.) Hatten wir gewusst, dass sie hinter dem Ural Menschen mit Affen kreuzten, um ein unschlagbares Heer zu erschaffen? Hinter dem Eisernen Vorhang hatten sie auch ein Elixier gebraut, damit Menschen länger leben konnten! Die Russen würden uns massenhaft überleben. Und dann die Labors, in denen sie tödliche Bakterien entwickelten ... Auf dem aufgeschlagenen Weltatlas zog mein Vater Strichellinien, um den Ural herum, wo teuflische Gelehrte hoch in den Bergen die Wolken mit Chemikalien beschossen und Tiefdruckgebiete gegeneinander hetzten, die dann verheerende Orkane und Stürme verursachten.

Meine Mutter konnte noch so viel beschwichtigen, mein Vater beschwor auch ihre Bücher, eine bevorstehende Weltkatastrophe zu bezeugen: Nostradamus hatte alles vorhergesehen, und die Karten kündeten ebenfalls nur wenig Gutes. Die Welten waren kollidiert. Mein Vater wusste nicht mehr, was er gelesen, gehört oder erfunden hatte, korrigierte sich beim Reden und blätterte durch Hefte voller Aufzeichnungen. Wir glaubten ihm nicht? Nein? Dann würde er das zu Papier gebrachte Böse entzünden. Und zwar auf der Stelle, auf dem großen Tisch! Meine Mutter stand schon mit Eimer und Waschlappen bereit, nicht um einen Wohnungsbrand zu löschen, sondern um seinen glühenden Kopf zu kühlen – nach viel Betupfen führte sie ihn, im Fangeisen ihrer Hände, zur Badewanne ab. Der Sturm hielt noch Tage an, und ich lag schlotternd in meinem Bett.

Die Flut?

Nicht bei uns. Wir dachten nicht an die Bauern, uns stand das Wasser selbst bis zum Hals.

Ehrlich sein. Vielleicht wird es Zeit, eine Erinnerung aufzuschreiben – ein Ereignis, das ich nie einer Notiz wert erachtet hatte.

Es muss in meinem zweiten Pariser Jahr gewesen sein. Mein Verleger hatte mir einen Brief vom Landfrauenbund des Städtchens S. weitergeschickt mit der Bitte, dort zu lesen. Landfrauen, welch eine Ehre. Auf dem Land wurde mehr gelesen als in der Stadt. In der Stadt wurden Meinungen en gros gehandelt, man zählte die Punkte einer Besprechung und stürzte sich auf die neueste Mode, doch wo es keine Unterhaltung gab und die Dunkelheit nach dem Abendessen über die Marschen zog und das Glasfaserkabel noch nicht so weit verlegt war, weshalb das Fernsehen nichts zu bieten hatte – in dieser Stille von tickenden Uhren und bellenden Hofhunden blieb oft nichts weiter übrig, als zu einem Buch zu greifen. Zu einem altmodischen Buch aus Papier. So stellte ich mir das vor, obwohl diese Meinung durch nichts begründet war, wie so viele Meinungen. Ich hasste die Amsterdamer Selbstgefälligkeit. Den literarischen Krabbenkorb. Unsinn. Ehrlich sein. Meine Freundin wohnte in Amsterdam, sie hatte eine gutgehende Anwaltskanzlei und wollte mit mir zusammenziehen. Ich traute mich nicht. Seit dreißig Jahren nicht. Ich traute mich nicht, sie mit mir zu teilen. Nicht Tag und Nacht. Sie hörte nicht auf zu drängen: »Wir werden alt, bald schaffen wir das nicht mehr.« Deshalb war ich nach Paris geflohen, um jung zu bleiben, egal wie allein – sterbensallein und abgeschnitten, aber es schrieb sich besser. Jeden Monat stieg sie in den Zug und blieb eine Woche. Unerreichbarkeit tat unserer Liebe gut.

Ein Autor muss sich die Hände schmutzig machen – in Gedanken. Er hat an seinem Tisch Reisen unternommen, Morde begangen, hat vergewaltigt und geliebt, er ist Täter und Opfer, Schwanz und Möse, Schwert und Nacken. Erfahrung nährt seine Phantasie, und wenn sich eine Gelegenheit bietet, darf er sich das Rohmaterial nicht entgehen lassen, sonst werden seine Geschichten steril. Rohmaterial – Familie, Verrückte (falls das nicht synonym ist), Klatsch, Freunde, anderer Leute Eheprobleme, die Straße, die Provinz –, Menschen, noch nicht von der Feder geglättet. Ich sagte den Landfrauen also zu und meldete mich am vereinbarten Ort, im »Wappen« von S., einer Gastwirtschaft mit einem kleinen Saal hinterm Tresen, braun vom Rauch und mit Holzdielen, blankgeschliffen von Hochzeiten und Feiern.

Alle Stühle waren besetzt – die Hälfte Frauen, die Hälfte Männer. Die örtliche Buchhandlung hatte mein Buch auf einem Tisch ausgelegt. »He Arjaan, was sind die Bücher von dir aber teuer!«, rief mir ein Mann mit einem Bierglas in der Hand zu. »Wenn mir so viel verlangen täten, tät keiner mehr Zucker in'n Kaffe.« Ein Rübenbauer. Damals sagte mir das nichts. Ich schüttelte zahllose Hände und gab mir große Mühe, mich ganz normal zu geben.

Ich sprach über das Schreiben in Paris. Wie wichtig es

ist, aus seinem Käfig herauszukommen und außerhalb des eigenen, wohlbekannten Zirkels Leute kennenzulernen. An der Hand meiner illegalen Putzfrau wanderten wir durch die Banlieue. Ich prophezeite den Aufstand. Der Saal gähnte.

»Und was sagt die Mudder zu das Ganze? Die is' doch auch so weit weg damals?« Der Rübenbauer stand extra auf: »Ihr kommt doch von hier?«

Ich war verblüfft. Er stellte sich als van Dis vor, der halbe Saal saß voller van Disse. Und dann erzählte ich eben von meiner Mutter, dem Wundertier aus dem Polder, von der Wilden Marie, die über die Farbgrenze heiratete und jung in die Kolonie ging, ohne sich umzuschauen. Nach dem Krieg kam sie wieder nach Holland zurück, betäubt von dreieinhalb Jahren Lager und dem brutalen Tod ihres Ehemanns. Zum ersten Mal konnte sie der Bauernfamilie ihre drei wunderschönen braunen Töchter vorführen und, um nicht den Mut zu verlieren, einen neuen, hellhäutigen Liebhaber, den sie in einem Evakuierungslager auf Sumatra kennengelernt hatte – er sollte für die Mädchen die Rolle des neuen Vaters übernehmen. Womit keiner gerechnet hatte – und was der Verwandtschaft auch zunächst vorenthalten wurde –, war das Baby, das als Schmuggelgut unter ihrem Hungerödem mit an Bord geschlichen war. Ein Mitbringsel aus dem Ärmel des kleinen Tropenmanns, der nie ihr gesetzlich angetrauter Ehemann werden sollte. Bei ihrem Vater brauchte sie damit gar nicht erst anzukommen. Ohne einen roten Heller bezog sie ein paar Räume in einem Aufnahmelager für vertriebene Tropenbewohner an der nordholländischen Küste. Wohl gab sie mir seinen Namen, als Bauernfigur in einem dickköpfigen Familienspiel. Tapfer sein, tapfer sein, war ihr Lieblingsspruch. Eine Woche nach meiner Geburt fielen ihr wegen Vitaminmangels die Zähne aus.

Volltreffer. Alle saßen kerzengerade da.

In der Pause nahm mich eine Frau beiseite, die sich als Tochter eines der anderen Pächter meines Großvaters herausstellte, eine Bäuerin von östlich der Gegend, wo meine Mutter aufgewachsen war, die aber schließlich »in die van Dissen reingeheiratet« hatte. Der Beweis glänzte matt an einem Finger: Der Siegelring ihres jüngst verstorbenen Mannes. Ultimative Rache. Sie überreichte mir ein genealogisches Blättchen.

Vorne auf dem Umschlag prangte unser Familienwappen, im Inneren stand ihr Mann, und meine Mutter: ein Querzweig an einem richtigen Stammbaum – ich baumelte darunter, ein Äpfelchen ohne Nachkommen.

»Du hast nur einen Vornamen«, sagte die Pächterstochter, »die legitimen Söhne kriegen alle zwei. Dein Großvater wollte das nicht, weil du ein Bastard bist.«

Bastard, ein Schimpfwort, auf das ich, sagte meine Mutter immer, stolz sein sollte.

Im »Wappen« von S. war es stickig. Nach meiner Lesung bestürmte mich eine Schülergruppe, jeder wollte einzeln mit mir aufs Foto – mit der Teilnahme an einer Literaturlesung konnten sie im Fach Kulturelle Bildung Punkte machen. Wer vortrug, war egal, und sie mussten zum Glück nichts weiter nachweisen. Die Männer hatten sich inzwischen zum Zapfhahn geflüchtet, und die Frauen trödelten vor dem Tisch der Buchhandlung herum. Sie wollten eine Unterschrift. Und vielleicht was Nettes dazu. Van Dis unterschrieb für van Dis. Alle wollten mit mir verwandt sein. Stramme Frauen, mit den Maßen meiner Mutter. Manchmal hörte ich meine Mutter in ihren Stimmen. Und ich, der Städter mit dem weißen Hemdkragen und den Manschettenknöpfen, fühlte ihre Augen über meinen Körper wandern. »Warum trägst du nicht unsern

Siegelring?« »Du hast echte van-Dis-Hände.« Ich wahrte Distanz und wollte doch zu ihnen gehören.

Die Pächterstochter wich nicht von meiner Seite, sie hatte noch eine Überraschung parat: den Kaufvertrag eines Bauernhofs. »Hab ich 1978 von deiner Mutter gekauft.«

Hatten wir damals noch Land? Ich bekam die Kopien mit. Es war ein denkwürdiger Abend.

Am nächsten Tag rief ich meine Mutter an. »Ich soll dich von einem ganzen Rattenschwanz van Dissen grüßen.«

»Wie kann das sein? Wir sind so gut wie ausgestorben.«

»Sie wissen alles ... '78 hast du noch einen Hof verkauft.« Sekundenlang wurde es still am anderen Ende der Leitung, ich hörte ihre Kette gegen den Hörer klirren.

»Ja, von dem Geld hab ich dein Studium bezahlt.«

»Aber da war ich schon längst fertig.«

Uups. Eine Lüge.

Wieder eine Pause. Der Ertrag war für meine Halbschwester in Kanada.

Ich bin nie mehr darauf zurückgekommen. Es war ihr Geld.

Ehrlich sein. Jetzt.

Neidisch? Nein, schlimmer: ausgeschlossen.

6

Meine Mutter ließ mich nicht in Ruhe. Sie begann, mich anzurufen, vorsichtig, tastend, wenigstens einmal im Monat. Ich wusste nicht, wie mir geschah, sie war am Telefon eigentlich immer kurz angebunden, vor allem, wenn ich im Ausland war, aber auf einmal spielten Zeit und Geld keine Rolle mehr. Sie klagte nicht, fragte auch nicht, wie es mir ging, sondern erzählte eine Geschichte. Von früher, vom Hof, vom Fort und wie toll sie es fand, wenn bei schönem Wetter die Fahnen wieder ins Freie getragen wurden und wie das Kommando ertönte und die Soldaten das Gewehr präsentierten. Sie liebte die langen Offiziersmäntel, grau mit einer grünen Biese, und der Kommandant hatte blaue Epauletten oder rote, das wusste sie nicht mehr, aber diese Biese war auch in seinem Käppi. Und der Hornist war ihr Wecker. Früher als die Hähne.

Einen Monat später war ihr Malaysisch wieder da. Einfach so, nach einer durchwachten Nacht. Sie hatte es seit Jahren verloren, mit wem hätte sie es noch sprechen können? Als sie leise ein paar Sätze flüsterte, um zu hören, ob sie nicht geträumt hatte, sah sie auf einmal auch ihre Kinderfrau, ihre *babu,* vor sich, und die Schwestern von der Missionsstation, Gesichter, die sie völlig vergessen hatte. Es waren keine Wahnbilder, wenn ich das vielleicht dachte, und bestimmt keine Träume, die hatte man nicht, wenn man aufrecht im Bett saß, es war, als ob sie in den mageren Stunden vor Tau und Tag zwischen Dunkel und Hell durch ihr Leben blätterte, wie man ein Buch las, und sich dabei Gerüche lösten und Charaktere Stimmen bekamen und die Umgebung Farbe. Sie schaffte es nicht, die Bilder zu verjagen, sie verschwanden erst, wenn es hell wurde und sie einschlummerte.

Zuerst dachte sie, es wäre ihre überreizte Phantasie, aber alles, was ihr nachts erschien, fand sie auf den Fotos wieder, die sie vor dem Krieg an ihren Vater geschickt und später weggepackt hatte, um sie zu vergessen. Den nächtlichen Besuch konnte sie jedes Mal zeigen, und auch die Kulisse stimmte immer: die Häuser, die Veranden, die Gärten, der Hügel mit Aussicht auf die Binnenbucht, die Außenbucht … »Komisch, nicht?«

Na und ob. Mir glühten die Ohren von all ihren Geschichten. Beim Blick auf die Zinkdächer von Saint-Germain fielen auch mir wieder alte Bilder ein: Ich sah eine Mutter vor mir, die sich weigerte, ein Fotoalbum aufzuschlagen, die nicht mehr indonesisch kochen und nie über das Lager oder über ihr Leben vor meinem Vater reden wollte – so oft ich sie als Junge auch danach fragte. Nein, die Kolonie steckte in einer Truhe, in dieser verdammten Knarrtruhe voller Papiere und Geheimnisse. Ließ ich nicht locker, konnte sie sich an nichts erinnern. *Sudah,* lass doch. Aber jetzt schien ihr Gedächtnis überzulaufen.

Es waren angenehme Gespräche, obwohl ich nichts zu sagen hatte. Sie entschied sich für den Monolog. Nicht alles stimmte, sie brachte Jahreszahlen, Orte und Inseln durcheinander, aber das durfte ich nicht kommentieren. (»Nein später, später, nicht jetzt.«) Die kleinste Ablenkung störte und ließ ihre Erinnerung versiegen. Manchmal wusste sie nicht, wie es weiterging, und legte auf.

Zurückzurufen war zwecklos. Tat ich es doch, spielte sie die Abwesende. »Ach, die ganze Fragerei, ich habe alles vergessen.«

Einmal riss sie mich aus dem Schlaf. Früh um halb sieben. Sie hatte doch so eine schreckliche Nacht hinter sich. Stunden mit dem Beil vor der Anrichte gesessen, Auge in Auge mit einer Python, die sich hinter dem Ofen eingenistet hatte, lauernd, schwach atmend (»wie ein alter Mann«), reglos. Die *babu* hatte sie hineinschlüpfen sehen, kurz nach Einbruch der Dunkelheit, während sie mit den Mädchen draußen auf der Veranda saß. »Oh, die Angst, Mann, sie würgen dich, bevor du dich versiehst, sie verjagen oder locken hilft nicht. Sie sind schlau, die Biester, echt, sie beobachten dich monatelang, jede Bewegung, wo du sitzt, wo du schläfst, wann du ins Bett gehst und wieder aufstehst, deinen Platz in der Küche, sie belauern dich, und wenn sie deinen Rhythmus kennen, schlagen sie zu.«

»Und, hast du sie fangen können?« Ich sah auf den Wecker, sie erzählte bestimmt schon seit zehn Minuten.

Sie hörte mich nicht und klagte über eine *babu*, die das Tafelsilber mit Zahnpasta geputzt hatte.

Aber was war mit der Schlange?

Und dann, nebenbei, als hätte sie den Grund ihres Anrufs vergessen: »Oh, die kam erst gegen Morgen hinter dem Ofen vor, und dann hab ich ihr den Kopf abgehackt.«

Zu dem Wie kam sie nicht. Das Teewasser verkochte.

Ich beschloss, die Schlange sich auf Papier winden zu lassen. An dem Tag kaufte ich mir ein neues Notizbuch.

Die Anrufe wurden häufiger, so gut wie immer kurz nach Sonnenaufgang, und meist fing sie von einem wiedergefundenen Brief an, einem flüchtigen Bild in den Fernsehnachrichten, einer Passage in einem Buch, Nachrichtenbröckchen, die bei ihr die Tropen heraufbeschworen.

Ganz schön tief im Landesinneren war sie doch gewesen, wie das Moskitonetz an einem klebte und dass sie mit dem Geschmack von Chinin im Mund aufgewacht war. Komisch, was?

Meine Bitte, nicht mehr so früh anzurufen, wurde überhört. Der AB war geduldiger. Ich glaube nicht, dass ihr auffiel, dass eine Konservenstimme dazu aufforderte, eine Nachricht zu hinterlassen. Sie redete mühelos meine Sprachbox voll.

Das Notizbuch bekam einen Titel: Telefonmonologe.

Manchmal war sie kurz angebunden: »Hör mal zu. Kannst du leicht an Schlaftabletten kommen? Bring mir doch eine Packung mit.«

Nach so einer Nachricht rief ich zurück: »Schläfst du so schlecht?«

»Ja, der Doktor gibt mir nur so leichtes Zeugs.«

»Aber ...«

»Entschuldige, das Essen wird gebracht.« Aufgelegt.

Einen Tag später auf dem AB. »Hör mal, kommst du gelegentlich in die Schweiz? Dort kriegt man ganz leicht Tabletten. Ohne Rezept.«

Ich begann mir Sorgen zu machen.

7

Meine Mutter kam näher – durchs Telefon. Sie sprach zu schnell für meinen Stift und flatterte in alle Richtungen, oft fiel sie einfach mit der Tür ins Haus. »Du machst dir keine Vorstellung, wie schwer es war, Waschblau zu kriegen, und das haben sie auch nicht mitgeschickt. Zu unwichtig. Alkohol schon, logisch.« Und dann folgte eine Geschichte übers Kleiderwaschen in den Tropen. Waschblau hielt die Hemden weiß. Fragen stellte ich schon längst nicht mehr, Fragen blockierten den Strom. Sie musste reden. Etwas stand ihr noch vor Augen. Aber was?

Es tat mir gut, ihr zuzuhören, ich lernte eine andere Mutter kennen, nicht netter und noch immer distanziert, aber sie zog mich mehr ins Vertrauen.

Nach einem Monat oder so fragte sie aus heiterem Himmel: »Sag, kannst du nicht mal mit meinem Arzt sprechen?« Sie war Mitglied im Euthanasieverein, aber der Mann hatte ihre Verfügung nicht einmal sehen wollen: »Sie sind kerngesund, wir werden Sie nicht ermorden.« Was für ein Affentheater. »Wie lang soll das noch dauern? Ich hab doch wirklich nicht vor, hundert zu werden.«

Wenn ich noch mehr von ihr wissen wolle, müsse ich mich beeilen.

Die Finanzkrise kam uns zu Hilfe. Paris wurde unbezahlbar, und ich zog in die Niederlande zurück. Mein Geld war fast aufgebraucht. Ich konnte mich entscheiden zwischen Armut und literarischem Ansehen oder meinen Arsch einzucremen und raus auf die Piste, um mich feilzubieten. Natürlich Letzteres.

Der Verleger gab mir einen Vorschuss für einen Roman, von dem die erste Zeile erst noch geschrieben werden musste, und ich kaufte ein Holzhaus in De Achterhoek, fast an der deutschen Grenze. Ruhe, Isolation, ein Internet, das man vergessen kann, Waldspaziergänge mit meiner Freundin, Steinmarder, die einem die Autokabel durchnagen, und zweihundert Kilometer weiter westlich eine Mutter, die sterben wollte. Wer beschwerte sich über Entfernungen? In der Großstadt Paris kam es auf eine Stunde mehr oder weniger fahren nicht an, aber ich merkte schnell, dass sich im überlasteten Straßennetz der Niederlande dieselbe Kilometermenge viel länger hinzog. Ich war also genauso weit vom Ziel entfernt. Dennoch hatte ich versprochen, jede Woche vorbeizuschauen. Einer von der Familie musste ihr in den letzten Jahren beistehen. (Ehrlich sein. Nicht aus Güte, ich wollte das Rätsel Mutter lösen. Rohmaterial!) Außerdem war ich das einzige Kind in der Nähe (ein Kind knapp vor der Rente), ihre jüngste Tochter, schon in den Siebzigern, war der Familie ihres Sohnes nachgereist und lebte jetzt in Italien.

Nach meinem Umzug war ich beim Auspacken auf Fotos von meinen Halbschwestern gestoßen. Drei hübsche Mädchen in Tropengärten. Es wurde Zeit, ein paar der Bilder einzurahmen, um in meinem knarrenden Haus einen Anflug von ihrem Niederländisch-Indien heraufzubeschwören. Auch meine Mutter meldete sich. Sie fiel aus dem Hefter, den mir meine Schwester, die Lehrerin, auf dem Sterbebett gegeben hatte. Eine strahlende, junge Marie, aufgeregt und erwartungsvoll, im denkbar weißesten weißen Kleid. Ob sie wohl noch wusste, wo das war, auf einem Holzpier mit einer Strohtasche in der Hand? Ich beschloss, das Foto beim nächsten Besuch mitzunehmen.

8

Sie betrachtete sich lange, gebannt von dem Foto, ihre Hände zitterten. »Wo hast du das bloß her?« Meine Antwort hörte sie nicht, sie war schon unterwegs …

»Baumwolle musste man jeden Tag waschen, dort war es so feucht, dass einem die Gürtellöcher im Leinen rosteten. Manchmal hat es wochenlang geregnet. Um vier Uhr nachmittags setzte es ein, ging oft die ganze Nacht durch, ein lauer Regen, bei dem alles verschimmelte. Ich musste mindestens zwei-, dreimal am Tag duschen. Neben den Holzplanken trat man in den Matsch, trotzdem trug ich immer Weiß. Man durfte nicht abrutschen, weißt du, sich nicht in den Alkohol flüchten wie so viele, es gab welche, die haben schon morgens um zehn den Flachmann aufgeschraubt. Die tranken sich ins Delirium, aus Schwermut.«

Sie lehnte das Foto gegen die Buchreihe. Wir saßen am großen Tisch, der Insel, wo sie ihre Tage verbrachte.

»Es gab mehr Gräber als Häuser.« Sie trank nie. Sie kalkte jeden Tag ihre Schuhe. »Verstehst du?« Die Lupe wurde geholt. »Ja, genau, das ist aufgenommen, bevor wir an Bord gingen, einen Tag später bin ich in den Dschungel gefahren, zum ersten Mal in meinem Leben.« Wo sollte sie anfangen, beim Schiff?

Ich griff zum Notizbuch.

»Den Weißen musste man nehmen, einen Dampfer, der

achtmal pro Jahr ging. Und dann fuhr man hinter der Landzunge den Fluss hinauf, der schwer war vom Schlamm aus den Bergen. Mehr im Landesinneren lag alles voller Baumstämme und Brocken von der Uferböschung. Manchmal saßen wir einen Tag lang fest.«

Sie beschrieb den Nebel am Morgen, das Durchbrechen der Sonne, das Kreischen in den Wäldern, die Affen, die Papageien, die weißen Kakadus mit ihrem gelben Schopf. Wenn der Steuermann gegen Sonnenuntergang in einer finsteren Flussschleife die Dampfpfeife zog, stob eine Wolke von Fledermäusen auf. Ihre Hände wedelten über dem Tisch, sie hörte es wieder, sah es vor sich: den Wellenschlag zwischen den Mangrovenwurzeln, das Platschen von Samen aufs Wasser und die Luftbläschen, die ein Krokodil verrieten. Weiter oben krochen die Bäume aufeinander zu, bis sich ihre Zweige berührten. »Man sah den Himmel nicht mehr, wir fuhren im Zwielicht, unheimlich, manchmal war der Urwald wie eine Kirche.«

Der Dampfer passierte verlassene Außenposten, wo die Malaria die Bewohner besiegt hatte. »Das Verderben …« Ihre Stimme zitterte. »Man durfte vor allem nicht denken, denken hat einen verrückt gemacht.«

Sie geriet in Panik: »Was habe ich gerade gesagt?« Es war so anders zu reden, jetzt wo ich ihr gegenüber saß.

Ich steckte mein Notizbuch ein und zog ein Fotoalbum zu mir her, es lagen bestimmt drei auf dem Tisch, alte, zerfledderte Exemplare – »für wenn ich nicht schlafen kann«. Wir blätterten durch ihre Tropenjahre. Von den Trennblättern stieg Kampfergeruch auf. Ich kannte die Alben nicht, es waren Fotos von den Reisen mit ihrem ersten Mann. Kamen sie aus der Truhe? Ich wagte nicht nachzufragen. Noch nicht.

Mein Blick fiel auf ein Gruppenbild, aufgenommen an Bord eines Schiffes. Dem Dampfer? Ja, das war Just in einer weißen Uniform neben Schützen im Kampfanzug, neben Beamten von der Inlandsverwaltung, und da vorn die frischvermählte, pieksaubere Mutter vor einer Mauer von Kerlen von der *Company.* »Staatsdiener, aber sag einfach Halunken.« Sie schlug die Hände vors Gesicht.

Ich starrte unbehaglich auf den großen Teppich – ein alter Perser, das wertvollste Familienstück. Meine Augen folgten den Pfaden vom Stuhl zum Bücherschrank, vom Stuhl in die Küche, von der Küche zur Balkontür. Weiter reiste sie nicht mehr.

Und trotzdem fuhr sie jetzt auf dem Kali.

»Es war ein Männerschiff«, flüsterte sie. »Wir waren das einzige Ehepaar an Bord, untere Ränge durften ihre Frauen nicht mitnehmen, welcher vernünftige Mensch wollte schon im Dschungel von Neuguinea wohnen? Die meisten Männer gingen dorthin, weil sie zu nichts anderem taugten. Unberechenbares Pack. Eine Frau war in ihrer Nähe nicht sicher, wenn die Kerle Schnaps intus hatten, musste man sie sich regelrecht vom Leib halten, sie waren schlimmer als Moskitos, Wespen und Blutegel.«

»Und wo war dein Mann?«

»Oh, den hab ich manchmal Wochen nicht gesehen, er musste den Bau einer zweiten Fessel überwachen, weiter oben am Fluss. Dort wär's zu schwer für mich gewesen.« Sie sah die Frage in meinen Augen. Eine Fessel war ein Gefängnis. »Geschlossene Lager für einheimische Kommunisten.« Sie lachte verächtlich. »Ich glaube, heute muss man politische Gefangene sagen.«

Ihr Mann war auch für die Sitten auf dem Militärgelände verantwortlich. »Ich sollte kurz durchgeben, wer sich daneben benommen hatte. Ich diente ihm als Köder.«

Sie ordnete die Bücher auf ihrem Tisch, eine Sammlung Kolonialliteratur, ein zerlesenes I Ging, die Bhagavad Gita. Schweiß perlte auf ihrer Stirn.

»Bücher haben mich damals gerettet, die meisten las ich bestimmt zwei-, dreimal, aber der Postmeister hielt sie oft zurück, Konserven, Alkohol und Munition hatten Vorrang. Radio gab es nur in der Offiziersmesse, für Notfälle. Ab und zu kam die Königin krächzend durch. Strom hatten wir nicht, wir zählten dort kaum mit. Nach vier Monaten sollte ich Gesellschaft bekommen, von einer jungen Offiziersfrau, ihr Mann war Kapitän, verrückt vor Sehnsucht ließ er sie herüberkommen. In der Woche, in der wir den Gouvernementsdampfer erwarteten, bügelte ich jeden Tag ihr Bettzeug trocken. Das wollte ich für sie tun, als Gefälligkeit. Die Offiziere wohnten in Holzhäusern mit Wellblechdächern, alles klamm, den ganzen Tag das Vogelgetrippel über dem Kopf, und manchmal hörte man eine Ratte weghuschen.

Ich sehe sie noch an Deck stehen, der ganze Außenposten war zusammengelaufen. Sie war eine schöne Frau. Sogar das scheue Dschungelvolk kam neugierig näher, in der Hoffnung auf eine Handvoll Tabak. Die Soldaten drängelten sich auf der Anlegestelle, um ihren Kabinenkoffer schleppen zu dürfen. Drei wählte sie aus. Wie bei einem Spiel! Sie ließ sich über eine Schlammpfütze tragen. Am selben Nachmittag war sie bei mir zum Tee. Diana hieß sie, wir kannten uns vage von den Bällen in der Militärakademie. Ihre Lippen waren geschminkt, die Teetasse hatte einen roten Abdruck. Ich warnte sie: Wir sind jetzt zu zweit, zwei Frauen auf neunzig Mann. Sie lachte mich ein bisschen aus.«

Meine Mutter stand auf und schlurfte in die Küche.

»Komisch, wie einem jemand im Gedächtnis bleibt … So elegant wie sie war, so jung und frisch auf dem Deck des Dampfers.«

Tassen wurden bereitgestellt, im Wasserkocher brodelte es.

Schweigend tranken wir unseren Tee. Ich wagte nicht, sie in die Gegenwart zurückzurufen.

»Abends hörte ich lautes Geschrei. Ich saß im Zimmer bei einer Öllampe und las, unter einem Moskitonetz. Ich wagte nicht nachzusehen. Und dann ertönte ein Schuss, ich hörte jemand rufen, drehte die Lampe aus und verkroch mich ins Bett, horchte auf knarrende Holzstege und Stimmen hinter den Baracken. Beim Frühstück erfuhr ich, dass Diana erwürgt worden war. Von ihrem eigenen Mann. Die Kugel war für ihn selbst.«

Sie nahm einen Schluck Tee und starrte vor sich hin. »Schade. Ich hätte sie gern besser kennengelernt.«

Noch eine letzte Tasse, bevor ich ging. Wir schoben Alben und Bücher beiseite, um Platz für das Abendessen zu schaffen, das jeden Moment gebracht werden konnte – wir hörten den Wagen schon im Flur. Altersheimgeräusche, weit weg von Schiffshorn und Moskitos. Meine Mutter sah noch einmal auf das Foto, ein abwesendes Lächeln spielte um ihre Lippen. »Hat dir das Reden gut getan?«, fragte ich.

»Gut? Es war eine furchtbare Zeit.«

»Nächstes Mal suchst du ein Foto aus.«

Sie seufzte und rieb sich den Bauch. »Ich will sterben.« Es klang nicht dramatisch, eher wie eine Feststellung. Sie gab mir ihre Verfügung mit. Der Umschlag lag schon bereit.

»Mach was damit.« Sie griff nach ihrem krummen Stock, der hinter dem Tisch versteckt stand, und begleitete mich hinaus. Meinen Arm lehnte sie ab.

Ich küsste sie, sie wich zurück, ich zog die Tür zu.

»Mach was«, hörte ich hinter mir im Gang.

9

Eine Mutter, die einem das Blut von den Knien wäscht, eine Mutter, die bei Vollmond die Stecklinge vermehrt, eine Mutter, die Geschichten aus der Hand liest, eine Mutter, die im Regen Buchstaben tanzt. In der Landschaft, in der ich Kind war, lernte ich seltsame Dinge: Schmerz kann man wegdenken, Angst verjagt man mit einem Ring aus Selbstvertrauen (stell dich rein, sei tapfer), nach deinem Tod wirst du wiedergeboren (das Leben ist wie Ebbe und Flut), auch die untergemischten Pferdeäpfel der Rettungspferde kommen wieder – als Futter –, und wenn man bei den Bunkern eine Kugel findet, muss man sie tief vergraben, so versteckt man Krieg in der Erde.

In Beschwörungen suchte ich meine Mutter.

In der Küche, nach dem Abendessen, wenn die Teller wieder im Schrank glänzten, zog ich ihre Gummihandschuhe an (so spürte ich ihre Wärme) und las ihre Zukunft aus den nassen Fasern. Ich prophezeite ihr ein glückliches Leben, mit eigenen Zähnen und einem großen Gemüsegarten, ohne Russen an der Grenze, ohne einen arbeitslosen Mann, der am Fenster herumstand – einen dem Tod von der Schippe gesprungenen Schwätzer. Und in den Dünen begrub ich ihr Gedächtnis unter einem Brombeerstrauch, der mir die Knie zerkratzte, während der Sommerwind meinen Blouson aufblähte, das Blut auf den Sand spritzte und die Ameisen einen roten Tropfen wegtrugen. Ich war tapfer, und sie umarmte mich.

Sechzig Jahre später fahre ich mit meinem Auto zurück Richtung deutsche Grenze, nach Hause, mit meiner Mutter im Kopf. Purpurwolken treiben vorüber, Wiesen und Felder wogen im Abendlicht. Ein Bauer gräbt seinen Gemüsegarten um.

Ich stehe neben meiner gebückten Mutter, sie pflanzt Tagetes gegen die Ameisen, die schwarzen Fingernägel sind ihr egal: Es ist ja die eigene Erde. Endlich eigenes Land, nach einer Erbschaft erworben. Wir sind den Dünen entflohen, kämpfen nicht mehr gegen den Flugsand. Der Boden ist reich. Ich lerne Gärtnerlatein. *Skimmia vinca hoppsala.* Wir haben Apfelbäume gepflanzt, Stachelbeeren, und Sauerkirschen an ein Spalier genagelt, wie die Bauern es ihr beigebracht haben. Die Lupinen sind ausgesät, um das Gift aus dem Boden zu ziehen. Morgens pinkle ich auf den Komposthaufen, abends gehorchen wir dem Mond, und ich schneide die Himbeeren.

Die IJssel liegt hinter mir, noch zwei Hügel, und ich sehe mein Haus vor mir, frei in einer Landschaft, wo keiner auf mich wartet.

Schon im Kalkstein von Paris sehnte ich mich nach einem Garten. Tauschte ich deshalb die Zinkdächer und Brücken und Bögen, unter denen ich das Mittelalter gluckern hörte, gegen Wälder und Felder ein, wo ich die Eiszeit in Sümpfen und Böschungen finde?

Gewitterfliegen zerplatzen auf meiner Frontscheibe,

über den Endmoränen hängt eine vage rote Glut, und hinter diesen Hängen pflücke ich meine Beeren und bekämpfe das Siebenblatt. Ich werde mir aus dem Apfelbaum einen Stock schneiden, an den richtigen Tagen ernten. Wenn ich arm bin, kann ich Kartoffeln pflanzen, im Krieg halte ich eine Ziege. Ich habe mich gegen die Dünen entschieden, wo nichts wachsen will, auch aus Angst, dort im Boden auf meine Mutter zu stoßen. Ich dachte, ihr zu entkommen, indem ich weit ins Hinterland zog, aber jetzt finde ich sie unter meinen schwarzen Fingernägeln wieder.

Nur noch wenige Kilometer, und ich wühle im eigenen Boden.

Auf einer sich schlängelnden Straße geht das Telefon, und ich schrecke aus meinen Autoträumen auf. Meine Mutter ruft mich in die Gegenwart zurück: »Die Kolonie lässt mir einfach keine Ruhe.« Und ob ich das nächste Mal Pralinen mitbringe. Ich fahre rechts ran und nehme ihre Bestellung auf: Pistazientrüffeln, Käsestangen, Mandelblätter, die leckeren vom Hofconditor van Laack – Lieferant der Königin.

Sehr wohl, Majestät.

»Und Tabletten? Du denkst doch an die Tabletten. Oder sollen wir in die Schweiz fahren?«

Ja klar, gemütlich in einem Hotelbett sterben, mit einer Plastiktüte über dem Kopf.

Zwei Rehe queren die Straße – die Lauscher zitternd, Unrat witternd.

Hören sie ihre Stimme? Ihre nötigende Stimme: »Tu was, tu was.«

Ich gebe keine Antwort. Sie knallt den Hörer auf.

Ich werde sie erlösen. Erlösen von Geschichten, und wenn ich tapfer bin, werde ich sie vom Leben erlösen und dabei ihre Hand halten.

10

Die Hand. Diese Hand. Die Bauernhand, so groß und stark und grob. Hände, für die sie sich schämte, die sie unter dem Tisch ließ, hinter einer Tasche oder einem Kissen verbarg – und auf gestellten Fotos: immer die Arme verschränkt und Hände weggesteckt in Ellbogen oder unter den Achseln. Liebkosen konnte sie damit nicht, kein Streicheln, kein wandernder Finger auf dem Rücken. Eine Maulschelle, das klappte, ansonsten mussten die Hände vor allem nützlich sein – Hände im Schoß bringen kein Brot.

Als Junge hatte ich einmal irgendwo gelesen, dass Gefangene in ihrer Einsamkeit Trost bei der eigenen Hand suchen und, um die Erregung zu steigern, sich zuerst eine Viertelstunde auf die Hand setzen, die Wichshand, nicht um sie aufzuwärmen, sondern um sie gefühllos zu machen, taub und pochend, und wenn sie sich dann mit dieser Hand berühren, sei es, als ob sie ein anderer berühre. Vielleicht hatte ich es nicht gelesen, sondern man hatte es mir mit heiserer Stimme in einem Kreis von Geilwichsern hinter dem Fahrradschuppen der Schule zugeflüstert. Aber ich weiß noch, wie erregend es sich anhörte und dass ich noch am selben Tag, auf einem unserer Holzstühle, meine Hand unter dem Hintern plattquetschte und dass sie zuerst weh tat, danach abstarb und prickelte, als ob das Blut daraus weggedrückt würde, und als ich sie wieder freiließ, war sie weiß und fremd, sie schlief. Die Hand suchte mich, nein, nicht dort, wo sonst die Erregung eines Vierzehn-, Fünfzehnjährigen brütet, sondern sie streichelte meine Wange, meinen Nacken, sie kroch unter mein Hemd, liebkoste meine nackte Schulter, und ich bildete mir ein, es wäre meine Mutter. Ich liebte diese Hand. Und musste weinen.

11

Eine Woche später. »Ich hab's gefunden«, rief sie aufgeregt schon beim Öffnen der Tür. Zeit zum Jackeausziehen gönnte sie mir nicht, geschwind rollerte sie zu den Büchern auf ihrem Tisch zurück. »Das musst du hören, General Patton ist nicht nur der Befreier Europas, er hat auch in seinen früheren Leben Heere angeführt: Er war Wikinger, hat als Grieche gegen die Perser gekämpft, war Soldat unter Alexander dem Großen, zog mit Napoleon in den Kampf. In jedes neue Leben ist er als Soldat zurückgekehrt: *Dying to be born a fighter, but to die again once more.* Dichten konnte er auch. Hast du gewusst, dass Patton eine Reinkarnation von Hannibal war? Auf dem Schlachtfeld hat er ihn zitiert: *Ich hoffe, dass die Götter mich an der Front sterben lassen.* Und wie findest du den: *Wir werden die Moffen nicht nur abknallen, wir schneiden ihnen bei lebendigem Leib die Gedärme heraus und schmieren damit unsere Panzerketten.* Das ist von ihm. Das muss man sich mal trauen zu sagen. *War is life. You fight wars to win.* Und das stimmt, auf welcher Seite du auch stehst.«

Sie sah nicht, dass ich mit zwei vollen Händen vor ihrem Tisch stand, in der einen Hand eine Tüte mit der ersten Gartenernte (Erdbeeren, Rucola und Salbei) und in der anderen zwei Papptüten vom Hofconditor –

Mandelblätter, Pralinen, Käsestangen. »Stell's einfach in die Küche«, sagte sie, gebeugt hinter ihrer Büchermauer, die sie in Form eines Halbmonds vor sich aufgebaut hatte – wieder schön viel Krieg, sah ich auf die Schnelle.

»Patton setzte Panzer ein, Hannibal geharnischte Elefanten. Der Mann konnte nicht anders.«

»Was treibst du bloß um Himmels willen?«, fragte ich.

»Ich habe solche Angst, dass ich wieder als Soldatenfrau zurückkommen muss, zum sovielten Mal.«

Meine Mutter suchte viel Zukunft in den Sternen, aber sie hatte auch ein Reinkarnationshoroskop erstellen lassen, das sonnenklar zeigte, dass sie in wenigstens vier früheren Leben die Frau eines auf dem Schlachtfeld gefallenen Soldaten gewesen war. »Karma«, seufzte sie, »wann hab ich's endlich geschafft.«

Karma. Ursache und Folge, nenn es Schicksal. Ihr Totschlagargument für jedes Glück und jedes Unglück. Hatte ich in meinen früheren Leben etwa auch so eine Mutter? Und wann durfte ich diese Last abwerfen?

Wir tranken Tee und kosteten die Mandelblätter. Meinen Erdbeeren gönnte sie keinen Blick. Der Geist des Generals hing über dem Tisch. »Patton sah das Leben als Wettstreit, man kämpft, um zu gewinnen, und wenn das nicht gelingt, muss man den Schlussstrich ziehen.« Sie brach ein Mandelblatt ab (es krachte wie ein Schuss) und tunkte es in den Tee. »Alt werden ist auch Krieg, ein Kampf des Feuers gegen das Eis – so sehe ich das. Wenn die Energie nachlässt, siegt das Eis. Wenn du wüsstest, wie schwer es ist, mir die Zehennägel zu schneiden. Ich fühle meine Füße nicht mehr.«

»Dann lass eine Fußpflegerin kommen.«

»Bah, so ein Herumgepople.«

»Prima, du kämpfst also weiter.« Ich griff zu meinem Stift und machte ein paar Notizen.

Sie tat, als würde sie es nicht sehen. »Ich will es verstehen, weißt du, warum ich auch in diesem Leben bei den Soldaten gelandet bin. Damit bin ich die letzten Tage ziemlich beschäftigt.«

Das kam vom Fort, unser Besuch der heimatlichen Scholle hatte viel bei ihr ausgelöst. Im ersten Winter, an den sie sich erinnerte, stand sie mit ihrem Vater auf dem Deich – vier, fünf wird sie gewesen sein, es hatte geschneit, und die Geräusche trugen weit, sie lauschten zusammen dem Krieg, der so merkwürdig nahegekommen war. Der Krieg war Lärm im Fort und Stimmen in den Scheunen, dort versteckten sich aus dem besetzten Belgien geflohene Soldaten, die auf ihre Verschiffung warteten, um sich der freien Front anzuschließen. Es waren auch halbwüchsige Jungs dabei, die hatten noch nie ein Gewehr in der Hand gehabt – aber kämpfen wollten sie.

Ihre Wangen röteten sich bei der Beschreibung der vielen Männer auf dem und um den Hof. Wenn es zu kalt wurde, durften sie in die Küche und sich an den Ofen setzen, und es wurde Branntwein ausgeschenkt, sie kauerte dann lautlos hinter den grünen Rücken, um nur nicht ins Bett geschickt zu werden. Zwischen den Milcheimern versteckt hatte sie gesehen, wie die Belgier von den Soldaten aus dem Fort Waffen bekamen.

Meine Mutter nahm einen großen Schluck von ihrem Tee. »Ich fand es großartig.«

Hatte sie mir je erzählt, dass sie auf dem Deich schießen gelernt hatte? Eingeklemmt zwischen großen Knien und Händen. Sie knallte schon mit sechs Ratten aus dem Feld ab. (Für sie hatte der Feind einen Schwanz.) Dieses Können kam ihr später in der Kolonie sehr gelegen. »Pazifismus bringt nichts.«

»Ja«, sagte ich, »wir sollten uns gegenseitig mehr totschießen.« (Keine Reaktion.) Ich konnte es nicht lassen, sie daran zu erinnern, dass ich, der Sohn eines Berufssoldaten, mir die Nägel lackiert hatte, um nicht zum Militär zu müssen. Lieber schwul als Soldat.

Sie zuckte mit den Schultern. »Wer auch nur ein Fünkchen Kerl ist, der kämpft.«

»Verdammt noch mal«, sagte ich und haute auf den Tisch, »du bist genauso schlimm wie dieser Faschist von einem Patton.«

»Ach, es steckt in den Genen und zwar schon sehr lange.« Sie hatte mit eigenen Augen gesehen, wie auf Celebes Makaken vom Kriegsspiel sexuell erregt wurden. Allerliebste Äffchen mit Schopf, die pimmelschwenkend paradierten. Sie waren hinter einem Eindringling her, schlugen auf ihn ein, bissen und traten ihn kreischend zu Boden. Das arme Tier versuchte seinen Kopf zu schützen, blutete aber so heftig, dass es sich tot stellte. Die Kämpfer trommelten vor Erregung auf Baumstämmen. Die Affen hatten richtig Spaß. Die Weibchen leckten das Blut von ihren verwundeten Männern. Ganz natürlich. Sie hatte zwei Kriege mitgemacht, und noch einen Aufstand hier und da. Auch sie hatte die Trommeln gehört und Blut weggewaschen. Soldaten, ihr ganzes Leben war davon geprägt.

Die ersten Kriegsmonate hatten sie auch viele geflüchtete belgische Frauen und Kinder aufgenommen, aber daran konnte sie sich kaum erinnern. Nur, dass im Haus viel Gewusel war. Frauen durften nicht in die Scheune. Damals war alles anders. Ihre Mutter im Kindbett gestorben, ein Brüderchen war da, ein Knirps, mit dem der Vater schlecht umgehen konnte. Er vermisste seine Frau, und deshalb konnte er auch keiner Frau die Tür weisen. »Er war streng und wurde sein Lebtag ›der Zähe‹ genannt, aber er hat nie einen Flüchtling weggeschickt.« Sie umklammerte ihre Teetasse wie einen Becher. »Der Krieg hat ihn mehr getroffen, als er zugeben wollte. Unsere Flachsfelder lagen ganz nah an der Grenze. Kriegsgebiet. Die Pächter wurden mobilisiert.«

»Flachsfelder«, murmelte ich leise. »Wie viel Land habt ihr denn gehabt?«

»Du denkst immer nur ans Geld«, tadelte sie abgelenkt. (Wann wurde das Mensch endlich mal taub.)

»Die Frauen und Kinder blieben nicht lange, sie gingen weiter in ein Aufnahmelager oder zurück in ihr besetztes Dorf, aber die Männer kamen weiterhin, Soldaten, auf der Flucht vor den Deutschen. Unsere neue Haushälterin musste jeden Morgen Eier für sie braten. Es war auch ein Schwarzer dabei, direkt aus dem Kongo. Mein erster Neger. Bei uns auf dem Hof. Er durfte reinkommen, und wir haben ihn alle angestarrt. Echt, das war was. Seine Kameraden erzählten, dass er auf seiner Flucht eine Bombardierung mitgemacht, die ersten Leichen gesehen hatte. Es war ein schöner Mann, und er hat lecker erdig gerochen. Wir schenkten ihm Branntwein ein. Nach ein paar Schlucken fing er an zu weinen. Mein Vater hat ihn auf die Tenne geschickt.« Sie hatte noch versucht, ihn zu trösten, aber er verstand nur Französisch.

Ach, sie sah ihn deutlich vor sich ... Am Tag vor seinem Aufbruch wurde er unter der Pumpe gewaschen – wie eine Taufe. Er glänzte. Die Magd hatte ihm ein sauberes Hemd hingelegt. Sie durfte sich nicht von ihm verabschieden, als die ganze Scheune Männer, erholt und aufgepäppelt, zum Hafen marschierte, um sich nach England schleusen zu lassen und von dort an die IJzerfront – eine geheime Operation, von der jeder wusste. Die Soldaten auf dem Fort standen zu Hunderten auf den Wällen, neugierig. Auf den Neger. Auf die mutigen Belgier. »Die Holländer haben sich in dem Fort zu Tode gelangweilt, sie sehnten sich nach Krieg und waren sternhagelvoll. Weißt du, was sie gerufen haben: ›Wo sind die deutschen Kugeln? Deutsche Kugeln! Deutsche Kugeln!‹ Sie schossen wie die Verrückten in die Luft. Die wollten auch kämpfen.« Eine Geschichte ihres Vaters – Dutzende Male erzählt, aber jetzt wirkte es, als hätte sie es mit eigenen Ohren gehört. »Und der Neger weinte und weinte.«

Sie sah still vor sich hin, das mutterlose Kind, das keine Träne vergoss, das Mädchen, das sich gern bei den Soldaten aufhielt und eine Heulsuse tröstete. »Der junge Mann hat großen Eindruck auf mich gemacht …« Sie dachte nach, suchte nach Worten.

»Doch komisch, dass ich mich nach über neunzig Jahren bei Gefühlen für jemanden ertappe, den ich für eine Memme halten sollte.«

Ihre Hand flog an den aufgebauten Büchern entlang, sie blätterte, zog vollgekritzelte Zettelchen heraus, stellte ein Buch zurück, nahm ein anderes, sie suchte etwas, fand etwas, las still vor sich hin, murmelnd. Ich lauschte dem Umblättern der Seiten. Rasendschnell. In meiner Schulzeit, als ich unlustig für meine Bücherliste las, schaffte sie leicht sechzig Seiten in der Stunde. Ich dagegen krebste um die zwanzig herum. Am liebsten las sie mehrere Bücher gleichzeitig. Wenn ein Thriller zu spannend wurde, legte sie ihn weg, um ihre Nerven mit einem ernsteren Buch zu beruhigen. Ein allzu irdisches Buch wurde von Esoterik abgelöst, und bei Romanen fing sie beim letzten Kapitel an: Dann las man weniger gehetzt. Aber ob das half?

Sie war noch immer Mitglied in drei Lesekreisen und wusste besser über moderne Literatur Bescheid als ich. Aber was machte das viele Lesen mit ihr? Während ich *Zenos Gewissen* nur rauchend hatte lesen können oder mir bei jedem zweiten Kapitel von *Ich, Jan Cremer*, einen runterholen musste, legte sie einen gelesenen Roman ungerührt auf den Stapel kw – kann weg.

»Was suchst du?«, fragte ich.

»Nichts, nur einen Spruch für über meine Todesanzeige.«

»O ja, was Aufmunterndes à la General Patton. *Life is war.*«

Sie klappte ein Buch zu. Böse. »Hast du mit dem Arzt gesprochen?«

»Noch nicht, aber ich habe meine Telefonnummer bei der Sprechstundenhilfe hinterlassen.«

»Du trödelst mir zu viel.« Sie fischte eine Trauerkarte aus der Obstschale. »Schau, die dritte in diesem Monat, bald ist keiner mehr da; wenn du dich nicht beeilst, wird es still bei meiner Einäscherung.« Zwischen den Mandarinen lagen noch mehr Tote. *Nach einem langen Leidensweg … Wir danken den Hospizmitarbeitern … Obwohl Mutter die letzten Jahre in ihrer eigenen Welt lebte … Ungleicher Kampf …* »So will ich das nicht. Es muss mit einem Schlag passieren.«

Die Karten bebten in ihrer Hand, sie zog die Schublade auf und fächerte die Ernte des letzten Jahres auf den Tisch – eine Handvoll grau- und schwarzgeränderter Trauer, zusammengehalten von einem Gummiband. »Ich beschreibe die Rückseiten, dann sind sie noch zu was nütze.« Sie schob sie mir triumphierend zu. »Hier, das sind meine Todesgedanken.«

Ich blätterte und erschrak über das Gekrakel und die aneinandergereihten Sätze. »Seit wann machst du das?«

»Seit mir die Toten wöchentlich auf die Matte fallen.« Sie lachte auf. »Ach Quatsch, ich bin beim Aufräumen und finde so viel, dass es mich ganz verrückt macht. Die Erinnerungen rauben mir den Schlaf, ich muss sie wohl oder übel aufschreiben.«

»Lies mal was vor.«

Sie zog eine Karte zu sich und beugte sich kopfschüttelnd über ihre Handschrift. »Ich kann es nicht mehr lesen.« Nicht einmal die Lupe half. Auch ich konnte nicht schlau daraus werden, mein Blick blieb an den gedruckten Namen der Toten und der Friedhöfe hängen, die seitenverkehrt durch ihre Krakelschrift durchschimmerten.

»Soll ich dir helfen? Du erzählst, und ich schreibe auf.« Ich holte mein Notizbuch aus der Brusttasche und wedelte damit drohend vor ihren Augen.

Sie warf mir einen misstrauischen Blick zu. »Als ob ich das nicht schon gesehen hätte.«

»Es sind einfach Notizen.«

»Hast du vielleicht vor, ein Buch über mich zu schreiben?«

»Vielleicht, wenn du ein bisschen weniger schwindelst.«

Sie lachte abfällig. »Hört, wer das sagt.«

»Hättest du denn was dagegen?«

Sie strahlte. »Nur über mich?«

»Du bekommst die Hauptrolle.«

»Aber wenn du mich beleidigst, kriegst du es mit mir zu tun. Auch nach meinem Tod.«

Ich schlug vor, sie zu interviewen.

»Das finde ich komisch, was hab ich schon zu erzählen.«

»Genug.« Um es zu beweisen und um ihr Vertrauen zu gewinnen, ließ ich sie ein paar Notizen lesen. Sie blätterte durch mein Buch.

»Telefongespräche? Hast du die etwa aufgeschrieben? Aber das ist doch die Höhe, ich werde abgehört!«

»Nein, du hast angerufen. Es sind deine Geschichten, du wolltest sie loswerden.«

»Ich rede ganz anders.«

»So ist es hängengeblieben.«

»Du hast es geschönt.«

»Du kannst ganz schön scharf schießen.«

»Das habe ich von meinem Vater. Wir haben früher nicht so viel drumherum geredet.«

Sie verfiel ins Sinnieren. Schwieg. Starrte lange auf die Fensterbank, humpelte mühsam mit ihrem Stock zum Fenster, brach dürre Blätter von den meterhohen Geranien (bei Vollmond gepflanzt, auf anthroposophische Weise ermutigt. »Strengt euch ein bisschen an, ihr, wachst schön.« »Tut mir leid, jetzt muss ich euch ein bisschen plagen.«).

»Frag ruhig«, sagte sie mit dem Rücken zu mir.

»Alles?«

»Alles.«

Die bissigsten Fragen schossen mir durch den Kopf: Warum bist du in die Kolonie geflohen? Warum bist du aus dem Zimmer gelaufen, wenn der Irre mit Schaum vorm Mund die Tapeten von der Wand gerissen hat? Hast du nie meine blauen Flecken gesehen? Warum haben sich deine Töchter so schnell ins Ausland abgesetzt? Und die Sterne, die Wahrsagerei ... Warum diese Stütze der Schwachsinnigen? Aber ich hielt den Mund. Ich wollte ihr nicht weh tun, noch nicht. Frauen tut man nicht weh, das wurde einem schon von klein auf eingehämmert. Sie durfte mir erzählen, was sie wollte. Wenn sie sich nur traute, ein bisschen mehr Mutter zu sein, und diese innere Stahlwand beiseite schieben konnte. Das Brecheisen hielt ich in Reserve.

Sie ging zum Tisch zurück, holte ein festes Blatt aus der Schublade (die Rückseite des Weihnachtsmenüs) und schrieb darauf: Du darfst alles fragen. Und darüber, in Druckbuchstaben: Schreibvertrag.

Wir machten eine Liste. Telefongespräche. Briefe.

(»Die suche ich selbst aus.«) Okay, okay. Ich ergänzte auch einen Punkt: Ehrlich sein.

»Kein Exhibitionismus.« Sie klang streng.

Durfte ich nach ihrem Liebesleben fragen?

»Hör mal, ich habe seit fünfundfünfzig Jahren nicht mehr geküsst, das hab ich alles vergessen.«

»Oder nach Geld? Wie viel noch im Säckel ist?«

»Geht dich nichts an.«

»Und hart anpacken?«

»Aber nicht übers Lager, die alte Litanei.«

»Ein bisschen«, sagte ich.

Wir zankten ein wenig.

Unsere Worte überschnitten sich, dieselben Worte, manchmal derselbe Ton, Pausen, Rhythmus. Wir ergänzten wechselseitig unsere Sätze. »Hörst du«, sagte ich, »du sprichst in mir und ich in dir.«

»Zusammen eine Stimme.« Ein Satz, der ihr gefiel, er kam auch in den Vertrag.

Wir schworen gemeinsam: Ich würde ihr ein Leben auf Papier geben, oder noch besser, ein neues Leben. Ein Leben, in dem sie wieder gut laufen konnte, ihre Lippen schminkte, weite Röcke trug oder ihre feuerfesten Kostüme. Eine tanzende Mutter wollte ich vorführen, eine kämpfende Mutter. Die starke Frau meiner Jugend.

»Noch ein Leben dazu« – brummelte sie zufrieden –, »aber dafür will ich was zurück: Eine Hand wäscht die andere.«

»Ich werde alle Einkäufe für dich erledigen, den Küchenboden wischen …«

»Pillen. Du kriegst eine Geschichte, ich eine Pille.«

Wir unterschrieben den Vertrag.

Zum Abschluss wusch ich die Erdbeeren, schnitt sie in dünne Scheibchen. Sie aß sie vergnügt auf. Rote Pillen.

Erst beim Weggehen, als sie mir ihre neue Einkaufsliste diktierte, sah ich, dass sie sich eigens für diesen Nachmittag gekleidet hatte: weiße Hose und knallrote Bluse. Feuer und Eis. Kriegsornat aus dem Versandhauskatalog.

12

Im Auto dachte ich: Jahrelang habe ich über meinen Vater gejammert, mir seinen Krieg von der Seele geredet, seine Wut, seine Fäuste. Ich ließ ihn in meinen Büchern lebendig werden, er war mein Abscheu, mein Schatten – ich ging keinen Schritt ohne ihn. Meine Mutter ließ ich immer außen vor, auch in meinen Geschichten. Wenn ich sie beschrieb, dann am Rande. Sie hatte zu viel gelitten. Und noch ärger: Sie lebte, ich musste sie schonen. Mitleid! Aber plötzlich ging mir auf, dass meine Mutter zu Hause der Offizier war, ranghöher als die uniformierten armen Teufel, die eingerahmt ihr Zimmer bewachten. Sie hat mich geformt, mehr als mein Vater.

Ojemine, was für eine Erkenntnis, einfach so auf dem Nachhauseweg.

13

Die beiläufigen Bemerkungen über Familienländereien (eine verpachtete Gärtnerei, Flachsfelder) hatten mich habgierig gemacht. Ich wollte endlich wissen, wie viel Grund und Boden die Familie noch besaß. Geld, ja, was verband uns sonst. Ich rief beim Bauernverband an. In der nächsten Woche könne ich vorbeikommen, die Schriftstücke lägen dann für mich bereit. Ich begegnete vertrauten Namen, vor allem die frommen, ledigen Tanten schienen wohlversorgt mit Land zu sein. Sie hatten ihren Erben eine idiotische Verpflichtung aufgehalst: Nur protestantische Pächter durften eingestellt werden. In einer überwiegend katholischen Region eine fast unerfüllbare Forderung. Meine Mutter wurde erst nach dem Tod meines Vaters bedacht. Ihr Leben in Sünde stand dem Erben lange im Weg.

Der Besitz meines Großvaters bot mehr Überraschungen: vor seinem vierzigsten besaß er fünf riesige Stücke Ackerland. Nach 1917 standen nur noch zwei Bauernhöfe auf seinen Namen eingetragen. Was war passiert?

Mit einer Mappe voll Kopien aus dem Kataster fuhr ich zu dem verlorenen Land. Ich pendelte nach Belgien hinein und wieder heraus und suchte nach Flachsfeldern. Das Kataster schickte mich über unbefestigte Wege, es nieselte, und ich musste immer wieder aussteigen, um die Karte in der Aussicht wiederzufinden. Die Felder waren grün, aber ich hatte keine Ahnung, wie Flachs aussah und ob er noch angebaut wurde. Ich rief meine Mutter an. »Ich fahre durch euer altes Flachsland.«

Die Leitung knackte, schlechter Empfang. »Was suchst du denn dort?«

»Geld«, schrie ich.

Held, verstand sie. »Mein Vater ein Held? Ja, wenn er einen sitzen hatte. Er ist sein Lebtag …«

Ich unterbrach sie: »Wie sieht Flachs aus?«

Er musste jetzt blühen. Welche Farbe? Hellblau. Ich sah lauter grüne Stengel. Sie bat mich, sie zu beschreiben. Wie hoch. Keinen Meter. »Ich hab mich als Kind drin verirrt. Steig aus. Riechst du den Leinsamen?« Nein, nur Jauche. Das Fenn, sah ich das Fenn denn nicht, dort wurden die Stengel eingeweicht. Und die Weiden … da lagen sie zum Bleichen aus. Sie schaute mit mir, zupfte mich am Ärmel. »Lauf mittendurch. Mit den Füßen, nicht mit den Augen. Alles was du siehst, hat mal uns gehört.« Kataster? Ist doch egal, du musst es fühlen. Kam jetzt eine Mühle, links von der Kirche? Dahinter lag noch ein Hof, auch von ihrem Vater. Ich verirrte mich in ihrer Stimme. Sie klang reiselustig.

»Warum hat er das alles in einem Jahr verkauft?«

»Das musst du die Russen fragen.« Sie giggelte. Der Besitz ihres Vaters hatte sich nach der Russischen Revolution in Luft aufgelöst, von einem Tag auf den anderen. Er hatte seinen Grund und Boden beliehen, um mit russischen Eisenbahnobligationen zu spekulieren, Zehntausende Schienenkilometer wurden unter dem letzten Zaren angelegt. Wer ein bisschen Geld hatte, sprang auf den Zug auf. Es brachte riesige Rendite, mehr als Land je abwerfen konnte. Bis die Revolution ausbrach, dann war es nichts mehr wert. Dreiviertel seines Vermögens futsch.

Was rührte ich da auf!

Es war eine Katastrophe. Jemand bei der Bank hatte sich verplappert, und danach gab es kein Halten mehr. Einer nach dem anderen klopften sie an, der Notar, der Pfarrer, der Gläubiger, der Pächter. Ihr Vater saß am Küchentisch und rechnete. »Er hat sich wochenlang nicht aus dem Haus getraut.« (Die neue Haushälterin hat ihr später alles erzählt, die Frau, die wir Kinder alle Oma nannten; sie hatte sich der mutterlosen Familie als Hausmädchen angenommen – schlief in einem klitzekleinen Kabuff, arbeitete für Gotteslohn – und sollte der Familie bis in den Tod treu bleiben.)

»Wir wurden zum Gespött«, schnaubte meine Mutter durchs Telefon, »ein reicher Protestant fällt aufs Maul, na, das hat den Papisten gefallen.« Ein alter Hass kam wieder hoch: Beichthengste, Kreuzköpfe, Weihwassersäufer. Pfaffen, Pfaffen, Gummiaffen.

»Aber weißt du, was am schlimmsten war«, ihre Stimme senkte sich neckisch, »nach dem Debakel mit der russischen Eisenbahn war er mit einem Schlag impotent.«

»Wo hast du das denn her?«

»Von der Oma. Hat es erst später verraten, wirklich, aber es hat sich nie mehr gebessert.«

Wieder dieses Glucksen.

14

Bei einem nächsten Besuch war der Bauernschrank leergeräumt. Türen und Schubladen gähnten ins Zimmer. Auf dem Sofa lagen kleine Stapel Leinenwäsche und Schachteln voller Silberbesteck – noch in Samt eingeschlagen, selten benutzt, aber immer aufbewahrt, für schlechte Zeiten. Und jetzt konnte es weg. Was sollte sie noch mit Pracht und Prunk. Teelöffel und Kuchengabeln waren mit Schleifen zusammengebunden, die gingen ans Küchenpersonal. Die liebe Tochter schwamm schon im Silber, und die Enkel fanden es zu spießig. (»Spießig? Die haben keinen Geschmack!«)

Sie hatte Listen von entfernten Verwandten angelegt, die für den Damast in Betracht kamen, in den vor gut einem Jahrhundert eine emsige Hand das Familienwappen eingestickt hatte. Rund und schwer wie ein Pfannkuchen. Erbe, das von Schublade zu Schublade umzog und bald aufgelöst werden sollte. »Fällt es dir schwer?«, fragte ich. Nein. Ein Toter braucht leichtes Gepäck.

Die Umschläge für die noch zu druckende Todesanzeige lagen auch schon bereit. Recyceltes Papier, grau und hässlich. »Ich schreibe die Adressen lieber selbst, du kannst meine Handschrift doch nicht lesen.« Sie bekam richtig rote Bäckchen.

Fast hundert Jahre Leben wurden kurz vor Toresschluss geordnet. Notarielle Urkunden, Familienpapiere, Briefwechsel über nie ausgeschüttete Entschädigungen, viele Boshaftigkeiten waren aus den Schubladen gekommen, und sie hatte alles zerrissen.

Sie zeigte mir stolz einen vollen Papierkorb. »Tut gut.«

Und der Sarg?

»So weit bin ich noch nicht.«

Sie hatte auch mit den Fotos geschummelt und Texte in den Fotoalben umgeschrieben. »Verbessert«, nannte sie es. »Da und dort war eine Jahreszahl falsch, ich hab auch ein paar Fotos rausgenommen.« Sie hielt das Foto von der Freundin meines Vaters in die Höhe. (Eine Pflegerin in Schwesterntracht, mit der er nach seiner Herzoperation Kontakt gehalten und die er schamlos ins Familienalbum geklebt hatte. Es war eine Seite, die immer überblättert wurde – außerdem die letzte. Ja, Sauerstoffmangel griff das Gehirn an. Mehr Worte wurden darüber nicht verloren.) Wir ließen die Lupe über ihre Tracht wandern, sie trug eine Nadel. Schwarzes Kreuz, Irrenhauswärterin. »Das billigste Diplom«, kommentierte meine Mutter. »Waschen, säubern und Kotze wegwischen, mehr konnten die nicht.« Und ritsch, ratsch, weg war sie, die Irrenhausschwester, in acht Fetzen. Erstaunlich, dass sie so lange auf ihr Schicksal hatte warten müssen. Und die frommen Tanten mussten auch dran glauben. Die Firma dankt!

Sie öffnete einen Umschlag mit Babyfotos: die Mädchen auf einer Bastmatte in der Tropendämmerung, extra knipsen lassen für die Verwandtschaft daheim. Und ich, mit Speckröllchen, auf einem Schaffell – Frieden strahlte es aus. Ich sah mich schon zerrissen im Papierkorb. Weshalb dieser Aufräumfimmel?

»Ich will nach meinen Tod nicht auf dem Flohmarkt landen. Die Fotos bleiben unter uns.« Meine Mutter musterte mich noch einmal genau. »Ich hatte solche Angst, dass dir was fehlen würde, ich hatte noch Hungerflecken auf der Haut.« Sie streichelte mein Foto. Mir lief ein Schauder über den Rücken. »Noch Interesse?«

Sie hängte sich an mich, als ich mich verabschiedete, und reckte sich für einen Kuss. Ich spürte ihre Hände in meinem Nacken, sie zog meinen Kopf zu sich, ich roch das Süße ihres Munds und zuckte erschrocken zurück – eine geschrumpfte Mutter sah zu mir auf. Sie sagte etwas, was ich vermuten, aber nicht verstehen konnte, einen Gruß, ein Fahr vorsichtig. Ich entzog mich ihr, drehte mich um und schritt kräftig aus. Die Babyfotos hämmerten in meiner Brusttasche. Wie seltsam waren wir doch gewachsen: Sie, die mich herausgepresst hatte, stützte sich auf einen Stock, und ich, der nach einer Berührung gelechzt hatte, lief vor ihr weg. Sie erinnerte sich an das, was ich vergessen hatte (meine ersten Worte), ich sollte mir ihre letzten Worte merken (Füller und Papier bereit). Worte, die nicht unter uns bleiben würden.

Ich kurvte noch kurz um das Apartment, für ein letztes Winken zum Balkon – ein Ritual, an dem ihr lag. Ich grüßte Blumenkästen, hinter denen sich ein Kopf verborgen hielt.

Im Akkordeon des langsam rollenden und stehenden Verkehrs sang ich ein Lied für meine Mutter.

> Als ich zur Welt kam, war alles auf Bezugsschein. Ich brachte acht Pfund ein, gegen den Tod, gegen die Krankheit, gegen den Krieg, acht Pfund Leben, und du hast dir die Zähne ziehen lassen. Deine Brust war leer, der Hunger saß dir noch unter der Haut, du hast mich mit Buttermilch abgefüllt, und ich hab sauer in die Windeln gekackt. Aber ich war nicht

gekommen, um zu beweisen, dass ich kämpfen kann, Schmerzen ertragen, ohne zu klagen – so wie du: Zähne zusammenzubeißen, wie falsch sie auch sind – oder den Feind zu verjagen. Vor so was hab ich viel zu viel Angst. Ich wollte Trost, eine liebkosende Hand, offene Augen. Ich wollte, dass du siehst, wie er immer wieder zu toben begann, oder hörst, was ich dabei empfand, aber du bist in die Küche gerannt und hast mich mit dem lauten Wasser übertönt. Ich wollte Liebe, Mammie, ein großes Wort, komm, nimm mich auf den Schoß. Aber du hast 'nen kalten Lappen gepackt und mich auf die Wange geschlagen. Auch Zärtlichkeit war rationiert, unsere Liebe kam nie in Gang. Bang. Bang. Bang. Kein Held für Frauen, kein Held für Männer. Sohn ohne Spur, keinem zur Last. Der Koffer auf dem Schrank – zur Flucht bereit. Wir hingen nicht an der Familie, wir hingen nur am Geld, an einer Lade voll Silber, an einer Uhrenkette – so kommt man am besten durch den Krieg. Jetzt hast du fast ausgekämpft, wir räumen auf und packen ein, für dich ist das Feuer ein Neubeginn.
Du hakst, bleibst hängen, suchst meine Hand, aber ich stoß dich fort.

Das Lied hatte ich schon vor Wochen geschrieben und sang es ihr sogar parlando vor. Meine Stimme zitterte vor Nervosität, aus Angst, sie zu verletzen, deshalb nannte ich es auch ein Lied – ein Genre mit weniger Gewicht als ein Gedicht.

»Was hältst du davon?«, fragte ich. »Junge, Junge«, sagte sie nach langem Nachdenken, »bist du noch immer nicht über deinen Vater weg.«

15

Vom Otto-Versand kam ein Paket. Ein roter Trainingsanzug.

»Was hast du damit vor?«, fragte ich.

»Tragen, die anderen Hosen sind mir zu eng.«

»Aber der ist aus Polyester«, rief ich voll Abscheu.

»Nach dem Waschen ist er gleich trocken.«

»Warum nicht schwarz oder grau?«

»Dunkel macht alt.«

»Du bist ganz schön zäh für jemanden, der sterben will.«

»Du bist ein Snob.«

Meine Mutter war eine hochgewachsene Frau gewesen. Und gelenkig. Im Nu befand sie sich im Kopfstand, und dann wurde sie noch schöner: Säulen von Schenkeln und eine frische Unterhose mit Beinchen, auch fröhlich beschuht. Um sich zu entschwindeln, machte sie anschließend oft noch einen Derwischtanz, mit kreisendem Rock und knallrotem Kopf. Ihr eigenes Yoga. (»Mach mit, dann wirst du nie mehr krank.«) Aber das war die Mutter von ehedem. Sie tanzte seit Jahren nicht mehr, das Schwingen schwand aus ihrem Leben, Röcke und Kleider zogen in Schutzhüllen auf den Dachboden um, und auch die Tweedkostüme und die halbhohen Absätze verschwanden von der Bildfläche. Das Weibliche zwickte.

Sie entschied sich für Hosen, formlose Blusen und Westen, bestellt beim Seniorenversand. Die Sachen saßen locker, sahen an ihr aber hässlich aus. Ich schämte mich für diese Mutter, sie hatte den schönsten Teil ihrer Persönlichkeit ausgelöscht.

Sie bestand darauf, den Glimmeranzug gleich anzuprobieren, wenn er zu eng war, konnte er direkt zurück zur Post. Sie schleppte die Schachtel eigenhändig ins Badezimmer. Nach fünf Minuten kam sie, schnaufend und verschwitzt, zurück. Meine Mutter wie eine holländische Tomate – geschmacklos.

Eine geharnischte Mutter, damit konnte ich umgehen, aber eine ordinäre ging mir zu weit. Ich steckte mein Notizbuch wieder ein und ging, ohne ein Wort aufgeschrieben zu haben.

16

Nach ein paar Tagen des Schweigens meldete sie sich wieder. Jedes Mal mit einer halben Geschichte. Wollte ich mehr wissen? »Dann komm vorbei!« Oh, wie grausam konnte ich sein. Sie rechnete mit mir … bitte. Eine Liste wartete auf mich … Die Kekse waren alle.

Ob der Laufbursche mal kurz vorfahren möchte.

Der Tee stand bereit. Lau wie eh und je. Der Trainingsanzug blieb im Schrank. Sie trug eine dezente Hose und einen Pullover. Eine Versöhnungsgeste.

Der Pullover betonte ihren Bauch.

Ihr Bauch machte Beschwerden. Ein Fleischbaum störte sie, in den letzten Monaten war er plötzlich schneller gewachsen, und jetzt hatte sie eine Beule, die sie in größere Größen zwang. Sie wollte sich nicht untersuchen lassen. Kräuter, Rosenquarzstückchen lutschen, Jasminöl und literweise Rote-Bete-Saft – entgiften war das Mittel der Wahl. Plus warmhalten, am liebsten mit einem Kissen, außerdem sah man die Beule dann nicht gleich. Manchmal mache ihr Bauch Musik, sagte sie, und sie müsse nach dem Essen blubbernde Bäuerchen lassen. »Als hätte ich Rohrfrei getrunken.«

Sie taperte zum Klo (mit der verdammten Tasche, am

Handgriff baumelnd), alle zehn Minuten musste sie pieseln. Nein, ich durfte ihr nicht helfen. »Kann ich allein.« Die Rollatorräder schrammten an den Scheuerleisten, das Ding musste mit hinein, sie ließ die Klotür offen, ich folgte ihr, sie merkte nicht, dass ich sah, wie sie sich auf die Brille sinken ließ und erst dann ihre Hose nach unten zerrte und abstreifte, auf den Strahl wartete. Ein Strahl, der drängte, aber nicht kam. Sie greinte in sich hinein. In ihrer Unterhose lag eine Papierwindel. Sie warf sie in den Eimer und versuchte, eine neue aus der Packung zu ziehen. Es gelang ihr nicht.

Ich konnte es nicht mit ansehen und ging vor meiner jammernden Mutter in die Knie. »Geh weg«, sagte sie. Ich streichelte ihre Knie. Meine unberührbare Mutter, so glatt, diese Kniechen, so mädchenglatt, und sie glänzten. Sie bibberte. Der Strahl kam und vor Schreck noch ein Häufchen. Sie konnte ihren Po nicht gut abwischen, die Kleidung war im Weg. Ich säuberte sie mit Feuchttüchern. Sie nahm sich auch eins, für ihre Tränen.

»Du darfst mich nicht so sehen. Ein Sohn darf seine Mutter nicht so sehen.«

»Ich hab auch eine Wampe, für die ich mich geniere.« Und dann weinte ich eben mit. Wegen des Vertrauens.

Wir legten eine frische Windel ein und zogen ihr die Hose wieder hoch. Sie schlurfte zurück zu ihrem Stuhl – noch immer dieses Ungetüm aus Hartholz. Einen Sessel lehnte sie ab.

»Mein Vater ist darauf gestorben.« Sie passte kaum zwischen Wand und Tisch und drückte ihren Bauch gegen die Tischplatte. Verrücken oder verschieben war verboten. Warum nicht auf dem Sofa liegen? Wir könnten einen hohen Diwan aufstellen lassen.

»Nein, ich brauche nichts.«

Niemand durfte die Fleischbeule sehen. Sie mied die

Bewohner im Flur. Kein Besuch mehr in der Bibliothek, kein Schwatz in der Cafeteria, kein Zeitungstausch mit der Nachbarin. Das Personal empfing sie nur im Sitzen hinter ihrem Kissenschild.

Das Kissen wurde ihr Kind, sie wiegte es, drückte es fürsorglich an sich, die Federn blitzten aus den Nähten.

»Soll ich ein neues kaufen?«

»Brauch ich nicht.«

»Aber es stinkt, es ist eklig.«

»Brauch ich nicht.« Sie drückte das Kissen an ihre Wange. Ich stand vor ihr, und sie sah mich flehend an.

Und bei der zweiten Kanne Tee: »Du weißt doch, wie ich zu dem schlimmen Bauch gekommen bin?«

Ja, ich kannte die Geschichte, sie hatte sie mir schon so oft erzählt, und sie wurde jedes Mal schöner. »Auf Java, oder?«

»Nein, auf Sumatra, ein Jahr vor dem Krieg, wir kamen von einer Geburtstagsfeier zurück, ein Freund ist gefahren. Es hat geregnet, die Straße war ein Matschmeer. Die Mädchen übernachteten bei Freundinnen, wir wollten sie abholen. Irgendwas lief über die Straße, keine Ahnung was, der Freund stieg auf die Bremse, wir kamen ins Schleudern und streiften ein paar Gummibäume, der Spiegel knallte weg, meine Tür flog auf, und dann muss ich rausgeschleudert worden sein. Die Stunden nach dem Unfall sind endgültig weg, ich weiß nur noch, dass ich aufgewacht bin, mit Schmerzen im Bauch, in einem fremden Bett, in einem fremden Zimmer mit Drucken an der Wand, Schnitzereien um die Türen und Vasen auf kleinen Holzsäulen. Neben meinem Bett saß eine chinesische Dienerin, die mir sagte, dass ein Pflanzer uns gefunden habe, in einer Böschung. Das Auto hatte sich überschlagen. Der Fahrer war tot. Just hatte eine schwere Gehirnerschütterung. Ein Plantagendoktor hatte schon nach uns geschaut, und nun warteten wir auf den Transport ins Krankenhaus, aber die Straßen waren nach dem Regen zu schlecht. Just lag in einem anderen Zimmer. Es wurde mir verboten, zu ihm zu gehen – ich durfte mich nicht bewegen.

Es war stickig, und ich schwitzte fürchterlich. Die Dienerin legte mir kalte Tücher auf Kopf und Bauch. Sie waren bestickt – mit einem geheimnisvollen Zeichen. Wir waren im Haus eines Händlers aus Singapur, wenige hundert Meter von der Stelle, wo das Auto von der Straße abgekommen war. Die Drachen im Holz bewegten sich, ich war so müde, dass ich vor nichts Angst hatte, nicht vor den Drachen, nicht vor den Kranichen auf den Drucken. Das Handtuch auf meinem Bauch wurde immer schwerer. Ich streichelte es wie ein totes Kind.

Die Dienerin zog sich zurück. Ich dämmerte weg, wachte von einem kühlen Lufthauch auf … und in dem Augenblick sah ich einen kleinen Jungen an der Tür stehen. Das Bild hat mich nie mehr losgelassen.«

Meine Mutter schauderte. Bei der Erscheinung des Kleinen brach ihre Stimme – auch das gehörte zur Geschichte. Ich durfte nicht weiterfragen. Früher hielt ich mich daran, diesmal nicht. »Der kleine Junge«, fragte ich leise, »was hat der Kleine gemacht?«

Sie starrte auf das Kissen.

»Der Arzt, der mich später im Krankenhaus untersucht hat, sagte, dass ich nie mehr Kinder bekommen könnte. Schlimm fand ich das nicht, drei Mädchen waren mir genug. Ich wollte von Just keine Kinder mehr.«

»Falsche Diagnose«, sagte ich.

»Du bist auch ein Unfall.« Ein Witz, über den sie laut lachen musste.

17

In meinen Autoträumen saß meine Mutter wieder neben mir. Nach jedem Besuch trampte sie mit, klagte über den Arzt, der ihr nichts geben wolle, keine Spritze, keine Pille, keinen Schubs. Die immergleiche Quengelei. Sie zeigte auf die gemähten Straßengräben: Ein Ruck am Steuer, und es wäre geschafft. Aber ich hatte keine Lust, mitzusterben. Erst erben. Wo lässt ein Sohn seine Mutter ordentlich zu Wasser? In einem Fluss, einem Hafen, einem kabbelnden See oder im Meer? Im Meer. Sie entschied sich fürs Meer und wollte nach England treiben – ein unterkühltes Vergnügen. Wir fuhren zu meinen Geburtsdünen, um altes Terrain zu erkunden. Die Strudel und Wirbel, die beste Gefahr. Zur letzten Fahrt braucht es eine gute Landkarte. Der Pfad zum Strand war verweht, die Möwen gingen uns voran zu dem Einschnitt, wo das Meer seine Zunge in die Düne bohrt. Der Sand schmirgelte mein Gesicht, der Schmerz machte mich jung. Die Vergangenheit verbarg sich im Wind. Das Kind, zu dem ich – nur kurz – wurde, hing an einem Mutterballon. Sie tanzte davon. Ich ließ sie los.

Ich suchte den Windschatten und ließ mich in eine Mulde rollen. Eine wässerige Sonne brach durch, ihr Tod dauerte nicht länger als ein Schläfchen.

18

Ein Zeitungsausschnitt fiel aus einem ihrer Bücher, ein Bericht aus dem *Sumatra-Boten* vom März 1935. Das Papier war fast zerfallen, aber die Schlagzeile noch gut lesbar: EIN LUFTDRAMA.

»Ach herrje«, seufzte meine Mutter (in den letzten Monaten schlich sich manchmal bei ihr wieder ein Brabanter Akzent ein), »Elizabeth und Jane du Bois, wer kannte sie nicht zu meiner Zeit.« Sie war wie berauscht von einem Stück Zeitung, nach dem Krieg von einer Lagerfreundin geschickt, was fürs Herz.

Elizabeth und Jane, zwei Schwestern, Töchter eines amerikanischen Konsuls, Partylöwinnen, Anfang zwanzig. Meine Mutter schloss die Augen und blätterte durch ihr perfektes Gedächtnis. Sie machten überall Schlagzeilen, hatten ihr junges Leben lang gefeiert und getanzt, kannten Rom, Paris und London wie die Taschen ihrer Pelzmäntel. Ja, ein Leben zum Ausschneiden, gerade in den Tropen, so abgeschnitten von der großen Welt. Ihre Bleistiftröcke wurden Mode, ihre Hüte, ihre Hunde. Die Schwestern gingen bei Maxim's ein und aus, einem Restaurant, wo die Putzfrauen in den Sofaritzen Diamantohrringe fanden … Paris: Wer träumte nicht davon. Sie waren in zwei Fliegeroffiziere verliebt, Helden, die sich von Flugplatz zu Flugplatz durchfeierten, bis nach Singapur. Elizabeth und Jane teilten ihren Ruhm. Sie verlobten sich, und ihre Ringe schafften es in die Zeitung. »Ich verfolgte es wie eine Soap.«

Die beiden Piloten verunglückten bei Messina – über dem Meer fiel ihr Motor aus. Die Schwestern trauerten doppelt und zogen sich sichtbar aus der Schickeria zurück. Sie buchten einen Flug von London nach Paris, alle Sitzplätze. Auf Kurs merkte der Pilot plötzlich, dass die Sitze hinter ihm leer waren, und kehrte umgehend nach London zurück. Das Unheil hatte den Tower bereits vor seiner Landung erreicht. Zwei englische Arbeiter hatten ein Paket vom Himmel auf eine Wiese fallen sehen. Sie fanden die Mädchen mit dem Gesicht in der Erde. Arm in Arm.

Selbstmord aus Liebe, meine Mutter strahlte bei der Geschichte. Noch immer. Sie legte den Ausschnitt in ein Buch zurück, ihr Gesicht verfinsterte sich. Ach Singapur, das war ein Name mit einem dunklen Klang …

»Singapur war gefallen. Wir wohnten in der Kaserne und warteten auf den näherkommenden Krieg. Es war eine klare Nacht, ich konnte nicht schlafen und ging zur Bank unter dem Waringin, seine Zweige schimmerten im Mondlicht, ich fühlte ihre Kraft, sie hoben mich hoch, und ich sah mich über der Kaserne schweben, allein, mit Justs Uniformjacke um die Schultern. Ich schwebte völlig losgelöst. Ich wehte, raschelte. Und ich war ein Duft, ein süßer Duft. In den Baracken brannte Licht, die Soldaten lärmten, die Mädchen schliefen, ohne etwas zu hören. Plötzlich sah ich drei Burschen auf unsere Veranda laufen, einer von ihnen trug eine Fackel. Ich rannte nach Hause … ein Vorhang hatte Feuer gefangen. Der Rauch zog schon durch den Gang, und ich scheuchte die Mädchen aus dem Haus.

Die Kasernenfeuerwehr konnte Just gerade noch retten. Ich erzählte ihm, was ich beim Waringin gesehen hatte. ›Warum hast du mich nicht geweckt?‹, fragte er.

Die Antwort darauf bin ich ihm immer schuldig geblieben.«

Sie brachte mich zur Tür. Flüsterte bei unserem kühlen Abschiedskuss: »Du hältst dich nicht an die Abmachung. Wenn du dich nicht beeilst, mach ich es allein. Und das wird garantiert ein Schlamassel, das kannst du mir glauben.«

Der Tod. Noch kurz vor Toresschluss – festes Ritual.

»Du bist noch so klar, deinem Kopf fehlt nichts.«

»Hast du mal ein Feuer gemacht und versucht, es am nächsten Morgen wieder aufzustochern? So fühle ich mich. Wo ist das Feuer geblieben?«

19

Mit sichtlichem Vergnügen war sie dabei, Briefe zu zerreißen, der Teppich lag voller Schnipsel. Zum sovielten Mal. Auch die Umschläge mussten dran glauben, mit Briefmarken aus Niederländisch-Indien. Warum, fragte ich mich, warum machte sie das immer in meinem Beisein, was durfte ich sichtlich nicht wissen? Und als würde sie meine Frage erahnen, sagte sie: »Sei froh, dass ich es für dich erledige. Bald hast du das am Hals.« Ich schnappte ihr einen Briefumschlag aus der Hand, einen Brief an ihren Vater, brüchig und vergilbt – ich erkannte ihre vertraute Klaue, nur noch unruhiger. Unleserlich.

Ich forderte sie auf, ihn vorzulesen – zwei Blättchen Luftpostpapier –, aber sie blieb schon bei der ersten Zeile stecken, auf dem Datum war ein Fleck. »Muss im ersten oder zweiten Jahr gewesen sein.« Sie gab ihn zurück. »Wird es nicht Zeit, dass du meine Handschrift entziffern lernst? Wie soll das demnächst werden? Du bist mein Testamentsvollstrecker.«

Ich nahm ihre Lupe, knipste die Lampe an und machte einen zweiten Versuch. Nach ein paar verhaspelten Sätzen übernahm sie und las vor: »… in der Ferne trommelt der Regen, es wird bestimmt noch zehn Minuten dauern, bis er fällt, jetzt tobt er über dem Urwald. Morgen geht das Postschiff nach Java, ich schreibe dir schnell, sonst dauert es wieder Wochen. Weihnachten haben wir im Freien gefeiert, in der feuchten Hitze, ganz unwirklich. Hoffentlich hast du die Weihnachtskarte rechtzeitig erhalten.«

Sie ließ den Brief sinken und sah still aus dem Fenster, als suchte sie den Fluss, einen Ort, einen Namen.

»An Neujahr war ich allein, das war wenigstens ruhig. Die Natur ist mir genug. Von dir gelernt. Just musste unerwartet für einen Leutnant einspringen, der von der Malaria gefällt wurde.« Sie stutzte, etwas wurmte sie. »Wir wohnen am Rand des Dschungels, angeblich bleiben wir länger hier. Die Möbel kommen noch nach. Just wird wie eine Figur auf einem Schachbrett versetzt. Ich tue mein Bestes, um mich überall heimisch zu fühlen.«

Ich unterbrach sie und fragte, wie oft sie denn umgezogen sei. Sie schlug ärgerlich auf meine Hand. »Hör zu.«

»Die erste Woche befanden wir uns unter Flugzeugen, die Luftaufnahmen machten, um die Ölfelder besser zu kartieren. Im Landesinneren haben sie noch keine Ahnung, was Geld ist, aber in der Zukunft kann das bestimmt ein reiches Gebiet werden. Die Japaner denken genauso darüber, eines der Flugzeuge hat einen Kreuzer vor der Küste ausgemacht. Allein schon deshalb müssen unsere Soldaten überall Präsenz zeigen. Just ist für ein paar Wochen auf Inspektionsreise. Ich bin vorläufig in der Missionsstation einquartiert, bis ich ein eigenes Haus habe. Fürs Logis bekoche ich zwei Missionare und einen Ingenieur – alle drei Junggesellen. Griesmehlsuppe, Spinat aus der Dose, Möhren aus der Dose, Brechbohnen, Kartoffeln, die wir bei den chinesischen Händlern kaufen. Alles aus Java herbeigeschafft. Frisches Gemüse muss man unendlich lange kochen, um die Typhusbazillen abzutöten. Ich esse lieber Reis, aber die Männer schwören auf holländische Kost.«

Ihre Stimme bekam einen anderen Ton, sie war wieder

daheim in ihrer jugendlichen Handschrift und las mit einem Mal flotter.

»Die Missionsstation hat einen Ausblick auf den Fluss und den Flugplatz. Die Waldbewohner sind hier angepasster, und einige wohnen sogar in kleinen Häusern, obwohl die Männer noch nackt mit Pfeil und Bogen herumlaufen. An ihren Geruch habe ich mich allmählich gewöhnt. Sie riechen nach Kuhstall im Winter. Die Bibeln sind angekommen.«

Sie schimpfte leise und zerriss den Brief doch.

»Darf ich den Rest nicht hören?«

»Das sind lauter Lügen. Bibeln, Bibeln, eine ganze Kiste voll … Die Tanten steckten dahinter. Statt Chinin zu schicken, wir hatten nicht mal Verbandsmaterial.«

Sie mied meinen fragenden Blick, stand auf, packte ihren Rollator und schlurfte in die Küche. (Den Stock nahm sie immer seltener. »Meine Füße bleiben am Teppich hängen.«) Ich durfte ihr mit dem Tee helfen, wieder am Tisch bestand sie darauf, selbst einzugießen. Sie kleckerte auf die Briefe. Absichtlich, so sah es aus. Ich wedelte sie trocken, aber sie hatten Flecken.

»Indonesische Tränen.« Ihr gefiel ihr Scherz.

»Mein Vater hat all meine Briefe aufgehoben, ich fand sie nach seinem Tod in einer Schachtel. Die meisten hab ich schon zerrissen. Nur gut, um ihn zu beruhigen, hatte ich das Leben viel schöner gezeichnet. Er wollte, dass ich den Tanten für die Bibeln danke, sonst wäre mein Erbe in Gefahr. Mich dem Mammon beugen, davor war ich doch gerade weggelaufen.«

Ich sah sie spöttisch an.

»Das verstehst du doch?«

Sie fegte die Schnipsel zusammen. Ihre Scham. Geerbt hatte sie, und sich gebeugt – immer in Schwarz auf Besuch, mit flachen Absätzen durch den Lehm und mit in die Kirche. Stunden. Die Familie konnte ihr nie verzeihen, dass sie sich für einen Soldaten entschieden hatte. War ein Bauer nicht gut genug? Kandidaten satt, der Bauernhof stand für sie bereit, und sie hätte noch viel mehr Land zusammenbringen können. Ihr Bruder hatte sich auch schon abgelöst und war in die Stadt gezogen. Beide brachen mit drei Jahrhunderten Tradition, drei Jahrhunderte lang das Land weitergeben. »Weil ich in die Kolonie gegangen bin, stand ich auf der Erbliste ganz hinten.«

Nach diesem Bekenntnis mussten auch die übrigen Briefe in ihren Händen dran glauben. Es erleichterte sie. »Ich will nicht mehr an Geld denken, das macht mir Angst.«

Einen Moment überlegte ich, alle Schnipsel mit nach Hause zu nehmen. Eine Handvoll Mutter. Aber sie wurden mir harsch weggenommen, sie mussten brennen. Die Streichhölzer klapperten, als müssten sie etwas beschwören. Wir zündeten ein qualmendes Feuerchen an, in der Schale mit Goldrand, Überrest eines sechsunddreißigteiligen Service von ihrem Vater.

Erst als sich auch die Umschläge mit den Teeflecken in der Hitze zusammenrollten, erzählte sie, dass die Kiste mit den Bibeln aus den Tauen gerutscht und auf dem Pier zerschellt war. Schauerleute waren verletzt worden. »Ich hatte dem Hafenmeister schon gesagt, dass ich nicht an der Sendung interessiert war.«

Ein paar Tage später sah sie, dass ein Chinese Schnupftabak und Katjang in zusammengerollten Bibelseiten verkaufte. Die Psalmen flatterten ins Gebüsch.

Am selben Abend rief sie mich an: »Soll ich dir mal was erzählen?« So begann jedes Gespräch, ich musste nicht einmal antworten. »Durch die Bibeln hab ich noch ganz besondere Menschen kennengelernt. Die Schauerleute waren *strapans,* Ganoven im Arbeitsdienst. Ich fühlte mich verantwortlich und besuchte sie in der Krankenbaracke, einer wie der andere Diebe und Mörder. Eine wahre Erleichterung nach den Betbrüdern in der Mission. Just hat später geregelt, dass wir ein paar von den Männern für unseren Umzug ausleihen durften. Sie haben alle Sachen den Berg raufgeschleppt und die Fußböden poliert. Vielleicht waren das die Einzigen, mit denen ich dort wirklich Kontakt hatte. Ist das nicht komisch?«

Sie holte tief Luft und rülpste.

»Mit den Mördern kam ich am besten zurecht. Morden tut man meist nur ein Mal, Dieb bleibt Dieb. Sie sind für mich geflogen. Das waren keine Waldbewohner, weißt du, die nicht mal einen Wasserhahn aufdrehen konnten, an denen hatte man nichts. Unsere Strapans waren alle zur See gefahren. Ich habe tagelang mit ihnen allein zusammengearbeitet. Prima Burschen. Eines Tages frag ich den Vorarbeiter von dem Haufen: ›Wie viele hast du umgebracht?‹

›Einen, gnädige Frau.‹

›Und warum?‹

Er hatte den Liebhaber seiner treulosen Frau erstochen. Siehst du, solche Sachen hat man im Polder nicht erlebt.«

Es klingelte, das Essen wurde gebracht, sie legte auf. Ohne jeglichen Gruß.

Erst beim Ausarbeiten meiner Notizen kam der Ärger hoch. Was für eine kokette Trine. Versuchte sie, mich mit Flunkereien zu bestricken? Um was redete sie herum? Über das Lager wollte sie nicht reden, aber wohl mit Dieben und Mördern flirten. (Das Gewehr ihres Mannes in Reichweite.) So forsch, aber solange ich mich erinnern kann, immer drei doppelte Türschlösser. Sie war mir fremder als je zuvor. Und durch diese Erkenntnis kam sie mir plötzlich beängstigend nah …

20

Die Distanz. Die Courage. Meine Mutter, die Kämpfernatur. London 1962. Mit dem Stadtplan in der Hand suchten wir den Weg zu dem Hotel, wo der Swami einen Vortrag halten sollte. Schon vor Monaten hatte sie eine Einladung für das Meeting organisieren können – an diesem Tag trat sie in höhere Sphären ein. Wir hatten uns ein bisschen verlaufen und mussten ein paarmal nach dem Weg fragen, ein Straßenräuber nutzte unsere Verwirrung aus und riss im Vorübergehen an ihrer Tasche. Sie war zu schnell für ihn und schlug sie ihm um die Ohren, nicht einmal, gleich rechts und links, und als er angriffslustig vor ihr stehenblieb, trat sie ihn knallhart ans Schienbein. Jammernd lief er davon. Sie rief ihm, aufstampfend, nach, Passanten mahnten sie, sich abzuregen, aber sie kanzelte sie in ihrem besten Englisch ab. Ihre Tasche war ihr ein und alles. Ich war verblüfft. Schlagen konnte sie, das wusste ich, aber das mit den Fußtritten, so erbarmungslos und verbissen … »Ja, so was lernt man eben, wenn man sich als Frau allein monatelang auf einer Insel unter Trunkenbolden behaupten muss.«

Wutschnaubend marschierte sie über den Zebrastreifen, mit mir im Kielwasser, aber zwei Straßen weiter musste ich ihr doch helfen, die Tasche unter ihrem Mantel zu verstecken. So meldete sie sich am Empfang des Hotels – schwanger vor Aufregung.

Ich hatte nicht die geringste Lust auf den Swami. Ich wollte lieber allein in die Stadt, ihrer okkulten Käseglocke entkommen, hinter den *mods* her, freien Jungs mit schwarzen Wildlederschleichern (*the real Clarks*) und schwarzen Baumwollrollis, die mit Mädchen in schwarzen Strumpfhosen flirteten, die für einen Kuss erst den Kaugummi ausspuckten. Schwarz sollte meine Farbe werden, passend zu meinem Künstlerdasein. Es war meine erste Auslandsreise, ich hatte noch nie so riesengroße Häuser gesehen, grau vom Ruß, verschnörkelt wie Paläste, und so viele hastende Menschen auf der Straße, weiß, schwarz, braun, in den wunderlichsten Kleidern, zwischen all dem Gehupe, und über uns das lautlose Flimmern gigantischer Neonreklamen, die sich auch auf dem nassen Gehsteig spiegelten. Ich wollte ein Nachtfoto von einer Air-India-Werbung machen – ein Turbanmännchen mit gefalteten Händen in langem Hemd auf einem fliegenden Teppich.

Während der ganzen Überfahrt hatte ich mir Geschichten über den Swami anhören müssen. Wie er einen Zug auf den Schienen zum Halten gebracht hatte, weil er nicht ohne Fahrkarte reisen durfte. Wie er aus der Ferne Kranke heilte (ein Wunder, um mich aufzumuntern, während ich grün im Gesicht über der Reling hing) und dass er den Schnee um sich herum schmelzen lassen und dazu noch die Upanishads herbeten konnte. Es war eine Seltenheit, dass die Kraft eines Yogi und das Wissen eines Schriftgelehrten sich so sehr in einem Mann vereinten. Ja, er war ein großer geistiger Führer. Wer in seine Welt eintrat, fand Antwort auf all seine Lebensfragen. Ein Besuch bei diesem Swami würde mir gut tun.

Der Konferenzsaal war vernebelt, Weihrauchschwaden verschleierten das Licht, die Vorhänge waren geschlossen, und der Bodenbelag dämpfte das Stimmengewirr. Ein leises Gedudel ertönte (»Vedische Klänge«, flüsterte meine Mutter), und da ging er, der Swami, umgeben von Jüngern – ein honigfarbener Mann, mit langem Bart und stechenden Augen, im safrangelben Hemd eines Bettelmönchs und mit einem rosa Turban und Mantel –, sein Gesicht war ein einziges, großes, fleischiges Lächeln. Er schlurfte zu seinem Sessel, einem mit weißem Laken behängten Stuhl in der Mitte des Podiums, und begrüßte uns mit minutenlangem Schweigen. Dankbares Aufseufzen. Als er dann das Wort an uns richtete, hörten wir Hindi (sagte meine Mutter) und leise Schreie aus den vordersten Reihen. Seine Rede wurde Satz für Satz von seinem Sekretär übersetzt – einem weißen Mann mit kahlgeschorenem Schädel, nicht in Gelb, sondern in Bordeauxrot, mit einer Holzperlenkette. Der Swami plädierte für tägliche Meditationsübungen, um das eigene Ich mit dem universalen Selbst kommunizieren zu lassen. Oder auch: unsere Gedanken vom Dunkel ins Licht zu transzendieren, indem wir uns auf das Atmen konzentrierten, nur so konnten wir uns von unseren materiellen Sorgen und Obsessionen lösen und den Geist im Unendlichen verweilen lassen. Eine Viertelstunde pro Tag reichte. Oder so ähnlich, der Sekretär lispelte ein bisschen, und mir entging die Hälfte.

Meine Mutter sog jedes Wort ein. Sie verstand alles. Auch das Hindi. Wenn der Swami den Saal aufforderte, die Hände zu öffnen wie eine Lotusblüte und beim Ausatmen *aum aum aum* zu rufen, befolgte sie als eine der Ersten seine Anweisungen. Sie nahm große Happen Hotelluft, die sie nach vielen Sekunden wieder pustend entweichen ließ. Ihre Lapislazulikette (der Stein der Wahrnehmung) atmete mit. *Aum aum aum.* Im Nu verweilte sie anderswo. Dahin ihr strenger Blick, ihr Misstrauen. Die Glückseligkeit strahlte ihr aus allen Knopflöchern. Reihe an Reihe saßen die Besucher und aumten. Atem füllte den Saal, schaler Atem, er roch wie die Innenseite eines Gartenhuts. Es dauerte endlos, ich rieb an dem Kotzefleck auf meinem blauen Blazer. Mein Gott, welch eine Freude hatte dieses Sackgewand an seinen Anbetern – abgöttischen Tweedfrauen wie meine Mutter, und Männern in Knickerbockern mit Matrosenbart, aber auch Studenten in Jesuslatschen, ausnahmslos glückstrahlende Menschen, sie applaudierten ihm, grinsten über jeden blöden Witz, selbst das Schälen eines Apfels verfolgten sie, als ob er ein Wunder vollbringe.

Nach dem Ende des Vortrags kündigte der Swami ein Gedankenexperiment an. Er brauche einen Freiwilligen. Meine Mutter sprang auf und eilte nach vorn, sie drängelte sich vor und ellbogte sich auf das Podium. Der ganze Saal sah, wie sie vor dem Swami ihre Hände orientalisch faltete (wie das Neonmännchen von Air India). Ich schämte mich in Grund und Boden.

Der Swami lief um sie herum wie ein Fleischbeschauer, er machte beschwörende Handbewegungen, der Saal verfolgte jede Regung. Er stellte sich direkt vor sie hin und tippte mit der Handfläche an ihre Stirn. Sie fiel um – weich wie Teig, gerade noch rechtzeitig vom Sekretär aufgefangen. Der Swami rüttelte sie wach und lobte ihr Talent zur Hingabe.

Applaus. Danach musste sie sich auf jemanden konzentrieren, der Hilfe brauchte.

»Yes«, rief sie für jeden verständlich.

»Alle Anwesenden verstärken jetzt ihre Gedanken. Sehen Sie diese Person jetzt vor sich …«

»Yes, I see my son.«

My son, my son. Ich krümmte mich zusammen, den Kopf bis zur Brust geneigt, aber in meinem Nacken brannten tausend Augen.

Und dann geschah etwas, was ich nicht wollte, wogegen ich mich heftig wehrte, aber mein Widerstand floss dahin, wie ein dünnes, dürftiges, angenehmes Pinkeln. Ich fühlte ein Lächeln aufkommen, meine Lippen kämpften dagegen an, aber es war stärker als mein Wille. Eine Ruhe senkte sich über mich, vom Scheitel bis zum Po. Ich musste mich an der Stuhllehne festhalten, jemand zog an mir (ein Marionettenspieler), meine Brust öffnete sich, eine sanfte, lösende Kraft strömte hinein. Ich atmete mich glücklich, und es gab keine Zeit mehr.

»Komm, der Swami will dich sehen.« Meine Mutter stand neben mir, die Deckenleuchten blitzten in ihrem hochgesteckten Haar. Sie nahm mich beim Arm und führte mich zum Podium. Wir gingen gegen den Strom, alle sahen mich an, freundlich, zärtlich, ihre suchenden Augen berührten mich nicht. Ich lächelte zurück.

Der Sekretär kam zu meiner Mutter und nahm sie beiseite. Sie tuschelten ein bisschen. Er überreichte ihr ein Buch und ein Foto des Swami. Ihre Tasche öffnete sich, ihre Geldbörse.

Ich sah es, aber alles schien weit entfernt, und so schön. Plötzlich stand er vor mir, der Bart, das strahlende Lachen, der Swami. Ein süßer Duft dünstete aus seinem Hemd. Er war noch fleischiger, als ich gedacht hatte, fast dick, seine Ohrläppchen standen ein wenig vor – vom Nackenspeck. Er hielt einen Umschlag in die Höhe, mit einem Mantra, einem Spruch allein für mich, ein Satz wie ein Schild, der mich in Zukunft beschützen würde. Bei Verwirrung oder Gefahr solle ich ihn leise murmeln. Ich nahm den Umschlag entgegen, aber meine Mutter riss ihn mir aus der Hand. »Noch nicht«, sagte sie, »der Swami wird uns ein Zeichen geben.«

Draußen auf der Straße, im kalten Nieselregen, kam ich wieder zu mir. Ich war erschrocken, dass ich mich so hatte gehen lassen. Auch ängstlich. Ich bat um den Brief. Nein, er steckte in der Tasche, auf ihrem Bauch, unter dem Mantel, und dort blieb er auch. Die Mods rasten auf ihren Rollern vorbei. Die Nacht hatte noch nicht angefangen. Ich sah auf meine Uhr. Sie war stehengeblieben.

Im Hotel aßen wir ein Gurkensandwich und gingen den Vortrag durch. Ein Schwindler, murmelte ich, bestenfalls ein Taschenspieler. Und was brauche ich ein Mantra. Reiner Selbstbetrug. Meine Mutter sah mich traurig an. »Du hast doch seine Kraft gespürt? Ich habe es dir angesehen.« Ach was, das war der Mangel an Frischluft, die Hysterie. »Dann bist du noch nicht so weit. Schade, jammerschade.« Nein, sie war verzückt: Der Swami hatte sie eingestrahlt. Sie holte das Foto aus ihrer Tasche und zeigte es mir. *For my dear friend from Holland* stand darauf. Der Swami als Filmstar.

In der Nacht toste London unter meinem Hotelfenster. Ich nahm eine kalte Dusche und blieb in meinem Zimmer.

Beim Frühstück fragte ich wieder nach dem Brief. Sie verweigerte ihn mir. »Er hilft nur, wenn man dran glaubt.«

Ich forderte mein Mantra ein, hätte am liebsten richtig Krach geschlagen. »Der Umschlag war für mich.«

»Du glaubst doch nicht dran?«

»Ich will den Brief. Auf der Stelle.«

»Siehst du«, sagte sie, »du glaubst wohl dran, sonst wolltest du ihn nicht haben. Gib's zu.«

Hass bäumte sich zwischen uns auf. Ich gab nicht nach. Hatte ich nie getan. Brief nie mehr gesehen.

Das Foto des Swami bekam einen Platz im Bücherschrank. Sein Lächeln füllte von nun an das Zimmer. Beim Lesen der Abendzeitung zündete meine Mutter gern einen kleinen Weihrauchbrocken vor ihm an, in dem Jadeschälchen neben seinem Bild. Kringelnd beobachtete er uns. Sie holte sein Bild oft aus dem Schrank, um mit ihm gemeinsam zu meditieren – sein stechender Blick beruhigte sie. Ich durfte nicht dabei sein, Störsender, der ich war, und verzog mich dann in mein Zimmer, wo ich ihr *aum aum aum* durch den Fußboden summen hörte. Sie stellte ihm Fragen. Und er antwortete. Telepathisch. Manchmal kümmerte er sich um unseren Speiseplan, und wir aßen tagelang Hirse. Er gab auch Yogaübungen auf. Vor dem Frühstück, mit Schlaf in den Augen, noch im Pyjama, Fersen in die Leistenbeugen und sich vorstellen, dass man ein Lotus ist, der sich aus dem Schlamm emporwindet, den Kopf zum Licht. Und streck den Rücken, leg eine offene Hand auf jedes Knie und öffne dich. Im Vorzimmer, am Fenster, auf dem nasskalten Linoleum. Oh weh, wenn man klagte. Im Himalaya war es kälter.

Das Buch des Swami war lange ihr Halt – sie zog sich an seinen Wundern hoch. Die meisten zu schön, um wahr zu sein. Eines ist mir im Gedächtnis geblieben: Die Geschichte vom lebendig Einmauern.

Hoch oben am Ganges, in Anwesenheit zahlreicher Zeugen, hatte sich der Swami für einige Monate in einer Höhle einmauern lassen, weg vom Licht, um dem Abstrakten näherzukommen. Weg vom Begehren. Er lebte von einer Handvoll gerösteter Gerstenkörner täglich. Als die Zeit gekommen war, ihn zu befreien, bohrten seine Jünger zunächst ein feines Loch, um eine Nadelspitze Licht in seine finstere Klause dringen zu lassen. Zu viel Licht auf einmal würde ihn blenden. Das Loch wurde von Tag zu Tag vergrößert. Millimeter um Millimeter kehrte der Mann zurück in die Welt.

Respekt!

Lass mich nah, ganz nah bei dir am Tisch sitzen. Schau aus dem Fenster, es ist schon dunkel, unten schläft der Garten, die Balkontür ist zu, die Vorhänge sind auf, trotzdem sehen wir mehr als am Tag. Wir sehen uns, Mutter und Sohn, gefangen in einem Rahmen aus schwarzem Glas. Sehr friedlich, wie wir da sitzen. Du mit der Nase in den Büchern und ich neben dir, gezähmt, unwillig an deinem Gängelband. Aber siehst du auch den Hass, der zwischen uns steht? Du bist so gut wie tot, die Wand wird dünner. Ich bohre mit meinem Stift. Nur ein winziges Loch. Die Dunkelheit sickert heraus. Wir erschrecken. Ich vergrößere das Loch. Du wehrst dich nicht. Nicht mehr. Wir sehen nicht weg, wir wischen nicht aus. Lass es fließen. Und du steckst in mir, es gibt kein Entkommen. Piks, piks. Du lässt mich zu, ich lasse dich zu. Langsam brechen wir aus unserer Klause, und wir blinzeln gegen das Licht.

21

Eine Geschichte nach der anderen löste sich, auch bei mir. Vor allem meine Mutter assoziierte wild drauflos, oft ohne jede Logik, und es war noch eine ziemliche Puzzelei, dem auf Papier Hand und Fuß zu geben. Lücken füllte ich mit Brieffragmenten und alten Notizen. Der geringste Anlass genügte, und ihr Geist flatterte davon. Schweifgedanken. Die Rollen waren vertauscht: Diesmal zwang ich sie, sich auf eine Sache zu konzentrieren (Hypnose hatte ich nicht drauf), aber es brachte absolut nichts. In einer verirrten Möwe, die auf dem Balkongitter balancierte, sah sie Möwen in einer anderen Landschaft, in einer anderen Zeit (»Möwe kriegt man einfach nicht runter, hast du das gewusst, ich hab's mal versucht, als die Soldaten auf dem Fort noch ihre Netze aufspannten, um im Frühjahr Zugvögel zu fangen, einmal hatten sie eine Möwe am Spieß. Durch und durch tranig!«), um danach abzuschweifen zu widerlichen Geschmäckern im Lager (der Sagobrei). Fragte ich weiter nach Hunger, dann sagte sie, ich hätte sie abgelenkt.

Beim Starren auf die Fensterbank ließ sie sich zum Sinnieren verleiten: »Heute früh habe ich die Geranien gestutzt, und auf einmal war Janas Gesicht in einem Blatt.«

Sie rieb an ihren Händen und roch daran, als könnte sie im dem Aroma der dürren Blätter ihre älteste Tochter riechen – seit gut zwanzig Jahren tot.

»Fehlt sie dir?«, wisperte ich hinter ihrem Rücken.

»Aber nein.« Sie sah auf die lädierten Geranien. »Wir müssen Blumendünger kaufen.«

Acht Jahre habe ich bei einem Psychiater auf der Couch gelegen. Wenn sich Geschichten irgendwie lösen, dann garantiert, wenn du blicklos an die Decke starrst und drauflos assoziierst. Der Psychiater sitzt hinter dir, aus dem Blickfeld, ganz Ohr. Der Patient hat das Sagen. (Klient ist ein Heuchelwort, du *bist* krank.) Schweigen darf man auch, wenn man will, die ganze Sitzung lang. Darin war ich schlecht. Redepausen machen mich nervös. (Warum denn, will der Psychiater dann wissen.) Also flüchtete ich mich ins Aufwärmen eines jüngeren Geschehens, eines peinlichen Zwischenfalls, etwas, wofür ich mich schämte. Du willst so einen Mann doch nicht langweilen und erzählst deshalb so genießerisch wie möglich. (Placebo ergo sum. Ich gefalle, also bin ich.) Aber stimmte meine schöne Geschichte überhaupt? Hatte ich sie nicht ausgeschmückt? Grundvoraussetzung für das Gelingen einer Analyse ist Ehrlichkeit. Alles auf den Tisch. Es soll einem ja besser gehen. Du willst deine Ängste los sein, die Unsicherheit, die Charakterfehler. Also kappst du von der Geschichte die Schnörkel ab und gehst auf die Suche nach dem Wesentlichen. Stimmen die Fakten? Dein Vater hat dich jeden Tag geschlagen, und die Mutter ist weggelaufen. Karger geht es nicht. Aber machst du es nicht schlimmer, als es war? Wurdest du wirklich jeden Tag geschlagen, Woche für Woche? Wie viele Erinnerungen sind erfunden? Von einem guten Analytiker erwartet man, dass er nicht zu sehr lenkt, aber Fragen zu stellen ist schon seine Aufgabe, wenn um Probleme herumgeschlichen wird; er kann den Patienten während der Behandlung auch mit sich selbst konfrontieren, in der Hoffnung, dass dieser lernt, sich anders zu sehen und nicht in Selbstmitleid zu zerfließen. Logisch, es ist schwer, sich von einer Opfergeschichte zu verabschieden, an die man selbst zu glauben angefangen hat. Eine angeknackste Jugend macht einen besonders, deshalb verharren wir gern in der Übertreibung. Leid ist ein Kronjuwel, das sich keiner gern abnehmen lässt. Aber mit einem Schubs und einem Stoß des Psychiaters verschieben sich die Kulissen, und der Patient lässt einen anderen Blick zu: Er ist ja immerhin mehr als bedauernswert. Und so entsteht eine angepasste Geschichte, noch nicht per se wahr, aber schon eine, mit der er besser leben kann. Womöglich muss er sie noch ein paar Mal verändern. Sein Leben wird, genau wie die Vergangenheit, eine wandelbare Geschichte. Auch wenn die Fakten gleich bleiben, wenn es überhaupt Fakten sind, er interpretiert sie anders.

In diesen acht Jahren Analyse konnte ich in meinem Kopf dem Wahnsinn meiner Familie eine weniger große Rolle geben und habe, soweit möglich, mein selbstschädigendes Verhalten abgewandelt, allein durch das Abtasten der Wunden mit Worten, Schritt für Schritt, ängstlich, traurig, erleichtert. Viermal die Woche starrte ich eine Dreiviertelstunde lang auf einen braunen Fleck an der Decke. Eines Tages sah ich in dem Fleck das Gesicht meines Vaters. Seinen Hals, sein Kinn, die Nase, die Stirn. Den Vater, der seinen Sohn schlug. (Die Mutter blieb buchstäblich aus dem Bild.) So kamen die Geschichten über ihn heraus: die Lagermanieren, die er uns aufgezwungen hatte, das Tischdecken mit dem Lineal, und auf Dauer auch die Nuancen – Millimeter um Millimeter. Der grausame Vater verwandelte sich in einen schuldigen Überlebenden, und der geschlagene Sohn in einen provozierenden Jugendlichen, der seinen labilen Vater reizte.

Der Täter wurde mehr Opfer, und der bedauernswerte Wicht mehr Täter.

Nach acht Jahren Reden wurde mein Vater an der Decke wieder ein Fleck. Ende der Analyse.

Und jetzt sah meine Mutter ihre älteste Tochter in einem Geranienblatt – und mir ging plötzlich auf, dass ich sie in Analyse genommen hatte. Nicht, dass ich ihr das Leben leichter machen konnte (»ich will sterben, ich will sterben«), aber ich schenkte ihr doch ein offenes Ohr für ihre Geschichten. Erinnerungen, die sie verfolgten, unter denen sie litt und die mit den Jahren angefangen hatten, in ihrem Kopf ein Eigenleben zu führen. Vielleicht öffnete sie die Stahltür einen Spaltbreit, und ich bekam ein wenig Zugang zu ihr. Auch wenn sie nicht auf der Couch lag, sie sah gern von mir weg, vor allem, wenn eine Erinnerung zu schmerzlich wurde. Ich musste sie mit sanfter Hand an ihren Lügen entlanglotsen, in der Hoffnung, dass sie sich selbst lügen hörte. Ich nahm mir vor, keine gemeinen Fragen zu stellen, nicht weiterzubohren, sondern Mitleid zu zeigen und ab und zu empathisch zu seufzen: Jaaah, oooch, aaach. Ich war schließlich ein Erfahrungsprofi.

Und dabei natürlich alles aufschreiben.

Was nagte, war unsere »Eine Hand wäscht die andere«-Vereinbarung: sie die Geschichten, ich die Pillen. Den Hausarzt hatte ich nicht überreden können, obwohl ihre Verfügung noch immer gültig und aktuell war, doch ohne sein Mitwirken konnte ich nichts tun. Ich suchte im Internet nach Organisationen, die Selbstmördern ihre Unterstützung anboten. In den Niederlanden wimmelte es von den Giftmischern. Ja, ich konnte sogar ein Päckchen tödlicher Pillen an einem geheimen Ort abholen.

Ich betrat eine abstoßende Welt. Die Mutter zu ermorden mochte zwar simpel sein und einen in Gedanken erleichtern, aber es in die Tat umsetzen? Ich bin ein Hitzkopf, trotzdem kann ich keine Faust ballen. Ein angebissenes Vögelchen im Garten traue ich mich nicht aufzuheben – wie sehr mich das Madengewimmel auch fasziniert. Noch immer graust mir vor dem Wilderer, der vor meinen Augen ein zuckendes Kaninchen aus dem Fallstrick holte und ihm einen letzten Nackenschlag gab. Der Schauder. Die Erregung. Ich streichelte das tote Kaninchen. Der nächste Nacken war für mich. Es musste sein: Das Tier hatte eine zertrümmerte Pfote. Ich konnte es nicht. Zu feige.

Wilderer, Wilderer, wo bist du?
In die Dünen gerannt, allein im Sand, die erste Fußspur auf vom Wind gefegtem Land. Stempel dieses Glück. Ich schwänze. Hinter den Bunkern seh ich den Wilddieb, ich darf ihn begleiten, heimlich suchen wir seine Stricke, schleichen durch die Dünen. Er legt mir die Hand auf die Schulter. Berührt sie – so sanft. Ein Finger tippelt über den Knochenpfad, bis zu meinem Steiß. Ich kann mir das Lachen nicht verkneifen. Er erstickt es in seinem Hemd. Ich knuffe mich frei. Wir klopfen den Sand von unseren Kleidern. Er kniet vor mir, klopft meine Hose ab, sanft, auch, wo kein Sand ist. Wir füllen die Tasche mit Kaninchen, durch seine Hand von ihrem Leiden erlöst. Zehn tote Kaninchen unter der Leinenklappe. Der Wilderer bringt mich nach Hause. Er gibt mir das fetteste Tier. Meine Mutter kommt aus dem Haus, schwatzt mit dem Wilderer. Freundlich, immer freundlich, zu Leuten an der Tür. Der Wilderer erzählt von unserem Streifzug durch die Dünen. Ich werde als Schulschwänzer entlarvt. Mein neuer

Freund darf mit ins Haus. Er bekommt Tee und erzählt lustige Geschichten. Das Kaninchen auf dem Tisch schüttelt sich vor Lachen. Die Mutter sieht seine Hand auf meinem Knie, eine schleichende, kriechende Hand. Eine Hand, die brennt. Und sie, die mich aufzieht, lacht.

Eine Sitzung später lag ein Umschlag vom Schweizer Verkehrsverein auf ihrem Tisch. Sie hatte ein Hotel angekreuzt und einen alten Artikel über den leichten Zugang zu tödlichen Medikamenten in der Schweiz herausgesucht.

»Ich kann dich auch zur IJssel fahren und von der Brücke kippen.«

»Dann schwimm ich ans Ufer.«

»Warum?« (Die wichtigste klinische Frage.) Ich griff zu Stift und Block.

»Weiß ich nicht.«

»Weil du noch nicht sterben willst.« (Ich lenkte.)

»Das sagst du.«

Ich schob ihr die Ausschnitte wieder zu.

Sie biss sich auf die Lippe und blitzte mich an.

»Fensterbank«, sagte ich, »oder schau in die Luft, lass dich nicht ablenken.«

Schweigen. Ein halber Satz. Es ging nicht.

Ich neigte mich einfühlsam vor, voll und ganz Ohr. Aber es kam nichts. Ich versuchte, ihr zu helfen, zählte ein paar Lebensdaten auf: Hochzeit, Geburt, Umzug.

Sie dachte nach. »Alles am Siebenundzwanzigsten.« Wieder Schweigen.

»Der Siebenundzwanzigste«, fischte ich.

»Am Siebenundzwanzigsten interniert« (Geburtstag ihres Mannes).

»Geheiratet am Siebenundzwanzigsten, alle drei Mädchen an einem Siebenundzwanzigsten geboren, und geheiratet, den großen Bauernhof verkauft, an einem Siebenundzwanzigsten. Selbst dein Vater entschied sich für einen Siebenundzwanzigsten, als er sich am Herz operieren ließ. Wir haben den Siebenundzwanzigsten respektiert. Nur du nicht.«

Ich machte schweigend Notizen.

»Sieben plus zwei. Neun ist die Zahl des endlichen Zyklus und eines neuen Anfangs. Wiedergeburt. Wir sind nicht umsonst neun Monate schwanger.«

Ich legte meinen Stift hin.

»Jana ist an einem Siebenundzwanzigsten gestorben, sie hat ihr Leben bis zu dem Tag hinausgezögert.«

Jana, meine älteste Schwester. Jetzt sah auch ich sie in den Geranien erscheinen.

»Wie oft denkst du noch an sie?«

»Selten oder nie. Ist das schlimm?«

»Findest du es schlimm?« (Der Du-Trick, auch so ein Psychiaterspaß.) »Zwei Töchter zu verlieren, ist ungerecht.«

»Es hat so sein müssen, Karma.«

»Und das reicht?«

»Ja, ich glaube schon.«

»Magst du eigentlich deine Kinder?«

»Welche?«

Das Fenster stand offen, wir lauschten dem Wind in den Bäumen. Graues Licht füllte das Zimmer.

»Frag doch«, sagte sie leise.

Ich wagte es nicht.

22

Es schnürte mir die Kehle zu. Ihre Stimme, ihre Abschweifgeschichten über sonderbare Reisen, vermutlich Lügen, denn ich solle bloß nicht wagen, einen Atlas herbeizuholen oder nach einem Ort oder Datum zu fragen. Auf die Dauer konnte ich es nicht mehr hören. Ich hasste die Rituale, zu denen sie mich gezwungen hatte: die distanzierte Begrüßung – mehr Diener als Kuss. Das Darbieten der süßen Opfergaben – die Schachteln mit Mandelblättern und Pralinen (»stell's mal dorthin«). Das Trinken des immer lauen Tees, und das alles an einem übervollen Tisch mit einem klebrigen Tischtuch, an dem ich mit Müh und Not ein leeres Fleckchen belegen durfte.

Ihr Apartment wurde vor meinen Augen abgetakelt: In der einen Woche war ein Bild von der Wand genommen und einem obskuren Gas- und Lichtableser mitgegeben (»Ihm hat die Landschaft so gefallen«), in der anderen Woche gähnten Lücken im Schrank, und sie hatte die Hälfte der Bücher weggegeben, ohne zu fragen, ob vielleicht noch was für meinen Geschmack dabei wäre. Sie ließ mich allwöchentlich Einkäufe erledigen, ohne auch nur zu ihrer Geldbörse zu greifen. Sie hatte ihre eigene Berechnung: »Ich habe dir damals das Studium bezahlt, jetzt bist du dran.« Und dann ihre hinterhältigen Finten: »Du darfst es dir nicht anmerken lassen, hörst du, aber

Saskia kann keine großen Sprünge machen. Ich will ihr zum Geburtstag einen Umschlag schicken, vielleicht kannst du auch was dazulegen.« Aber als ich meiner Halbschwester gratulierte (an einem Siebenundzwanzigsten) und mich behutsam nach dem »Umschlag« erkundigte, konnte sie nur den Empfang einer unleserlichen Glückwunschkarte bestätigen.

Die Entschuldigung meiner Mutter: Er wurde verschickt, wirklich. Tja, diese italienischen Postbeamten.

Ich beschloss, nicht mehr darauf zurückzukommen. Die Börse, die Aktien. Lass sie doch reden, früher oder später tappt sie in ihre eigene Falle. Sie ließ schon mehr Licht zu, der Spalt wurde allmählich größer, aber für diesen Stahl brauchte es Sprengpulver. Was ließ sie im Dunkel? Was verwarf sie? Und warum? Noch bevor sie ins Feuer ging, musste ich ihre Geheimnisse ergründen. Vielleicht machte ich einfach alles falsch.

23

Die Geranien wucherten das halbe Fenster zu, auf dem Balkon standen Blumenkästen mit hellblauen Hortensien. Ein Tröpfchen vom eigenen Urin vertrieb Schimmel und Spinnmilben, Mozart half beim Wachsen, und reden, man musste eine Pflanze anspornen, nur so entwickelte man eine Bindung. Den Gemeinschaftsgarten unter ihrem Balkon sah sie ebenfalls als ihr Terrain. Sie war jahrelang Mitglied der Gartenkommission gewesen und kommentierte hinter ihren Blumentöpfen laut die einschneidenden Kürzungen. Sie sprach auch mit den Bäumen, am Fenster oder auf dem Balkon – gestützt auf ihren Stock oder in ihrem Rollator hängend. Wenn sie wusste, dass ich zu ihr hinsah, richtete sie sich auf. Manchmal neigte sie sich vor und flüsterte einer Pflanze zu: »Ja, ich seh es, dein Stämmchen hat es schwer.« Für mich der Auftrag, einen Gelatinebrei anzurühren, um den Riss in einer daumendicken Geranie zu verbinden. Beim Verarzten sinnierte sie fröhlich über das weiter, was wir gerade besprochen, oder vermieden, hatten. Ich hielt ein paar dieser Fensterbankmonologe fest. Kurze und längere.

»Zähigkeit ist die wahre Kraft. Eine Pflanze wehrt sich nicht, sie passt sich an, im Winter schützt sie ihr Wachstum durch Schrumpfen. Man sollte besser still leiden und seine Zeit abwarten. Wer sich nicht anpasst, geht vor die Hunde. Eine Gruppe lässt sich vom Instinkt leiten, da beißt die Maus keinen Faden ab. Man muss intelligent genug sein, um das zu sehen, aber nicht dagegen aufbegehren. Ich habe viele eigenwillige Frauen zerbrechen sehen.«

Und dann, einfach so – aus einem anderen blauen Himmel gepflückt: »Fünfhundert Frauen, fünfhundert … und nie allein. Wenn ich etwas schätzen gelernt habe, dann ist es bestimmt mein Alleinsein.«

Oder:

»Nach dem Krieg sah ich ein kleines Grüppchen junger Indonesier, die den verwilderten Gärten im Holländischen Viertel mit Stöcken zu Leibe rückten. Pflanzen, Sträucher, Bäume – sie mussten dran glauben. Die Hibiskusblüten bluteten, zu Saft zertreten, auf den Fliesen. Man fragt sich, warum ich so etwas nie vergessen habe. Weißt du, sie wollten die ursprüngliche Landschaft wiederherstellen. Die Wildnis. Das muss es gewesen sein.«

Und:

»Als ich mich im Missionsspital von einem Malariaanfall erholte, nahm mich eine der Schwestern mit auf die Runde durch den Saal, wo einheimische Frauen gepflegt wurden. Gerade war eine Frau von ihrer Familie eingeliefert worden, geschwächt von der Malaria, und hochschwanger.

Schon beim Temperaturmessen setzten die Wehen ein. Ich zog mich zurück. Zwei Stunden später wurde das Kind geboren. Zu früh, aber beiden ging es gut. Am nächsten Morgen fragte ich, wie es ihnen ginge. Die Frau war in der Nacht gestorben. Ich erschrak und musste weinen.

Warum? Ich kannte die Frau doch gar nicht. Eine völlig Fremde, und trotzdem war ich tagelang durcheinander.«

Auch wenn ich etwas fragte, blieb es beim Monolog. Wie in der Woche, als ihr Enkel in Kanada starb – mit zweiundvierzig, Herzinfarkt. Sie hatte nicht das Bedürfnis, das zu kommentieren.

Nach dem Tod ihrer ältesten Tochter war Kanada aus ihrem Blickfeld geraten. Hatte sie denn überhaupt reagiert?

Sie zuckte mit den Schultern.

»Aber du hast ihn doch gemocht?«

Sie schüttelte den Kopf. (Und duldete keine Widerrede.)

Sie trat einen Schritt zurück und rempelte gegen das Beistelltischchen mit vergilbten Familienfotos: Vater, Männer, Töchter …

»Und all die eingerahmten Toten?«

Keine Antwort.

»Warum hast du eigentlich nirgendwo ein Foto von deiner Mutter?«

Die Frage drang nicht zu ihr durch, ich musste sie wiederholen.

»Ich war drei, als sie starb, also habe ich keine Erinnerungen an sie.«

»Aber sie kann dir doch trotzdem fehlen.«

»Nein, man kann sich höchstens fragen, warum sie so kurz bei uns war, aber das ist Karma … höhere Algebra.«

Ich gab es auf. Ihre Kälte wirkte vorgespielt. Sie tat meinen Ärger schulterzuckend ab. »Wenn die Toten mich brauchen, werden sie mich finden.« So viel Eis war ich nicht gewachsen, ich hätte sie am liebsten samt Rollator durchs Zimmer geprügelt, aber sie unterhielt sich schon wieder mit ihren Geranien.

»In unserem ersten Durchgangslager gab es auch normale Verbrecher. Ich lag mit den Mädchen auf unseren Matten und machte mir Sorgen wegen meiner Zellengenossin, die der Japs zum Verhör geholt hatte. Sie blieb lange weg. Nachts hab ich Klopfsignale neben uns gehört – das war sie, stellte sich später heraus. Man hatte sie versehentlich in die falsche Zelle zurückgebracht, und sie war jetzt mit einer einheimischen Frau eingesperrt, die ihren Mann ermordet hatte. Am nächsten Tag wurde der Irrtum erkannt. Sie erzählte, dass die Mörderin den ganzen Abend ihren Sarong in Streifen gerissen hatte. Sie wollte sich aufhängen. ›Musst du das nicht melden?‹, fragte ich. ›Nein‹, sagte sie, ›jeder hat das Recht auf seinen eigenen Tod.‹

Den brütendheißen Tag über lehnten wir mit dem Rücken an der kühlen Wand. Lauschten fernen Stimmen, vor dem Schlafen hörten wir eine Art Ziehen, ein Schaben am Stein. Beim ersten Sonnenstrahl wurde ihre Leiche vor unseren Gittern vorbeigetragen.«

Meine Mutter sprach mit den Pflanzen, ihren besten Zuhörern, trotzdem schien sie auch mir mit diesen kurzen Geschichten etwas sagen zu wollen. Ich fragte sie danach. »Aber nein, das fällt mir einfach so ein.«

»Du spielst die starke Frau. Du verschweigst etwas.«

»Ich? Wie kommst du denn auf die Idee?«

Sie sah aus dem Fenster, wuchs im Gegenlicht – ein unnahbarer Schatten am Fenster. Ihre Stimme klang vertraut, aber der Klang ihrer Stimme? Völlig unbewegt. Trotzdem schrieb ich alles auf. Genauso eiskalt.

Sie stocherte im Blumenkasten und schnüffelte an der Erde: »Banda war sehr fruchtbar. Frühmorgens blieb der Vulkan im Dunst verborgen, und wenn die Sonne durchbrach, tropfte es von den Bäumen. Justs Vorfahren kamen von dort, aber wir fanden es sterbenslangweilig. Holländische Bungalows, und kein Mensch unterwegs. Die Luft stand, trotzdem roch man die Muskatnüsse, die überall zum Trocknen auslagen. Man konnte nichts tun als stillsitzen oder unter einem Moskitonetz liegen und auf die Abendkühle warten. Vor ungefähr dreißig Jahren bin ich noch einmal dorthin zurückgekehrt und habe beim Portugiesischen Fort eine wilde Feige aufgehoben. Sie ist nie aufgegangen.«

»Dort wuchsen auch Bananenbäume. An den Bananenstämmen übten die Japaner das Köpfen, die sind genauso dick wie ein Menschenhals. Sie besprenkelten ihr Schwert mit Wasser und murmelten etwas. Ein Haiku. Und *tschack*. Mit einem unterdrückten Schrei. Ich habe sie oft dabei beobachtet, es hatte etwas Inbrünstiges.«

»Just und ich fuhren durch den Dschungel, und plötzlich sahen wir ein Äffchen mitten auf der Straße laufen. Wir hielten an. Es war ein junges Äffchen, ganz verspielt, es sprang vor uns her, aber als es sich umdrehte, sah ich ein ältliches Gesicht, mit einem weißen Bart. Ich musste plötzlich an meinen Vater denken, der nach dem Tod meiner Mutter eine Weile seinen Bart hatte wachsen lassen – so jung und schon ganz grau. Ich hatte es kaum zu Just gesagt, da packte er sein Gewehr und legte an. An so einem Äffchen ist kaum was dran.«

24

Wir tranken Tee. Das Reden hatte meine Mutter sichtlich erschöpft. Ihre Hände rochen nach zerdrücktem Geranienblatt … ein Zitronenduft hing in der Luft … ich wollte sie trösten, gegen besseres Wissen – egal wie kühl, sie hatte mich gerührt, so allein im Gespräch mit sich selbst. Auch ihre Härte bewegte mich – was war sie doch für eine Überlebenskünstlerin. Aber schon bei der ersten Berührung schob sie die Hände zurück unter den Tisch.

Ihre Assoziationen waren ansteckend. (Man erinnert sich, ohne nachzudenken, es ist ein Instinkt, schrieb Marcel Proust in *Contre Sainte-Beuve.*) Das Spiel ihrer Hände vor dem Fenster, das Sich-zu-den-Blumen-Hochrecken, ihre Finger im Gegenlicht – das war eine Sprache, die ich von früher kannte, ausgesprochen vor einem anderen Fenster, in einem anderen Theater.

Ich lag im gläsernen Isolierraum des Krankenhauses – unerreichbar für Besuch. Wegen einer Virusinfektion konnte ich meine Arme und Beine nicht mehr bewegen, es war wie Kinderlähmung. Die Ärzte untersuchten es noch. Das Glas war zu dick, um Worte durchzulassen, und meine Mutter sprach in Gebärden. Ich las ihre Hände, die

Fältchen hinter Glas, die Sorgenfalten um ihren Daumen. Ihr Daumen und Zeigefinger zeigten ein Herz. Kein Ich-liebe-Dich. Mein Vater hatte sich am Tag zuvor als einer der ersten Niederländer einer Operation am offenen Herzen unterzogen. Er lag in Leiden und ich in Alkmaar, meine Mutter reiste zwischen zwei Krankenhausbetten hin und her. Es war ein Wunder, was Hände alles erzählen konnten.

Das Bild verschob sich. Ich sah ihre Hände einen Waschlappen über einer Schale auswringen. Ich roch meinen kranken Vater, eine Erinnerung, eingefangen in lauem Seifenwasser. Ein Geruch, den ich in einem Sommer meiner Erinnerung abgelegt hatte. Mein Verstand hatte dabei keine Mitsprache.

Meine Mutter schlief auf einem Feldbett im Gang neben seinem Zimmer, alle paar Stunden füllte sie eine Schale Wasser, um das Fieber mit Seife wegzuwaschen. Eines Nachts schrie er uns alle wach. Der Wasserhahn lief, die Waschschüssel schabte auf der Anrichte aus Zink, und ich schlich in die Küche. Meine Mutter saß auf einem Schemel und las einen Brief, ihre Lippen bewegten sich. Ich konnte es nicht verstehen, aber es klang wie beten. Ich schob den Kessel von der Kochplatte und steckte meinen Finger in den Dampf. Auch daran erinnerte ich mich plötzlich, an die Blase. Meine Mutter sah weder auf noch sich um, ihr Blick blieb an dem Brief kleben. Sie merkte nicht, wie ich meinen Finger unter dem kalten Wasserstrahl löschte, sie sah nicht den Schmerz in meinen Augen. Schau mich an, stoß deine Pantoffeln von den Füßen, zieh dir die Schuhe an und tanz mit mir, wie ich dich um das Krankenbett meines Vaters tanzen sah.

Alleinsein ist eine Voraussetzung, um sich zu erinnern, schreibt Proust. Nun, dann hatte ich eine gute Lehrschule, denn ich war allein in diesem großen Repatriantenheim voller Tropenmenschen, zwischen denen ich aufwuchs – vier ins Driften geratene Familien, die ein neues Leben angefangen hatten. Ich war das Sommersprossenkind, das nie unter ihren Palmen gelaufen war, und ich saugte ihre Geschichten auf. Vor allem die meines Vaters. Sein Krieg ließ meine Mutter zum Schemen werden, sie zitterte vor seinen Wutanfällen, aber sein Leiden durfte keinen Namen haben. Irrsinn war ein Wort, das zu Anstalt gehörte, zu Zwangsjacke. Wir hatten den Kranken zu schonen und gingen in der Wohnung auf Socken. Wirf Stroh auf die Straße und dämpfe die Hufe der Rettungspferde. Flüstere und sag nichts zu den Nachbarn. Mein Gedächtnis hatte meine sorgende Mutter beiseitegeschoben, aber jetzt ließ ich sie wieder zu und sah sie als eine ängstliche Frau im Schatten ihres tobenden Mannes.

Sie räumte den Tisch ab, in einem anderen Licht, an einem anderen Ort. Ich stellte die Teetassen hin, das Zimmer roch nach Apfelkuchen, es war ein besonderer Tag, bei uns zu Hause sollte es eine Séance geben, und ich durfte assistieren. Eigentlich hätte ich in die Schule gemusst, aber nach einer Gelbsucht waren meine Noten so schlecht, dass es wenig Sinn hatte, mich weiter anzustrengen – ich blieb sowieso sitzen. In ihren Briefen an den Rektor bauschte sie meine Leiden ungebührlich auf. Wenn es ums Lügen ging, hatte ich eine Verbündete. Es war das erste Mal, dass wir im neuen Haus Gäste hatten. Sechs Damen setzten sich an den Tisch, frische Bekannte, kennengelernt in okkulten Zirkeln der vornehmen Gooi-Region – Rosenkreuzer, Theosophen –, auch eine Handauflegerin war dabei, eine Indonesierin, die ihre Finger nach hinten biegen konnte. Meine Mutter meinte, sie sei ein gutes Medium.

Das Ouijabrett lag bereit, und meine Mutter polierte

den Tumbler, das Limonadeglas, das gleich von einer unsichtbaren Kraft berührt werden sollte. Alles, was dem Kontakt mit dem Jenseits im Weg stehen konnte, war ausgestöpselt oder aus dem Zimmer getragen. Der Fernseher, das Radiogerät, die Uhr, das Telefon – Geister dulden keine konkurrierende Strahlung und keine mechanischen Geräusche.

Ich nahm die Jacken in Empfang und ließ meinen neuen, schwarzen Blazer bewundern. Die Damen waren aufgeregt. Meine Aufgabe war es, Tee einzugießen. Armbänder, Ketten und Tassen klirrten. Die Wangen meiner Mutter glühten. Wir hatten vereinbart, dass ich beim ersten Geist still nach oben ginge, meine Anwesenheit durfte niemanden in Verlegenheit bringen, die Chance war groß, dass Geheimnisse auf den Tisch kamen. Jede hatte ein Foto eines Verstorbenen mitgebracht, oder einen Brief oder ein Schmuckstück – Materie konnte helfen, den Kontakt zu intensivieren. Frau de la B. legte den Siegelring ihres bei der Jagd umgekommenen *daddy* auf den Tisch. Bei so viel Adel konnte keiner mithalten. Und die Witwe von V. zu V. ließ ihr Hochzeitsfoto herumgehen, ihr Ehemann war auf der Hochzeitsreise nach New York über Bord gegangen. Oder gestiegen, das wollte sie jetzt endlich einmal von ihm erfahren. Frau O., eine russische *refugee,* die zum Abscheu meiner Mutter rauchte und Wodka trank (sie hatte eine Flasche als Gastgeschenk mitgebracht), holte ein Medaillon aus ihrer Tasche – mit einer Haarlocke ihrer Mutter. Sie wedelte mit den Händen, um die Beschaffenheit des Äthers zu erkunden und prophezeite einen »Spitzenempfang«. Ihre Mutter konnte jeden Moment durchkommen. Doch so waren die Regeln nicht: Eine gute Séance begann mit Stille, mit konzentriertem Schweigen, geschlossenen Augen und ausgestreckten Händen, wobei sich jeder einen Verstorbenen ins

Gedächtnis rief, bis einer der angerufenen Geister eine Hand berührte, sie nach dem umgekehrten Tumbler greifen ließ, dann würde sich das Glas wie von selbst von Buchstabe zu Buchstabe über die ganze Tafel bewegen, bis sich Wörter formten, und möglicherweise Sätze, mit einer Nachricht aus der anderen Welt. Der Geist suchte das Medium, nicht umgekehrt.

Meine Mutter war davon überzeugt, dass die indonesische Handauflegerin auserwählt würde, doch das Schicksal wollte es anders. Bei der ersten Tasse Tee brüstete sie sich noch, eine nüchterne Bauerntochter zu sein, mit beiden Beinen auf der Erde zu stehen, vielleicht auch, um so viel Gooier Jetset an ihrem Tisch standzuhalten, aber keine Viertelstunde später, als der Tee abgeräumt war und der Kreis mit ausgestreckten Armen um das Ouijabrett saß, kleiner Finger an kleinem Finger, auf Berührung wartend, begann sie als eine der Ersten mit dem Stuhl zu wippen, nicht nur ihre Hände zitterten über dem Tumbler, ihr ganzer Körper stand unter Strom. Sie verdrehte die Augen, röchelte. Obwohl ich mich laut Absprache davonmachen sollte, blieb ich stocksteif neben dem Büfett stehen.

Der Tumbler sauste von Buchstabe zu Buchstabe, die Handauflegerin, die verblüfft ihren Stuhl nach hinten schob, protokollierte, konnte meiner Mutter aber kaum folgen. Unverständliche Wörter kamen durch. Niemand begriff etwas davon. Die Worte bekamen eine Stimme – gegen alle Regeln. Eine fremde Sprache war in ihre Kehle gekrochen, eine Männerstimme. *Mōshiwake gozaimasen! Tennōheika no meirei deshita! Mōshiwake gozaimasen!* Die Stimme sang und schnauzte zugleich. Meine Mutter neigte sich vor, bis ihre Stirn den Tisch berührte. Die Damen zogen sie hoch. Aber sie stieß sie von sich. Die Russin friemelte an der Banderole um den Deckel der Wodkaflasche. Ich schlich schamrot davon.

Die befremdliche Stimme füllte den Flur, die Treppe, mein Zimmer, bis ein hoher Schrei sie übertönte. Ich wurde nach unten gerufen. Meine Mutter lag halb unter dem Tisch, sie war in Trance vom Stuhl gerutscht. Die Handauflegerin kniete neben ihr und jammerte mit. Die Stimme hatte japanisch gesprochen.

Ich schauderte bei der Erinnerung, nicht wegen des hysterischen Theaters der Frauen mit geborgten Traumata und zu viel freier Zeit, sondern vor mir, denn die Zauberin, die so zerbrechlich neben mir saß, hatte auch mich angesteckt. Als ich einmal ein Haus gekauft hatte, mit Reetdach und Kieselweg (in meinem Streben nach Ansehen), und ihr erzählte, dass sich der Vorbesitzer im Badezimmer erhängt habe, befahl sie mir, umgehend mit einer Kerze um das Haus zu schreiten, um den Fluch des Toten zu brechen. Und, verdammt noch mal, ich folgte ihr sogar. Und noch immer wende ich Unheil durch antrainierte Rituale ab. Ich spreche sogar mit meinen Pflanzen.

Und dennoch: Sie war nicht dumm und schwebte mit klarem Verstand. Allwöchentlich wurde die Wissenschaftsseite gelesen, vor allem, um nicht übereinzustimmen. Alles schön und gut, diese neuen Erfindungen und die Suche nach einer Antwort in dem schwarzen Loch, aber diese Journalisten vergaßen eines: Wissenschaft ist eine Illusion – eine ihrer vielen Binsenweisheiten. Unsere Sinne sind zu beschränkt, genau wie die Messinstrumente, die nur eine technische Verlängerung der Sinne sind. Natürlich gibt es ein außerirdisches Leben, aber es ist sinnlos, mit Radioteleskopen nach einem Klopfen im Universum zu lauschen, es gibt Formen der Kommunikation, von denen noch nie einer gehört hat.

Sie hätte gern eine Weltraumreise gemacht und phantasierte darüber, wie sie es anstellen würde. Vor ein paar Jahren las sie mir einen Brief vor, den sie Richard Branson schicken wollte – dem britischen Multimillionär, der den Plan lancierte, Weltraumreisen zu kommerzialisieren.

»Dear Mr. Branson … haben Sie je erwogen, Tote ins Weltall zu schicken? Scheint es Ihnen nicht eine gute Idee für Ihre Weltraummissionen? Schicken Sie so viele Leichen wie möglich über die Erdatmosphäre hinaus, lassen Sie sie im Weltall umherfliegen und irgendwo in expandierenden Sternenmeeren anlanden. Können wir Menschen den außerirdischen Wesen oder Organismen eine bessere Botschaft schicken als unseren Körper? Sie werden uns sezieren, wie wir den Quastenflosser seziert haben. So sind wir noch von Nutzen, und wer weiß, was daraus wird. Ich denke, es werden sich Millionen für dieses schwerelose Grab entscheiden, wer möchte nach seinem Tod nicht ein Bindeglied zwischen Erde und Außerirdischem sein? Was halten Sie von meinem Plan?

PS Es muss Sie nicht viel kosten, legen Sie uns einfach in den Frachtraum.«

Erkenntnisse musste man einfach teilen.

Sie schlummerte an dem hohen Tisch ein, ein Streifen Sonnenlicht wanderte über ihr Gesicht. Ich erschrak über ihr dünnes, graues Haar, die Schuppen auf ihrem sich lichtenden Scheitel, und beim Anblick dieses Verfalls sah ich sie jünger vor mir, beim Bürsten, Bürsten …

Ich kam gerade aus der Schule und flüchtete in mein Zimmer, meine Mutter saß oben vor der Frisierkommode, bei weit offener Tür, unsere Blicke verhakten sich, und sie rief mich herein, sanft und unvermutet freundlich, und fragte mich, was ich an diesem Tag gelernt hätte. Die Golfströme, sagte ich. Ah, die kannte sie, den kalten und den warmen, beide hatte sie befahren, und sie erzählte mir von Pinguinen am Kap und dass im Süden von Irland Palmen wüchsen. Ich zählte die Ozeane auf und sie die Meere, die Ozeane bildeten, und die Inseln, ihre Inseln. Wir gingen in mein Zimmer, um sie auf meinem Globus zu suchen, einem, auf dem die Kolonien noch ihre alten Namen trugen. Ihre Nägel tippten auf Borneo, Celebes, den Vogelkopf. Ein Haar trudelte von ihrer Schulter, sie nahm es, spannte es über den Globus, von ihrem Polder bis weiter in die Welt, kam aber kaum zum nördlichen Polarkreis, Ural oder Sahara, Gegenden, über die sie die Nase rümpfte. Danach riss sie sich, ohne mit der Wimper zu zucken, ein noch längeres Haar aus, eines, das mit Leichtigkeit mit dem Äquator konkurrieren konnte. Das Schwarz schlängelte sich über die Meere. Sie drehte sich kokett dem Spiegel zu, steckte drei Haarklammern in den Mund und bürstete sich lachend einen schönen Grace-Kelly-Knoten.

Wir gingen durch eine prächtige Allee, Mutter vorneweg, im dunklen Mantel, ich bewunderte das Nest in ihrem Nacken. Sie hatte einen beinernen Vogel in ihren Dutt gesteckt. Wir gingen auf Erbvisite. Ich sollte die französischen Tanten kennenlernen – die schwammen im Geld. Ihre einzige Nichte kam, um mich vorzuführen: den Bastard, den Unfall. Ich musste mich gut benehmen, unsere Zukunft stand auf dem Spiel. Das Geld der Tanten würde uns von Einschränkungen und Kriegsangst befreien. Eigens für den Besuch trug ich eine lange, graue Samthose mit Umschlag. Sie kratzte vor Neuheit.

Tante Elise und Tante Desiree legten Wert auf ihre Herkunft, vor Generationen waren ihre Urahnen vor den Katholiken aus dem Süden Frankreichs in den Norden geflüchtet. *Vaudois* nannten sie sich, aber wir sagten zu Hause einfach Waldenser. Die Tanten hingen noch immer an einem Familienwappen aus damaliger Zeit, obwohl sie sich mit Brabanter Bauern vermengt und wir denselben Nachnamen hatten. Frommsein war ihr Hobby, und kaum hatte ich mich gesetzt, da erteilten mir die Tanten eine Lektion. Ob ich denn wisse, wie sehr die Vaudois gelitten hatten? Aufgestöbert wurden sie, von der Inquisition verfolgt wegen ihres einfachen Glaubens. Wohin in Frankreich sie auch flüchteten, bis zu den Alpengrotten, stets und ständig wurden ihre kahlen Kirchen niedergebrannt und ihre Siedlungen zerstört. Frauen hatten mit ansehen müssen, wie die Katholiken ihre Babys gegen die Felsen schmissen, junge Knaben wurden zerstückelt und ihre Körperteile in den Feldern untergepflügt, und den Männern wurde das Hirn herausgeschnitten. Die Katholen kochten und verspeisten es.

Die Tanten holten eine alte französische Bibel heraus, mit rostigem Blut auf dem Einband. Vor Angst klammerte ich mich an die Tischkante, meine Mutter sah aus dem Fenster und ging zum Wetter über.

»Wir sind die Juden unter den Christen«, sagte Tante Desiree.

Und ich durfte dazugehören?

Das Schwarz ihrer Kleider glänzte wie ein Panzer, ihr graues Haar war zu einem Knoten geschnürt, so fest, dass ihre Schläfen pochten, mit Kammspuren wie von Pflugscharen in einem Herbstacker. Ihre Nasen waren kantige Beile, die Augen tiefdunkelbraun. Ich betrachtete diese Köpfe mit aufgerissenem Mund. So grimmig im Glauben und diese tiefen Kerben im Kinn.

Auch meine Mutter hatte eine solche Kerbe, auch wenn sie sie Grübchen nannte und eine der sieben Schönheiten. Ich tastete mein Kinn ab, um zu spüren, wie tief mein Grübchen war. Als die Tanten kurz nicht aufpassten, rutschte ich vom Stuhl und schlich in den Gang, wo ich beim Hereinkommen eine Reihe von Porträts hatte hängen sehen. Lange stand ich da, in diesem hohen Gang mit tickenden Uhren, und starrte auf die Kinne. Da hing die Vergangenheit in vergoldeten Rahmen … Zu diesen tapferen Vaudois aufschauend sah ich in einer Ecke eine Frau wie meine Mutter sitzen, mit einer Bibel in den äderigen Händen, zugeknöpft, in einer Zwangsjacke in Schwarz. Eine Tür öffnete sich hinter mir, ein Eimer Licht klatschte an die Wand und badete alle Visagen in Licht. Volltreffer.

Ich drehte mich um und sah meine Mutter in einem anderen Rahmen, eine vertraute Silhouette in der Türöffnung. Sie streckte die Arme in die Höhe. Verzweifelt. Eine Zukunft zum Davonlaufen.

Das Gedächtnis als Schaltkasten, von dunkel zu hell, von vergangen zu heute. Ich kniff die Augen zusammen, um uns noch einmal an diesem erstickenden Tag bei den französischen Tanten zu sehen.

Nach dem Mittagessen – ein Teller mit blutendem Roastbeef, das ich einfach nicht runterbekam – fuhr ein schwarzer Wagen vor, und ein Diener mit Schildmütze brachte uns ein Dorf weiter, wo die letzten Vaudois begraben lagen, in der Kirche, unter abgetretenen Grabplatten. Wir gingen über Jahrhunderte Glauben. Ich sah meinen eigenen Namen und wollte meine Mutter darauf hinweisen, aber sie war schon hinausgegangen. Ich fand sie im Schatten des Turms, auf dem dichten Gras, wo noch mehr Gräber lagen. Sie sah nach oben, zu den Wolkenfetzen, die sich im Wind ausdünnten, am Fuße eines Steins, in den der Name einer jung verstorbenen Frau eingemeißelt war, auch eine van Dis – zur Hälfte. Ich suchte Mutters Hand und traf auf eine Faust in der Manteltasche.

Still saßen wir bei Tisch, wir hatten vermutlich mindestens eine Stunde nicht gesprochen, und trotzdem war es, als ob wir geredet, als ob wir in unserem dumpfen Starren Gedanken ausgetauscht hätten. Die Kommunikation der Zukunft. Die Tischlade knarrte auf, eine weiße Pappschachtel wurde mir vorgehalten, der Name des Juweliers stand blau auf dem Deckel. »Deine Babybürste.« Sie nahm eine Silberbürste aus der Watte und fuhr mit der Hand über die weichen Borsten. »Ein Geschenk deines Großvaters, damit habe ich deine Locken gebändigt.«

Ich roch daran. Das Baby, das ich zu schnuppern gehofft hatte, roch nach angelaufenem Silber.

»Für dein erstes Kind … so war's gedacht.«

O nein, nicht schon wieder. Ich würde es nicht wagen, mir ein Kind anzutun. Knoten in den Samenleiter und Klappe zu, nach mir kam kein Irrer mehr durch. Für meine Mutter war meine Entscheidung ein Affront. »Unser Zweig darf nicht aussterben.«

Ich stellte mich hinter ihren Stuhl und sah, wie sie sich zusammenkrümmte. Den Kopf zwischen die Schultern. Bang. Ihr Scheitel schuppte. Ich zögerte, sie zu berühren: Ich verweiblichte … und babybürstete ihr dünnes Haar. Sie schauderte. Ai Katze, ai Katze. Sie lachte selig.

25

Ihr taten die Beine weh. Ich öffnete ihre Schuhe, rollte die Stützstrümpfe nach unten und inspizierte den Zustand von Zehen und Nägeln: verkalkt und eingewachsen. »So geht das nicht weiter«, sagte ich.

Sie sah auf ihre nackten Füße. »Sie sind durchgetreten.«

»Du musst keine Schmerzen leiden. Nimm doch ein Paracetamol.«

»Will ich nicht.«

Auf dem Weg zum Ausgang schaute ich kurz bei der Direktorin vorbei.

»Ihre Mutter verweigert die Pflege«, sagte sie. »Neulich hat sie meine Assistentin mit dem Schuh aus der Tür gejagt. Sie ist eine böse Frau.«

26

Bevor ich den Ruhesitz aufsuchte, fuhr ich immer bei der Königlichen Hofconditorei van Laack vorbei, um von meiner Mutter gewünschtes Gebäck und Konfekt zu erstehen. Sie liebte die Hofconditorei van Laack. Ein grässliches Geschäft. Der Duft von Handwerk und Backstube wurde dort hinter antiseptischen Schiebetüren versteckt, und die Einrichtung hatte die Wärme einer Aussegnungshalle: schwarze Marmorböden, schwarze Theken, schwarze Kuchenvitrinen und das Personal in Pinguindress (schwarz-weiß mit Schürze). Nirgendwo ein Krümel oder Fleck. Die Obsttorten bibberten hinter Glas, und die Mandelblätter wellten sich in einer Glasvitrine. Pralinen wurden mit Gummifingern in ein schwarzes Schächtelchen gebettet. Ich kaufte jedes Mal für gut hundert Euro, das reichte, um zwei schwarze Konditoreitragetaschen mit Schleifen zu bekommen – am kleinen Finger zu tragen.

Anfangs dachte ich noch: Sie will ihre Gäste beeindrucken, deshalb lässt sie die schwarze Tragetasche (mit Krone und Wappen) so lange auf dem Tisch stehen. Aber es kam kaum noch jemand zu Besuch. Sie aß alles selbst auf, allerdings sah ich sie auch einmal ein Mandelblatt an die Spatzen verfüttern.

Merkwürdig, wie meine Mutter auch in diesem Punkt

ihren Geschmack änderte: Vor dem Umzug in den Ruhesitz ging sie erhobenen Hauptes an Konditoreien vorüber: Sie zumindest buk ungespritzt, mit rostfarbenem Dinkel (ein wiedergeborenes Getreide, aufgelesen in den Pyramiden der Pharaonen) und Goldrenetten aus Eigenanbau, sie tauchte Erdbeeren in geschmolzene Reformhausschokolade – aber seit sie keinen eigenen Garten und Backofen mehr hatte, war sie den Konditoren ausgeliefert.

Ich, ihr Laufbursche auf Abruf, brachte Rettung. Aus Rache verlangte sie das Allerbeste, jedenfalls das Allerteuerste: das federleichte, königliche Naschwerk der Hofconditorei van Laack. (Unter diesem Hoflieferanten ging's nicht.) Als Liebesbeweis, oder besser, als Beweis meiner Untertänigkeit. Unzählige Male habe ich die kleinen Tüten vor ihr aufgebaut, ohne ihr auch nur ein Lächeln zu entlocken, aber auch kein Fünkchen Lust in ihren Augen. »Stell's mal dorthin.« Es kränkte, trotzdem kaufte ich sie weiter, gegen besseres Wissen. Den Tod konnte ich ihr nicht bringen, dann eben zarte Trüffelpralinen.

»Du bist verrückt, die idiotisch teuren Dinger zu kaufen«, sagte meine Freundin. Die wenigen Male, die sie mich zum Ruhesitz begleitete, regte sie sich über den kühlen Empfang meiner Opfergaben auf.

Die beiden lagen sich nicht. Nach der soundsovielten zähen Begegnung fragte ich meine Mutter: »Wie findest du sie eigentlich?« Missbilligende Stille. »Von der hab ich nix.«

»Kauf doch einfach Kekse bei Lidl«, sagte meine Freundin.

Beim nächsten Mal nahm ich ein paar Tüten Vitalgebäck aus dem Sonderangebot mit und einige Rollen Vollkornbiskuits, haltbar bis zum Dritten Weltkrieg. »Schau mal, ist das nicht eine Überraschung?« Triumphierend baute ich die Kekse vor ihr auf.

Meine Mutter sah irritiert von ihrem Buch auf: »Die kannst du gleich wieder mitnehmen.«

»Vollkorn, biologischer Anbau.« Ich log und ließ mich nicht kleinkriegen.

»Ich esse kein Fabrikzeugs.«

Und da zerbrach etwas. Mit einer Armbewegung fegte ich die Tüten und Rollen vom Tisch und setzte den Fuß darauf. Fünfundsechzig Jahre alter Sohn zerstampft Kekse zu Krümeln. Meine Freundin versuchte noch eine Biskuitrolle zu retten, aber ich stieß sie beiseite. Pulver machte ich daraus, Schießpulver – bis in die Nähte des alten Persers. Meine Mutter erstarrte. Meine Freundin tröstete sie, fegte hochgespritzte Krümel von ihrem Schoß, schob das zitternde Kissen auf ihrem Bauch zurecht … und meine Mutter stützte sich auf ihre Schulter. Das machte mich noch wütender. Mein Zornesausbruch brachte die zwei zusammen. Ich griff zum Staubsauger. »Vergiss nicht die Scheuerleiste, und dort unter dem Tisch.« Ich rammte die Farbe ab. Meine Freundin wurde umarmt. Sieh an, davon hatte sie was.

27

Der Steuerberater hatte sich quergestellt: Ihm fehle mindestens ein halbes Jahr an Kontoauszügen. Hätte ich seinen Brief nicht zerknittert auf dem Tisch gefunden, angeblich zufällig genau dort, wo mein Platz war, wäre ich nicht einmal dahintergekommen. Er forderte totale Einsicht, sonst werde er die Steuererklärung unausgefüllt zurückschicken. Grollend gewährte mir meine Mutter Zugang zu ihrem Sekretär, und während ich mich über einen Berg ungeöffneter Umschläge beugte, schlurfte sie zum Balkon, um die Läuse im Blumenkasten zu bekämpfen.

Chaos fand ich vor, unbezahlte Rechnungen, Mahnungen des Versandhauses, Steuerbescheide der Gemeinde. Und Drucksachen über Internetbanking, aber keinen einzigen Kontoauszug. Auch von ihrem Aktienbestand keine Spur. Wohl fand ich Horoskope von Shell und Unilever, mit Notizen in ihrer Handschrift. (Ort, Gründungsjahr und -tag, Aszendent, um das Wohlergehen des Unternehmens in den Sternen zu lesen.) Sie hatte schon immer mit ihrem Kapital gependelt, aber was war davon noch übrig? Wovon lebte sie eigentlich? Die Kosten des Ruhesitzes waren seit Jahren höher als ihre Pension. Etwas, das ich gerade noch wusste, die Direktorin hatte mich auf einen Mietrückstand angesprochen.

Meine Mutter reagierte gereizt, als ich sie danach fragte. Sie begann nervös ihre Bücher zu ordnen und brachte ihre Jadeschale mit Halbedelsteinen in Stellung. Spionierte ich ihr etwa nach? Was heckte ich insgeheim aus? Der Rückstand sei schon ausgeglichen. (Auch wenn sie nirgendwo einen Kontoauszug davon finden konnte.) Sie verbot mir, die Bank anzurufen. »Was sollen die von mir denken, dass ich dement bin oder was.« Meine Neigung, mich in alles einzumischen, fand sie beleidigend. »Ich habe meine Geldsachen immer selbst geregelt.« Verschnupft klappte sie ihren Sekretär zu. Bei einem zweiten Kontrollversuch war die Klappe plötzlich verschlossen. Schlüssel weg. Sie spielte ständig Verstecken mit mir. Ich wollte wissen, ob sie neue Überweisungsformulare bekommen hatte. Ja, aber die konnte sie nicht finden, eben waren sie noch in ihrer Tasche, aber nach langem Graben dann doch nicht. Durfte ich …? Nein, selbst auf die Tasche zu zeigen war verboten. Konnte ich vielleicht in der Tischschublade nachschauen, dort hob sie doch immer alles Mögliche auf? Nein, der Schlüssel war gerade nicht da. Gerade. Ihr waren drei Schlüssel abhandengekommen.

Ich versuchte, ruhig zu bleiben, schluckte selbst eine Beruhigungspille, um meinen Ärger zu dämpfen. »Passt gar nicht zu dir«, sagte ich mit kaum verhohlener Wut, »du hast immer wie eine Glucke auf deinen Schlüsseln gehockt. Kommst du überhaupt noch an die Truhe?« Das Mistding stand derzeit in ihrem Schlafzimmer und diente als Nachttisch. Die Silberkette mit dem Schlüssel trug sie seit Jahren nicht mehr.

»Lass gefälligst die Finger davon.«

Ein Mensch hat Recht auf Geheimnisse. Sie schimpfte auf die Bank, die Regierung, den Überwachungsstaat, in dem wir lebten. Jeder wusste alles von jedem. Jeder mischte sich in alles ein. Für alles ein Formular und eine Durchschrift. Sogar für den Tod. »Es ist doch ewig schade, dass ich mein Gewehr auf Sumatra gelassen habe. Rumms, durch den Mund, dann kannst du den Schmadder aufräumen.«

»Du wirst immer bösartiger.«

»Das ist das Alter«, sagte sie sarkastisch, »der Charakter nutzt sich nicht ab, wenn man älter wird, er kocht ein, und dabei kommt die Essenz heraus. Wir werden alle ein Brühwürfel unserer eigenen Suppe.«

28

Ich rief vor dem Abendessen an. Ihre Stimme klang heiser.

»Noch jemanden gesprochen heute?«

»Nein, du bist der Erste.« Ihre Balkontür stand offen, ich hörte Vögel singen.

»Ist denn niemand vorbeigekommen?«

»Ich mach nicht auf.«

»Aber die Direktorin hat doch einen Schlüssel.«

»Die Wohnungstür ist verriegelt.«

»Das klingt nicht gut, so vereinsamst du.«

»Ich, vereinsamen? Na übertreib mal nicht, so viel liegt mir auch wieder nicht an Menschen.«

Zusammen am Lesetisch. Das Telefon läutet. Sie nimmt ab, ohne ihren Namen zu nennen: »Nein, hören Sie, sie ist nicht da. Nein, ich bin eine Freundin. Kann ich ihr etwas ausrichten?« Sie nickt zustimmend, streckt aber die Zunge heraus und legt auf.

»Wer war das?«, frage ich.

»Oh, die Bank. Die Leute wollen einem heutzutage alles Mögliche andrehen.«

Abermals das Telefon. Diesmal nimmt sie mit einer gespielt vornehmen Stimme ab: »Ja, hier bei Familie …

Augenblick, ich frage sie kurz.« Sie hält die Hand auf den Hörer, wartet ... »Nein, es passt ihr nicht, in den nächsten Wochen sieht sie wirklich keine Möglichkeit.«

Sie kichert wie eine ungezogene Göre. »Der Leseclub, darauf habe ich keine Lust mehr.«

Die Direktorin ruft an. »Nein, ich habe morgen keine Zeit. Besuch, ja. Ja, es wird gut für mich gesorgt ... zu gut ... Ha ha.«

»Kriegst du morgen Besuch?«

»O nein, aber ich hab keine Lust auf diese Person. Dann tu ich so, als hätte ich einen vollen Terminkalender.«

Besorgter Anruf der Direktorin: »Es läuft nicht gut mit Ihrer Mutter. Sie blafft das Personal an und sucht mit jedem Streit.«

Ich rief sie sofort an. »Ich höre, dass du dich daneben benimmst.«

»Ich weiß von nichts.«

»Wenn du ruhig sterben willst, musst du loslassen und Frieden ausstrahlen. Lass den Zorn fahren. Streiten heißt anhaften.« Ich konfrontierte sie mit ihren eigenen Schwebesprüchen.

»Du musst dich ergeben.«

»Ich muss mich überhaupt nicht übergeben.«

Ein Rutsch-mir-den-Buckel-Runter, und die Verbindung wurde unterbrochen.

Ich brachte ein neues Kissen mit, weich, mit Daunen gefüllt und nach Lavendel duftend. Das Exemplar, das sie an ihren Bauch drückte, war fleckig und müffelte. Sie wollte es nicht nehmen. Ich legte es ihr auf den Schoß. Sie musterte es voller Abscheu und warf es über ihre Schulter ins Zimmer. Ich legte es vor sie auf den Tisch – ein geballter

Vorwurf. Sie sah mit wässrigen, braunen Augen zu mir her, zog das Kissen zu sich, hielt es mit zwei Händen vor ihren Mund und bat mich, es auf ihr Gesicht zu drücken.

»Nein, bist du verrückt?«, rief ich.

Sie sah mich flehend an, ich kniete mich vor sie hin, und wir streichelten gemeinsam das Kissen. Der Lavendel duftete unter unseren heißen Händen. »So nicht«, flüsterte ich, »so geht das nicht.«

Sie rüttelte an ihrer Stuhllehne und stampfte wütend auf.

29

Meine Mutter war zunehmend unmöglich. Sie ließ mich für alles Mögliche antraben. Ob ich Eukalyptusöl kaufen könne – sie wurde so steif –, und ob ich nicht mal bei Schlafwohl nach einer neuen Matratze schauen wolle, ihr tat der Rücken so weh. Ob ich vielleicht etwas vorhatte, war ihr völlig egal. Und wenn ich dann doch vorbeischaute, um ihr wieder eine Geschichte abzuschwatzen – tja, wenn ich mir das offensichtlich erlauben konnte –, ein kleines Darlehen käme ihr gerade gelegen. Sie könne jetzt keine Aktien verkaufen, das Öl stand zu tief. Es ging um eine kleine Überbrückung.

Ihr Name tauchte bestimmt fünfmal am Tag auf meinem Handydisplay auf. Manchmal klickte ich sie weg, oder ich fuhr sie an (»Dann such doch deine Schlüssel«), doch das war wieder eine Einladung zu weiteren Anrufen und Beschwerden: Sie hatte eine Zange verlegt, eine dringend benötigte kleine Zange, mit der sie die Bauernuhr aufzog, ihre Finger waren zu steif für das Schlüsselchen. Die Uhr hatte den französischen Tanten gehört, und jetzt waren die Zeiger stehengeblieben, und sie lebte ohne Zeit. Meine Schuld. Ich hatte das kleine Zängchen mitgenommen. Das wusste sie genau, es war ihr schon zweimal mitten in der Nacht angesagt worden … – Tante Desiree war ihr erschienen.

Die alte Leier: Wenn sie in die Enge getrieben wurde, flüchtete sie aus der Realität. Gleichzeitig blieb sie verblüffend nüchtern. Sie las noch immer zwei Zeitungen, vor allem die Auslandsnachrichten, kannte die Namen aller Minister auswendig, verwünschte publizitätsgeile Abgeordnete, und die Finanzkrise verfolgte sie bis hinters Komma. Aber diese ängstliche Anruferei, dieses Misstrauen und die Anschuldigungen, waren das nicht doch Anzeichen einer beginnenden Demenz?

Oder war etwa ich verwirrt?

Ihre Stimme wurde ich nicht mehr los. Beim Ausarbeiten meiner Notizen mischte sie sich hörbar ein. Ich schrieb sie mir vom Leib, ertappte mich aber dabei, dass sie immer mehr Macht über mich gewann. Sie wurde mein Alptraum. Wenn ich mich schlaflos im Bett wälzte, kroch sie zu mir unter die Decke, und mitunter beugte sie sich zu mir her, ihr Mund an meinem Ohr: »Hörst du sie schießen?« (»Nein, verschwinde, dein Gebiss klappert.«) Sie rollte über mich weg, ihr Fleischbaum bohrte sich in meinen Brustkorb. Und dann musste ich, um mich zu beruhigen, eine Herztablette unter der Zunge zergehen lassen.

Ihre Präsenz wurde so stark, dass ich ihr auf die Pelle rücken wollte auf diesem verdammten, verwohnten Teppich von ihr – der war schon immer zum Kämpfen dagewesen. Mit den Fäusten auf sie los. Rollator in die Ecke, Gebiss ins Glas und Sohn gegenüber Mutter, nicht wie früher, als wir uns täglich stritten und sie mit ihrem Pantoffel hinter mir her war, sondern Haut an Haut. Ich warf sie um, kniete mich auf sie. Mutter, der Puff. Mal sehen, wie stark sie ist, die Bauerntrine, die mit einer Hand ein Kalb aus der Kuh ziehen konnte.

Verdammt, sie rappelte sich unter mir vor, ich rutschte von ihr ab, sie sprang mir auf den Rücken und ritt mich wie eine Amazone. Ihre Hand suchte meinen Hals, sie drückte mir die Kehle zu, ihre Ringe knallten wie eine Trense gegen meine Zähne. Ich schrie, doch kein Wort kam heraus, ich roch sie, atmete sie ein, aß sie. Sie stank nach Pisse. Mein Bett torkelte. Ich war nackt und bestieg sie.

Unsere Wut ließ mich nicht los. Wut ist auch Liebe, greifbar in der Nacht. Beim nächsten Besuch fragte ich sie, warum sie immer ihre Wange abwandte, wenn ich sie küsste. »Du hast Angst vor Körperkontakt.«

»Wo hast du denn das her! Die Masseurin kommt jede Woche.« Sie umklammerte zornig ihren Spazierstock.

»Aber wenn ich ein Haar von deiner Schulter zupfe, zuckst du zusammen.«

»Wenn es so mühsam mit mir ist, warum kommst du dann noch?«

»Tja, das frage ich mich auch.«

»Um zu erben.«

»Du meinst wohl Schadenersatz.«

»Ja, alles meine Schuld.«

»Ich spreche nicht von Schuld, sondern von Angst.«

»Ich hab Soldaten aus meinem Zimmer verjagt, ich konnte schon mit sechs schießen.«

»Aus Angst.«

»Ich hab Schweine geschlachtet.«

»Das Messer, das Gewehr – was für eine Zärtlichkeit. Du bist meine Mutter, du hast mich geboren, näher konnte ich nicht kommen, schon auf den Babyfotos stehst du einen Meter von mir entfernt.«

»Ich war krank und wollte dich nicht anstecken.«

»Du hast mich angesteckt. Mit deiner Abwesenheit.«

»Ich bin nur verreist, wenn du auch in Ferien warst.«

»Zwei Monate Segelkurs, um mich los zu sein, aber wo warst du, als das Geschirr an die Wand geknallt ist?«

»Lass den Mann.«

»Es ist mein Vater, verdammt noch mal.«

»Und mein Mann. Mein schwacher Mann.« Sie ließ ihren Stock los und beugte sich verzagt über den Tisch, den Kopf auf den Armen – mit zuckenden Schultern. Ein Räuspern ab und zu, und Rülpser. Ich hielt ein Handtuch unter den kalten Hahn, benetzte ihre erhitzten Schläfen. Sie lehnte sich an meine Schultern. Ja, ich war ein guter Sohn, so viel besser als diese elenden Pflegerinnen hier im Heim. Diese Bestien kannten keine Manieren mehr.

Ich verteidigte die Frauen, die ich so oft bei ihr am Tisch angetroffen hatte und die sie wie Freundinnen behandelte.

»Sie stehlen mein Silber.«

»Aber nein, du hast ihnen alles Mögliche gegeben.«
»Ich konnte nicht anders, sie sind gehässig.«

Wir plänkelten. Endlose Dialoge, gesprochene SMS-Nachrichten.

Beim Hinausbegleiten griff sie nach meinem Arm, wegen des Gleichgewichts. Sie drückte mich sanft, hart und wieder sanft, kurz-hart-lang-kurzlang.

Morsezeichen, die ich nicht verstand. Ich verzögerte meinen Schritt, gab ihr einen flüchtigen Kuss und pellte sie von mir ab. Trotzdem ließ sie mich nicht los. Am selben Abend saß sie wieder auf meiner Bettkante, um mich zu zerquetschen und ins Repatriantenheim zurückzustoßen. Sie ließ die Möwen ums Haus kreischen und die Dünen stieben. Es waren nicht die Möwen, mein Vater kreischte, der Sturm jagte ihn zurück aufs Schiff mit den Kriegsgefangenen, torpediert auf hoher See, tagelang trieb er zwischen Leichen. Er rief nach seinen Kameraden. Wir lauschten lautlos im Stockdunkel. Er zählte, zählte. Verjagte die Toten. Sie kratzte ein Kreuzchen auf meine Stirn.

Ihre Schürze war noch nass vom Abwasch. Als sie sich umdrehte, zog ich die Schleife auf und packte sie an ihren Zügeln. Hüh. Ich wachte auf, und mein Kissen war nass.

Autolied
Junge, wein doch nicht, nicht jetzt, sei tapfer, komm her, nein, nicht auf mein Kleid, du zerquetschst mir den Arm … du siehst blass aus, mein Gott, was stürmt es doch draußen, hörst du den Sand ans Fenster schlagen? Warte, ich erzähl dir was, die Geschichte vom fliegenden Prinzen, die magst du doch so gern? … Nein, wein doch nicht, dein Vater kommt wieder, die Männer haben ihm nicht weh getan. Der Riemen war nicht zum Prügeln. Beruhige dich, mein Kind, wie ähnlich du ihm bist, komm, sei tapfer. Flieg los, vergiss, was du gesehen hast, wirklich, sie meinen es gut mit ihm. Es ist nur für kurz. Du weißt doch, wie zornig er sein kann. Die Dinge von früher, ja, früher tut weh. Weißt du noch, wie er … Ach, mein Gedächtnis ist müde, ja, mein Schatz, das Laken war zu straff. Nein, die Riemen waren nicht zum Schlagen, die machen ihn ruhig, das wird ihm mehr behagen. Nein, das war keine Polizei, er geht jetzt schlafen. Er ist müde, so unendlich müde. Was zitterst du denn, es ist doch nicht kalt. Ja, dein Ohr ist ganz rot, aber es war als Streicheln gedacht. Ich erzähl dir mal was: Dein Vater … ach nein, jetzt keine Geschichten.
Hör auf den Wind und wie der Sand ans Fenster schlägt. Versuch doch zu schlafen. Und flieg – es sollte ein Streicheln sein.
Ein Streichler.

30

Nach einer Woche lärmender Träume – ich wurde jede Nacht schreiend wach – vereinbarte ich auf Anraten meiner Freundin einen Termin bei einer Psychologin in Amsterdam, einer ehemaligen Klassenkameradin, zu der ich losen Kontakt gehalten und die mir damals zu einer Analyse geraten hatte. Ich müsse mal mein Herz bei jemandem ausschütten, der mit meinen Alpträumen professionell umgehen könne. Schweißgebadet hatte ich ihr gebeichtet, noch immer Angst vor meiner Mutter zu haben. Tat ich ihr mit meiner Neugier nicht weh? Beging ich keinen Verrat? Ihre Ängste schlichen sich auch bei mir ein – ihre Scheu, ihre Kriegsobsessionen.

Die Psychologin empfing mich in ihrem Behandlungszimmer. Wir nahmen uns vor, sachlich zu bleiben. Aber na ja, ich hatte eine Flasche gut gekühlten Weißwein mitgebracht, und wir mochten uns noch immer. In der Schule waren wir eine Weile miteinander gegangen, ich nahm sie mit nach Hause, sie lernte meine Mutter kennen und durfte schon bei der ersten Begegnung aus unserem Gemüsegarten ernten – bis lange nach unserem Flirt. Weil sie von der Insel Ambon stammte, hatte sie einen Stein im Brett.

Wir entkorkten die Flasche und hechelten meine Mutter durch. Warum wollte ich ihr Leben zu Papier bringen?

Weil sie mich immer ausgeschlossen hatte. Und was glaubte ich zu erfahren? Keine Ahnung. Ehrlich sein. Ich wollte sie aufbrechen (ihr weh tun, sie sollte fühlen, was ich fühlte, aber das sagte ich nicht). Meine Mutter spielte mit mir. Sie wandte den Blick ab, versteckte Schlüssel. Wie sollte ich mit so viel Leugnen umgehen? Und warum schwärzte ich sie so an in den Geschichten, die ich aufschrieb?

»Ausschließen, verleugnen – große Worte.« Meine Psychologenfreundin dachte laut nach: »Sie ist eine intelligente Frau, eine Strategin. Sie hat dich eingeladen, sie in ihre Vergangenheit zu begleiten, zum Bauernhof, zu den alten Fotos, in die Kolonie. Vom Hölzchen aufs Stöckchen, aber so ist sie nun mal. Sie lässt die Schlüssel verschwinden, aber sie will, dass du sie findest. Ihr streicht beide um den heißen Brei herum.«

Es war ein warmer Nachmittag, ich saß ihr gegenüber, in einem verschlissenen Ohrensessel, der im Nacken klebte – ein Antimakassar aus anderer Leute Angstschweiß und Elend. Ihr Mann spielte über unseren Köpfen Klavier, meine Finger trommelten ungeduldig auf der Armlehne mit. Und ich wandte den Blick von ihr ab, verdammt noch mal.

»Wovor habe ich Angst?«, fragte ich leise. »Wovor hat sie Angst?«

Sie schwieg, ihr Beruf kam ihr in die Quere.

»Ich dachte, ich hätte alles hinter mir gelassen, aber ich bin noch immer der anhängliche Sohn, der nach einer liebenden Mutter sucht. Wie furchtbar das auch klingt.«

Sie nickte besorgt, die Augen voller Verständnis, aber ich sehnte mich nach ihrer Ironie.

»In meiner Phantasie habe ich sie schon ein paar Mal ermordet« – ich machte eine Würggebärde –, »jetzt mache ich es auf Papier.«

»Oh, oh, du fühlst dich schuldig.«

»*Guilt is a waste of time* … ich weiß, der Satz von Henry Miller hängt neben meinem Schreibtisch. Ich fühle mich immer schuldig.«

»Du beschreibst den Eindruck, den deine Mutter bei dir hinterlassen hat, das ist dein gutes Recht, es ist deine Wahrheit.«

Wir kramten Erinnerungen an die Mutter aus, die sie kannte. Die Handlesemutter, die ihr in der Mittagspause ungebeten die Zukunft las. »Sie hat mich auf Herz und Nieren geprüft, mit all meinen Schwächen, aber mein Interesse für Psychologie hat sie vorhergesagt.«

»Das hatte sie von mir«, sagte ich. »Mein Gott, hab ich mich damals geschämt.«

»Kartenlegen, I-Ging-Münzen werfen … Sie war eine tolle Frau, ich fand sie wahnsinnig interessant.« Sie rühmte ihren Tweed, ihre Stimme, ihre Courage. Sie kam sogar mit Geschichten an, die ich schon längst vergessen hatte: Meine Mutter, die auf einem überregionalen VVD-Liberalen-Kongress am Saalmikro nach der Geburtsstunde von Parteiführer Hans Wiegel gefragt hatte. »Das hat sie noch in die Zeitung gebracht!«

Wir lachten über ihren geliebten Spruch: »Wenn wir alle liberal wären, gäbe es nie wieder Krieg.«

Sie schenkte die Flasche aus, und eine immer lustigere Mutter kam zum Vorschein. Fanclubmitglied der Indorock-Band ihrer Brüder. Unterstützerin der Boxschule. »Sie marschierte in einer Abtreibungsdemo mit, ich habe sie vor dem Rathaus gesehen, unter einem Schild ›Mein Bauch gehört mir‹. Mann, dass du das nicht mehr weißt.«

Nein, damals war ich schon ausgezogen …

»Ich wollte, *mir* würde es gelingen, mich an so nette Sachen von ihr zu erinnern«, sagte ich, als wir uns auf dem Flur verabschiedeten. Wir umarmten uns, sie tätschelte mir den Hinterkopf: »Ihr habt eine starke Bindung, das ist etwas Besonderes, schreib zu Hause eine Liste ihrer guten Seiten.«

»Du bist ein Softie.«

»Nein, du. Wer sehnt sich auf seine alten Tage noch so nach der Liebe seiner Mutter? Na los, an die Arbeit: Der eine Irre hilft dem anderen Irren.«

31

Es musste also eine Bindung da sein. Morgens vor dem Rasieren, das Gesicht noch schlafzerknittert, sehe ich ihr ähnlich. Aber es saß bestimmt tiefer. Ich werde doch nicht ihren Charakter haben? Sie war ein Vorbild, dem man gerade nicht folgen wollte. Sie nach rechts, ich nach links. Sie der Hokuspokus, ich der Spott. Aber zugegeben: Ich hatte jede Freiheit. Sie gab scheffelweise Geld für meine Launen aus – fechten, rudern, fotografieren, Schauspielunterricht nehmen –, und ich durfte bei allem scheitern. Sie fragte auch nicht nach. Versagen, Verliebtheit, Unglück ... meine Alpträume, schon damals ... darüber wurde nie gesprochen. Wenn ich mir nur rechtzeitig die Haare schneiden ließ und ordentlich aussah. Und ordentlich war ich.

(Obwohl ich mit sechzehn bestimmt mehrmals zu den Huren ging, die fassten einen an, für fünfzehn Gulden. Das Geld mauste ich aus ihrem Geldbeutel. Sie muss es gemerkt haben, das mit dem Geld. Von den Huren wusste sie nichts. Mit Mädchen aus der Schule traute ich mich nicht mal eng zu tanzen.) Mit Fremden war meine Mutter gesprächig – solange sie Abstand wahrten. Wer ihr zu nah kam, traf auf eine verschlossene Frau. Über Gefühle sprach sie nicht, und schon gar nicht mit ihren Kindern. So war die erste Hälfte ihres Jahrhunderts – diszipliniert und eingetopft, bis wieder ein Krieg kam, um den Dampf abzulassen. Die Zeit, in der man in der Öffentlichkeit seinen Gefühlen freien Lauf ließ, kam erst mit dem Luxus eines langen Friedens und dem Wohlstand. »Sich von den Emotionen befreien« wurde das dann genannt. Aber in meinen Jugendjahren war es völlig normal, dass man nichts von der Vergangenheit seiner Eltern wusste.

Ich erkannte mich in ihrem Umgang mit Menschen. Nach außen ein flotter Plauderer, aber tödliche Angst vor intimem Kontakt. Jung gewohnt, alt getan. Immer auf der Hut, argwöhnisch. Angst. Vielleicht war das die Bindung.

32

Jules Renard, ein französischer Schriftsteller, der seine Mutter hasste, schrieb am 22. August 1909 in sein Tagebuch: »Die Wahrheit ernüchtert stets. Die Kunst dient dazu, sie zu verfälschen.« Am 4. Oktober schrieb er: »Die Wahrheit existiert nur in der Einbildung. Die Auswahl der Wahrheit geht zurück auf Beobachtung. Der Dichter ist ein Beobachter, der sofort wieder Neues schafft.«

Ihre guten Seiten. Fünf Versuche.

Wir erbten! Noch heute sehe ich meine Mutter mit einem Brief vom Notar ins Zimmer stürmen. Der Kohlenofen bekam en passant einen Tritt: Weg mit dem Ding. Sie drehte ein paar Derwischrunden und las den Brief noch einmal laut vor: *Da Ihre Tante kinderlos verstorben ist …* erben. Sie und ihr Bruder. Jeder zu gleichen Teilen. Ein Bauernhof, ein Wohnhaus, Antiquitäten, Teppiche, Aktien. Unser Leben war schon nach dem Tod meines Vaters und dem Ausfliegen ihrer Töchter anders geworden, aber jetzt sollten wir auch noch umziehen. Tabee, Repatriantenheim mit deinen Decken vor den Fenstern, den Brutzelpfännchen und Essensgerüchen auf dem Gemeinschaftsflur. Wir bekamen Zentralheizung, einen eigenen Gartenweg, eine *hall* (englisch ausgesprochen), ein Sofa und einen Schirmständer noch dazu. Wir würden im Luxus leben.

Mammie, jetzt kannst du ein Auto kaufen!

Wenige Stunden später summte die Neuigkeit durchs ganze Haus. Alle Nachbarn klopften bei uns, und meine Mutter musste einen ausgeben. Ich wurde zum Badehotel geschickt, um eine Flasche süßen Weißwein zu kaufen. Bei uns gab es selten Alkohol, doch dieses Mal stießen wir auf unsere Waldensertante an.

Binnen eines Monats war im Gooi, dem breiten Speckgürtel von Amsterdam, ein Haus mit Garten gekauft – Neubau, ohne Kratzer oder Delle, und mit einer glänzenden, eigenen Haustür. Danach hatte sie sich Jahre gesehnt. Unsere Habe aus zweiter Hand wurde unter den Zurückbleibenden verteilt. Niederländisch-Indien landete in der Truhe. Wenig Gepäck. So ließ sich leicht umziehen.

Der Bankdirektor kam höchstpersönlich, um sich vorzustellen, ein Anruf der gnädigen Frau genüge, und er werde den Lehrling mit einem Umschlag vorbeischicken. Sie wurde in den Vorstand des theosophischen Ortsvereins eingeladen, neue Freundinnen meldeten sich. Im Einkaufszentrum lüfteten honette Herren den Hut vor ihr. Sie wagte es, sich zu zeigen. Nachdem sie jetzt Geld hatte, brauchte sie nicht mehr an der Nähmaschine zu seufzen, die Zeit des Abänderns und Schnittmusterausradelns lag hinter ihr. *Tabee,* Flattergewänder, von nun an ließ sie sich von den Hering-Schwestern einkleiden. Atelier Hering – *das* Haus für exklusive Damenmode nach Maß –, ein Begriff im Quartier der Wohlhabenden. Und ich musste mit.

Wir betraten einen beigefarbenen Raum, in sahnigem Kronleuchterlicht, mit Stühlchen und Tischchen, auf denen ein ganzer Fächer Modeblätter auslag. Meine Mutter versuchte, auf dem daumendicken – ebenfalls makellos beigen – Mokett das Gleichgewicht zu wahren, sie stolperte beinahe, ihre Füße waren Linoleum gewohnt, sie schauderte vor den vielen Spiegeln ringsherum, ein Fahrradsattel zeichnete sich hinten auf ihrem Mantel ab, die Säume waren ausgeleiert und ihre Schuhe, ihre Beine, so groß, so unförmig. Sie wandte sich von den Spiegeln ab und richtete sich auf. Die Damen Hering schwebten um sie herum. Madame hatte schöne Maße, sehr apart … Alles würde ihr passen. Das Atelier konnte Wunder wirken.

Ich wurde auf einen Hocker mit Röckchen plaziert … Taburett, sagten die Damen, ein Wort, das tänzelte. Sie fanden es einfach fabelhaft, so ein großer Junge, der seiner Mutter beim Kleideraussuchen half – aber ich saß da, um ihr die Farben vorzuflüstern, sie war ein bisschen farbenblind, und das durfte keiner wissen.

Möchte Madame nicht ein Gläschen Wein? Oder ein Tässchen Tee? Ein *petit four* für den *jeune homme?* Die Damen waren gerade aus Paris zurück und wollten als Erstes den letzten Schrei zeigen. Es gab so viel Neues. »Machen Sie sich bereit für ein kleines *défilé!*«

Die Damen schlüpften hinter einen Wandschirm, und das große Verkleiden begann. Eine Hering nach der anderen trat für meine Mutter an, jedes Mal in einem neuen *ensemble.*

Sie drehten sich in Kostümen von Chanel, von Balmain und in einer wahrlich atemberaubenden Gürtelrobe von Christian Dior – aber die konnte man auslassen. »Nein, tailliert ist nichts für Sie, gnädige Frau, wir müssen Ihre stattliche Statur hervorheben, Sie sind keine Gitarre, sondern ein Kontrabass – auch ein wunderbares Instrument.«

Wie gelackt die Damen waren, hochgesteckte Haare, Schuhe mit Seidenschleifchen … manchmal trugen beide ein Hütchen und warfen mir einen Blick zu, mit einem Schleier schwarzem Mouche. (Ich lernte ein neues Wort nach dem anderen.) Sie waren Schwestern, schlank und rank, nicht gleich groß, aber sie zogen sich so schnell um, dass ich sie verwechselte, und ich wusste auch kaum noch, wohin ich den Blick wenden sollte, wenn sie sich hüftschwingend vor mir drehten, die Hände in die Taille gestützt. Ihre Pobacken gerieten vor meinen Augen in Wallung. Sie mochten etwa so alt sein wie meine Mutter, aber aristokratisch, mit stolzen Brüsten, nicht verborgen, wie ich es von zu Hause gewohnt war.

Nach der Modeshow kamen die Stoffe. Kleiderständer wurden herangefahren, meterweise Stoff vor uns ausgebreitet. Die Damen beschwatzten uns zu den teuersten Materialien. Und ständig befühlen und vorhalten, um zu demonstrieren, wie der Stoff fiel. Was sollten wir nehmen? Das Karo aus grobgewebter Wolle oder das finnische Leinen? Oder doch den Tweed, ja, der violette war wunderbar – violette Tupfen vor dunklem Purpur. (»Violett? Man könnte schwören, dass es grün ist.«) Violett war sehr in Mode.

Meine Mutter entschied sich für kräftig und robust: Sie musste damit schon aufs Rad können. Von einem Auto wollte sie nichts wissen – die vielen Ampeln. Außerdem war Bewegung modern, am besten auf einem stabilen Hollandrad mit gigantischen Gepäcktaschen – praktisch für den Transport von Sträuchern und Pflanzen. (Einer meiner Klassenkameraden, der uns zusammen durchs Dorf hatte radeln sehen, dachte, sie würde Zeitungen austragen. Allein schon deshalb strahlte ich auf meinem Taburett: Von nun an würde ich sichtbar zur besseren Gesellschaft gehören.)

Die Modelle wurden ausgewählt, die Maße genommen. Die Schwestern Hering lachten mir zu, schnippten im Vorübergehen in meine Locken und legten auf einem Tisch Accessoires bereit. Eine Brosche, noch ein Hut –

was halten Sie von diesem Cloche? Zyklam! Und dann – ganz einmalig … hat nur auf Sie gewartet – *un vrai croco*, eine Tasche aus Krokodilleder, mit einem Spiegelchen auf der Innenklappe. Wir streichelten sie, wir nahmen sie. Und wenn je jemand sagen sollte: »Das arme Tier!«, dann hatte sie schon ihre Antwort parat: selbst geschossen!

Und zu einer Tasche gehörte auch ein neuer Mantel, eine neue Bluse – hauseigene Kollektion. Hopplahopp. Eines nach dem anderen wurde herübergereicht, eine Naht aufgetrennt, ein Kragen gerichtet. Meine Mutter drehte sich vor mir im Kreis, eine Mutter ohne Spülschürze, ohne Kartoffelschälhände – ermuntert von den Hering-Damen –, sorglos schön. Ich durfte meinen Vater spielen, den Soldaten, der sie jeden Morgen inspizierte. Kleiderappell. Meine Mutter war eine Schlampsuse, ein aufgegangener Saum, ein schiefer Absatz, unmögliche Zusammenstellungen, ein Fleck – sie sah es nicht. Er schon. Er roch Flecken. Und jetzt drehte sie sich in handfesten Kreationen vor meinen Augen, und ich war es, der entscheiden durfte. Der Sohn als Mann.

Sie kaufte alles, was ich vorschlug. Worauf ich zeigte. Knauserig war sie nicht.

Ich liebte meine befreite Mutter.

* * *

Nach einem Leben als Dolmetscherin in Belgien kehrte ihre mittlere Tochter nach Holland zurück, sie starb nicht lang nach ihrem fünfzigsten Geburtstag. Meine Mutter übernahm die Aufgabe, den Enkel – gerade vierzehn – jede Woche zu besuchen. Sein Vater war halbseitig gelähmt und konnte nicht richtig für ihn sorgen. Wer sollte kontrollieren, ob er sich die Ohren wusch, die Nägel schnitt und seine Hausaufgaben machte? Oma. Meistens lasen sie zusammen auf der Couch still ein Buch. Sie hat es bis zu seinem Abitur durchgehalten.

Der Tod ihrer Tochter schien sie kaum zu berühren. Tränen gab's bei ihr nicht, es musste eben so sein. Mit »Karma« war alles erklärt.

Meine Mutter betrachtete mit kühlem Blick ihre Kinder und kühl ihren Enkel. Er war doch ein intelligenter Junge. Vielleicht zu weich für die Welt. Aber lieb? Nein, solche Worte nahm sie nicht in den Mund. Für sie war die Fürsorge für meinen Neffen eine Aufgabe. »Wenn ich es jetzt nicht mache, muss ich es später doch noch machen.« Eine logische Folgerung ihres Glaubens an die Wiedergeburt: »Wir müssen den Nachkommen eine anständige Welt hinterlassen. Das ist unsere Aufgabe, wir haben die Pflicht, auf Erden etwas zustande zu bringen, wie bescheiden es auch sein mag. Und wenn man das nicht schafft, sollte man bedenken, dass man in einem nächsten Leben den Kladderadatsch aufräumen muss.«

* * *

Mein Vater wurde verschämt begraben, es gab keine Todesanzeige, meine Mutter wagte auch nicht, Karten zu verschicken, sie war schließlich nicht mit ihm verheiratet. Nachbarn wurde aus dem Weg gegangen. Die Vorhänge blieben geschlossen, sie lag im Bett, wo noch der Geruch ihres Mannes hing, und umarmte das Kissen, das sein Kopf berührt hatte. Dennoch musste sie Besuch empfangen: den Versicherungsvertreter, den Notar, den Sozialhilfeverein und womöglich einen entfernten Verwandten, der meinte, etwas erben zu können. Ich klopfte an ihre Schlafzimmertür. Ein Herr stand im Fahrradflur. »Was soll ich anziehen? Was soll ich nur anziehen.« Ich hörte die Schranktüren knarren. Es dauerte eine Ewigkeit, bis sie herauskam.

Und was hatte sie an?

Eine graue Decke.

Die australische, aus Schafwolle, verteilt in Ataka, einem Wüstendorf am Roten Meer, wo Vertriebene auf dem Weg ins Mutterland anlegten, um abgetragene Kleider und eine kratzige Decke in Empfang zu nehmen.

Und sie sagte: »Mit wem soll ich jetzt meine Decke teilen?«

* * *

Das Repatriantenheim. Die Gemeinde kam, um über die ständig steigenden Stromrechnungen zu sprechen, alle Familien mussten sich im größten Raum einfinden. Klappstühle unterm Arm, und die Kinder mit dabei. Im ganzen Haus roch es nach Trassie, der Garnelenpaste.

Eine forsche Frau stellte sich als Sozialarbeiterin vor, sie wedelte mit einem Haushaltsbuch. Wie kam es nur, dass wir so viel Strom verbrauchten? Ging es nicht ein bisschen sparsamer? Wer schrieb seine Ausgaben auf? Keiner? Aber das war eine gute holländische Sitte, es wurde Zeit, damit anzufangen. Sich anpassen! Ihre Wanderschuhe quietschten grimmig auf dem Linoleum. (»Kreppsohlen«, murmelte mein Vater, »eine Sozialistin.«) Anpas-sen, die Frau wiederholte das Wort wie ein Pauker, als würden wir dasUeckswort nicht alle kennen. Sie verteilte kariertes Papier und blaue Gemeindebleistifte. Wie viele Lampen wir brennen ließen, wie viel heißes Wasser wir verbrauchten? Jede Familie musste eine Liste schreiben.

Mein Vater stürmte wutschnaubend aus dem Raum. Die Sozialarbeiterin las das Ergebnis laut vor. Und was stellte sich heraus? Der Boiler war der große Verschwender. Wir gingen zu oft in die Wanne. Einmal pro Woche war mehr als genug.

Meine Mutter erhob sich und baute sich vor der Sozialarbeiterin auf: »Wer muss sich hier anpassen? Wir wissen mehr von Hygiene, als Sie denken. Das lernt man schon in den Tropen. In diesem Haus waschen wir uns auch unterhalb des Gürtels. Wir stellen in der Dusche keinen Schlitten ab, wir stellen uns drunter. Jeden Tag. Holländer? Von außen hui, untenrum pfui.«

Applaus. Mein Gott, waren wir stolz auf sie.

* * *

Der Gemüsemann, der Krämer, die Kaffeebotenjungs und -mädchen, Schuhmacher – alle mochten sie gern. Sie plauderte mit jedem. Je niedriger die zu leistende Arbeit, desto freundlicher gab sie sich. Stand ein Overall vor der Tür, war ihre erste Frage: »Möchten Sie eine Tasse Kaffee?« An Weihnachten verteilte sie kleine Geschenke. Distinguierte Damen aus dem Ruhesitz-Vorstand und andere Wohlmeinende ließ sie nicht ein, aber der Gasmann durfte auf dem Sofa sein Herz ausschütten. (Aber nicht, bevor sie ein Geschirrtuch auf das Polster gelegt hatte.) Der Gärtner bekam nach jedem Mähen ein Stück Apfeltorte. Das Wort »Putzfrau« wagte sie nicht auszusprechen. Hilfe, sagte sie. Die Hilfe wurde vor allem geschont, am Tag, bevor sie kam, rutschte meine Mutter auf den Knien durchs Haus, wischen und bücken konnte man so einer Frau doch nicht antun. Handwerker wagte sie nicht auf ihre Fehler hinzuweisen. Sie schaffte es nicht, einem Flegel von Fensterputzer zu kündigen. Sie nahm einfach einen zweiten.

Meine bizarre Mutter. Und trotzdem blieb die Distanz.

33

Die Entscheidung war gefällt: Nichts mehr essen. Ihre Stimme schallte erregt durchs Telefon. Nein, ich brauchte kein Gebäck mehr mitzubringen. Vielleicht frisches Obst? Die Morellen machten sich wunderbar im Garten.

»Nein, ich trinke nur noch Wasser.«

»Hast du schon angefangen?«

»Ein bisschen.«

»Weiß der Arzt davon?«

»Den will ich nicht mehr sehen.«

Sollte ich nicht erst mal ein paar Zuckererbsen mitbringen, die waren ganz weich, ich selbst aß sie samt Schale, oder Zucchini, die konnte ich reiben oder zu Saft pressen.

»Nein, fang jetzt nicht mit Essen an.«

»Mit einem Schlag aufhören, das ist ganz schlecht, der Körper protestiert dagegen, und du kriegst Kopfweh. Du musst es langsam abbauen.«

»Was weißt du schon davon? Hunger und Schmerz vergehen gerade, wenn man nichts isst. Ich habe es oft um mich herum gesehen ...« Und nach einer Pause: »Selbst mitgemacht.« Ich hörte sie zornig atmen. »Da du so versagst, höre ich auf zu essen. Die Uhr tickt schon.«

Sie legte den Hörer auf.

Erst dann begriff ich es. Verdammt, ich musste Maßnahmen ergreifen. Meine Schwester in Italien anrufen, die Direktorin, den Hausarzt.

Wenige Stunden später stand ich vor ihrer Tür. Ein Kärtchen klemmte unter der Klingel: *Keine Mahlzeiten, auch kein Brot und kein Obst!!!!!!* Ich hatte sie im Bett erwartet, aber sie saß wie immer am Tisch mit ihren Büchern vor sich. So musste es sein: in ihrem Fort sitzend. Kissen auf dem Bauch und die Hände auf dem Kissen. Für eine Hungerstreikende sah sie gut aus. Ihre Haut war gelblich, als würde sie wieder in den Tropen wohnen, und im Gesicht wirkte sie jünger.

Beim Teekochen entdeckte ich nirgendwo Essensreste. Die Kochplatte war sauber, die Spülwanne leer, alle Teller standen im Schrank. »Wie lange machst du das schon?«, fragte ich.

An die drei Tage. Sie klagte über die Direktorin, die überall ihre Nase hineinstecken musste, hatte das Kärtchen an der Klingel schon ein paarmal weggenommen, die Küche war informiert, und schließlich musste nicht das ganze Haus wissen, dass hinter dieser Tür eine Mitbewohnerin sterben wollte, aber meine Mutter fand, dass der Gemüsemann es wissen musste, und der Bäcker, denn die klingelten ab und zu für ein Schwätzchen, auch wenn sie nichts bestellt hatte. Auf Schwätzchen hatte sie keine Lust mehr.

Bei der zweiten Tasse – »ja, vorläufig trinke ich noch« – holte sie eine schwarze Schachtel von der Hofconditorei van Laack aus dem Bauernschrank. Ein Mandelblatt war erlaubt. »Es sind die letzten.«

Sie schlurfte zweimal zur Tür, um zu kontrollieren, ob das Kärtchen noch da war. Sie war schon bei der fünften Fassung und dem fünften Ausrufezeichen.

Die Direktorin hatte aufgegeben. »Ihre Mutter sabotiert jede Hilfe. Sie redet auch kaum noch mit uns. Ich habe ihr die Pflegepfadbroschüren gegeben.«

»Die was?«

»Pflegepfad Sterbebegleitung. Wir haben uns an ein Protokoll zu halten, aber sie hat sie vor meinen Augen zerrissen.«

34

Obwohl meine Mutter auch meine Besorgtheit abwehrte (»Fahr du mal nach Hause, ich komm schon zurecht und ruf dich an«), schien es mir wichtig, in ihrer Nähe zu bleiben. Ich beschloss, im Ruhesitz ein Gästezimmer zu mieten. Keine Ahnung für wie lange, der Tod lässt sich schlecht planen, aber mir blieb nichts anderes übrig, als mein Holzhaus eine Weile sich selbst zu überlassen. Außerdem begannen mich die langen Autofahrten, doch wenigstens zweimal die Woche ein paar hundert Kilometer, zu zermürben. Ich sollte den Garten Garten sein lassen und die *nachbers* bitten, nach dem Rechten zu sehen. Aber zuerst musste ich ein paar dringende Reparaturen ausführen lassen: Die Bewässerung leckte, das Wespennest unter dem Küchenfenster musste ausgeräuchert werden und die Algen im Teich bekämpft. Und so hatte ich eine ganze Latte. Ein Holzhaus, weit entfernt vom Asphalt, nervt noch mehr als eine Mutter, immer geht irgendwas kaputt. Die Wühlmaus gräbt ein Loch vor deiner Tür, der Steinmarder nistet sich im Schuppen ein, und wenn man eine Sekunde nicht aufpasst, bauen sich die Mäuse ein Nest im Bücherschrank. Ich verfluchte meinen Umzug in die Provinz, vor allem, seit ich so oft in den Westen fahren musste. Trotzdem überkamen mich auch immer wieder Glücksgefühle, wenn ich meinen Gartenweg entlangging – die Stille, die Aussicht, die Gerüche und das verrückte Gefühl, dass dieser Raum mir ganz allein gehörte, verdient mit Feder und Mundwerk.

Ich bin ein Romantiker, will im Freien frühstücken können, sogar bei Nieselwetter, unter einem Vordach, und dann die Amseln mit Brotkrusten füttern und den Kaffeesatz um die Rosen schütten und die Eierschalen unter die Hortensien – um den Boden zu entsäuern. Und wie sehr ich meine Freundin auch liebe, ich liebe auch meine Einsamkeit. Ich und meine Einsamkeit, wir kommen gut miteinander aus, wir reißen das Unkraut aus, schneiden eine Maiknolle und schmausen sie zum Aperitif. Wir haben uns viel zu erzählen, meine Einsamkeit und ich.

Der Gemüsegarten war inzwischen von Schnecken gestürmt, die Zucchini waren bis auf den Grund abgenagt, die Bohnen völlig verlaust und alle Rosen von den Rehen gefressen. (Ich konnte es ihnen einfach nicht verwehren, wenn sie gegen Abend über die Beete liefen – mit hochgereckten Hälsen, die Nase keck in der Luft. Dann sah mich die Stille an, während ich unter dem Vordach ohne zu atmen jede Regung vermied, bis mich mein Schatten verriet.)

Die Blättchen des Judaspfennigs waren schon silbrig, und die Samen streuten sich über die Beete aus, ein Brombeerstrauch hatte die Stechpalme gekillt – aber was für dicke Brombeeren! Wo die Engerlinge das Gras umwühlten, sah ich schon wieder neue Sprossen aufschießen. Auch wenn ich dafür erst vertikutieren und düngen und säen musste, das gehört zum Garten, man denkt in Jahreszeiten, in Wiederkehr. Ein Gärtner lebt in der Zukunft. Ein Gärtner sieht das Leben im Tod.

Der Gedanke erschreckte mich. Das hatte ich von ihr,

wie das Im-Regen-draußen-Frühstücken – Rituale aus meinen Gartenjungenjahren, von der Mutter abgeschaut.

Die Mähmaschinen brummten hinter den Hügeln. Die Bauern waren beim Heuen, ein warmer Wind erzählte es. Der Geruch von frischem Heu ist der Geruch vom Paradies, so wollte es der Volksglaube in Mutters Polder. Auch das Phosgen, mit dem die Deutschen das Leben aus den Laufgräben brannten, roch so. Die belgischen Soldaten an der Westfront erkannten den betäubenden Geruch und atmeten ihn sehnsüchtig ein, bis ihnen das Gift die Kehle versengte, ein Gerücht unter den Kriegsflüchtlingen in und um den Hof, aufgeschnappt von der kleinen Marie und später als zugeflogene Geschichte mir weitererzählt, an einem heißen Junitag, während der Heustaub nach der ersten Mahd an den Rändern unseres Vororts entlangwirbelte, in diesen formenden Jahren, als sie mir ihre Liebe zum Gärtnern beibrachte.

Gärtnern war Geschichten weitergeben, zögernd, aber sie kamen unvermeidlich heraus, wenn man in der Erde wühlte. Ein Garten war auch, fand sie, wie eine Geschichte, und darüber konnte sie armeschwenkend reden. Nimm seine Form, abgegrenzt, wie ausgedehnt die Aussicht auch sein mag. Ein Garten hat einen Anfang, ein Ende, einen Spannungsbogen. Schon beim Öffnen des Gartentors erwartet einen ein Bild, das einen packt – ein Ausblick, ein ungestümer Goldregen oder ein Baum mit Charakter. Man lässt sich an den Pfaden und Beeten entlang geleiten, von Szene zu Szene, und dann drängt sich einem der Rhythmus auf, und man sieht Überraschungen, eine andere Perspektive, man entdeckt seine Illusionen und vermutet seine dunklen Seiten, wo es nach Mord und Totschlag riecht oder von Intrigen wimmelt. Ein Garten entsteht unter der Hand seines Schöpfers, der schaut sich von den Nachbarn was ab, nimmt den Kampf auf, korrigiert, zerreißt, versetzt, will verführen. Seitenpfade und Windungen erfordern mehr Aufmerksamkeit als eine gerade Linie. Schneid weg, was zu viel ist, wirf es auf den Komposthaufen – im Dung gären die Versprechen.

Im Garten ließ sie jede Zurückhaltung fahren, sie pflückte Blättchen ab, zerrieb sie in der Hand und ließ mich riechen, erkennen lernen. So wusste ich schon früh, wie der Tod roch. Manchmal süßlich wie vergammelnde Blüten oder sauer wie zerdrückte Blattläuse, Aas für Marienkäfer, die die Stengel weiter sauberfressen mussten. Der Tod roch auch nach morsch gewordenem Holz oder nach Schwefel, weil die Eichhörnchen in ihrer Fressgier die Eier aus einem Vogelnest geworfen hatten. Und verrottende Dahlienknollen rochen nach Eiter.

Aber noch mehr zeigte sie mir das Leben. Wie sich die Topinambur und die Zaunwinde unerwünscht vermehren oder das fleißige Lieschen und die Begonien – nicht kaputt zu kriegen, ewige Frühlingspflanzen. Das Einzige, worüber meine Mutter mit Leidenschaft sprechen konnte, war ihr Garten, die Erde, die eigene Scholle, die sie bearbeitete, zu der sie sprach, die sie anreicherte und mit dem besten Humus verschnitt. Ihr Garten strotzte vor Zukunft (in der alles besser sein würde), aber in allem, was dort wuchs, steckte eine Erinnerung. »Ach, weißt du noch, das Trumm von einem Kürbis, damit hätten wir direkt zu einer Gartenschau gekonnt, aber geschmeckt hat er nach nichts.«

Eine blühende Rabatte betrachtete sie wie eine gute Ernte, obwohl sie wusste, dass im nächsten Jahr alles umgegraben wurde.

Umgraben war ein Fest, besonders wenn es danach eine Stunde regnete. Ihr Garten erlaubte Dankbarkeit, ein

Gefühl, das sie auf anderen Gebieten nur begrenzt zuließ. Sie brauche niemanden (sagte sie) und sei frei von sozialen Verpflichtungen: »Nein, ich kann keinen Tag weg, ich habe gerade Gras ausgesät und verjage mit einer Ratsche die Amseln.«

Das Düngen nährte ihre Vorstellungen von Wiedergeburt, auch ihre Seele (»mein unbewusstes Sein«) würde vorübergehend in einem kosmischen Garten aufgehen und sich nach der Heilung erneut in einer Gebärmutter aussäen.

Im Boden fand sie die Mütterlichkeit.

In den Tagen, in denen ich mein Haus in Ordnung brachte, führten wir endlose Telefongespräche. Wir besprachen unsere Beete, wie ich sie am besten gegen Austrocknen schützen konnte. Mulchen, dann blieb die Feuchtigkeit im Boden – »du musst deine Pflanzen zudecken wie ein Kind.«

Sie beschrieb mir, wie ihr Geruchssinn immer stärker wurde, irdische Gerüche, die sie loslassen musste, darum ging es jetzt, loslassen, was man liebhat, loslassen, was einen störte – »aber das, das kann ich einfach nicht«. Den Geschmack von Abschied hatte sie schon im Mund: »Die Reise zu meinem Garten ist nur noch eine Frage von Tagen.«

Nach dem Erledigen der Hausarbeit – Personal, nichts geht über Personal – und dem Kofferpacken machte ich eine letzte Runde über das Grundstück, mit dem Blick eines Menschen, der anders zurückkehren würde: als Waise. Ergraute Waise. Ich pflückte eimerweise Blumen, keine Beeren, keine Brombeeren oder Schoten, sondern Augenkost für eine Sterbende: Studentenblumen, Lupinen, Rosen, Phlox, Gartenwicken und Pompondahlien, ihre Lieblingsblumen, erst in der Knospe, aber sie schienen sich anzustrengen, bei ihrer Einäscherung dick und rot zu sein. Ich würde sie die Farben raten lassen, Farben, die sie sich ausdachte. Ihre Farbenblindheit war ein Glückslos und half ihr, die buntesten Beete zu komponieren. Ich wollte noch immer meinen Garten mit ihr teilen, obwohl sie niemals einen Fuß auf meinen Grund und Boden gesetzt hatte. Die Rehspuren wurden im Foto festgehalten und auch die merkwürdigen Fäkalien, die ich neben dem Reisigholz gefunden hatte – lange schwarze Stäbchen: Dachs, Marder, ein Igel? Ich schnitt ein bisschen Rosmarin aus dem Kräuterbeet und filmte mit meinem iPhone, wie sich die gelbe Nachtkerze im Abendhimmel entfaltete – fast hörbar. Doch den Tod konnte ich nicht festhalten, so sehr ich ihn auch roch … eine tote Maus vermutlich, unsichtbar, aber verraten von einer pickenden Krähe am Rasenrand und einem Reigen tanzender Aasfliegen.

Ich setzte mich auf das Bänkchen am Teich und spürte sie plötzlich neben mir. Sie schubste mich beiseite und plumpste neben mich. Ihr Gesicht tauchte zwischen den Seerosen auf – eine Phantasie, ich wusste es und ließ sie dennoch zu. Das hätte ich so gern, mit meiner Mutter dasitzen, Schulter an Schulter, und uns in dem klaren Wasser spiegeln. Ich versuchte mich auf ihren Tod vorzubereiten, bei dem ich dabei sein musste, sie hatte mich gebeten, ihre Hand zu halten. Ihre Hand. Zu spät, zu spät. Das schien mir eher etwas für meine Halbschwester zu sein, oder eine eingestellte Pflegerin – auch das Abwickeln des Todes konnte man in Auftrag geben. Ihre Telefongespräche summten in meinem Kopf nach.

»Bald wird mein Körper keinen Schatten mehr haben, aber ich bin doch noch da, räum die Wohnung nicht auf, verschiebe nichts, denn ich komme zurück, lass alles, wie es ist, mindestens eine Woche lang, sonst verirre ich mich.«

Ich warf einen abgebrochenen Zweig in den Teich.

»Hab keine Angst vor meinem letzten Röcheln, lass dich nicht beeindrucken von den Toten, die kommen, um mich abzuholen, mach ihnen Platz, respektiere sie.«

Ich spuckte ins dunkle Wasser.

»Und sprich mir Mut zu …«

Auf dem Weg zum Ruhesitz war es still, der Tod war mein Begleiter, aber meine Mutter ließ mich zum Glück in Ruhe. Keine Lieder, keine Autoträume, wohl ein schwerer Schädel. Ich wagte es kaum, die Blumen bei ihr vorbeizubringen, vor lauter Angst, eine Sterbende umarmen zu müssen. Mit hämmerndem Herzen lief ich über ihren Flur. Vor ihrer Tür stand ein Müllbeutel. Windeln. Die Tür war geschlossen, in ihrem Vorraum brannte kein Licht (»*hall*, ich habe eine *hall*«). Ich klopfte leise, rief durch den Briefschlitz meinen Namen, heiser vor Angst. Ihre Antwort war ein Lachen, ein fröhliches Hallo, das Licht ging an, ich hörte sie munter herbeischlurfen … und da stand sie, über ihren Rollator gebeugt, mit klarem Blick und Wangen, rosig vom Leben, ihre Jochbeine zeichneten sich ab, das Doppelkinn war verschwunden und obwohl sich ihr Bauch noch mächtig wölbte, hatte sie wieder Hüften. Nur das Gehen ging schlechter denn je. »Alles Elend ist mir in die Beine gerutscht.«

Sie glühte, als ich sie küsste. Hatte sie Fieber? Nein, davon wollte sie nichts wissen: »Ich hab nicht mal ein Thermometer.« Die mitgebrachten Blumen wurden Stiel für Stiel begrüßt, obwohl sie es nicht lassen konnte, mir eine Gartenlektion zu verpassen: Schau nur, wie schlaff sie sind, hatte ich sie vielleicht zu spät am Tag gepflückt? »Du weißt doch, dass es morgens sein muss. Na ja, schönen Dank auch.« Und ich hatte die falschen Lupinen gebrochen, die essbaren mit den dicken Schoten, viel zu früh. Schade um die Ernte.

Mir gelang es noch einmal, ihren Zorn zu erregen, als ich erzählte, dass ich ein Gästezimmer bezogen hatte. »Was? Du willst doch hier nicht den ganzen Tag bei mir herumlungern?« Kam überhaupt nicht in Frage, und auch ihren Türschlüssel bekam ich nicht mit. Ich konnte anklopfen. Dreimal, das war unser Code. Sie ließ sich nicht bevormunden. Was glaubte ich denn.

Es war schon spät, aber sie platzte fast vor Zorn. Ich beruhigte sie mit Schlaftee. Sie mogelte mit ihrem letzten Keks.

»Wo hast du den her?«

»Siehst du wohl, du spionierst mich aus.«

Ich ging in die Küche und sah in ihren Kühlschrank, den Treteimer, ihre Schränke. Alles ordentlich aufgeräumt. Verdächtig leer.

»Schaust du auch unter die Fußmatte?« Wie konnte ich es nur wagen, dreckiger Gesinnungsnazi. Hier war nur einer der Herr im Haus, und das war sie. Sie stemmte sich hoch und pikste mich mit ihrem Stock zur Tür. »Komm morgen wieder. Und bring dein Heft mit. Wir haben gerade erst angefangen.«

35

Der Bücherschrank war ausgeräumt. In einer Zimmerecke stand ein Müllsack mit kw – kann weg. Ihre Esoteriksammlung lag in einer Bananenkiste. Für mich. Sie hatte genug gelesen. Aber die Nachrichten wollte sie nicht missen. Die Zeitungen, die Radiozeit, die Fernsehnachrichten – es gab so viel Krieg, den musste sie im Auge behalten. »Die Unruhe im Kosmos stört den Kontakt mit der Zwischenwelt, und dann ist schlecht reisen für Menschen, die die Erde verlassen wollen.«

Das hieß, nach einem günstigen Schlupfloch suchen.

Wie gern sie auch gegangen wäre, sie war noch ziemlich klar. Wieder lagen Fotos für mich bereit und die vertrauten Notizen auf der Rückseite von Trauerkarten. Ich musste nicht nach Geschichten bohren, sie sprach sie von sich aus an, Ereignisse, die ihr seit Jahren nicht aus dem Kopf gingen und die sich ihr nach einer Zeitungsnotiz über Kinderarbeit, Ausbeutung und revoltierende Völker wieder aufdrängten. Hatte sie alles mitgemacht, hautnah, ohne Protest, ohne es richtig zu begreifen … »Tja, wer versteht schon seine eigene Zeit? Wir haben alle eine Meinung dazu, aber erst später begreifst du deinen damaligen Standpunkt.«

Zwei *babus* ließ sie für sich herumschlurfen, Mädchen, vermutlich nicht einmal zwölf Jahre alt, und ein paar

Gartenjungen. Die reinste Kinderarbeit. »Ich habe nie gewagt, nach ihrem Alter zu fragen, so ein Kind wusste das oft nicht mal selbst.« Sie starrte aus dem Fenster und sah die Kinder wieder vor sich, wie in einem alten Film. Ach, sie war ja selbst noch so jung …

Auf dem Schiff zur soundsovielten gottverlassenen Insel (»Nein, frag jetzt nicht, wohin, die vielen Inseln, ein richtiges Tohuwabohu«), irgendwo im Ostzipfel des Archipels, hatte der Kapitän zu ihr gesagt: »Wenn du es hier aushalten willst, musst du dein Herz im Kabinenkoffer lassen, kein Mitleid mit anderen haben, und vor allem nicht mit dir selbst.« Gefühle brachten einen um. Die Bemerkung erschreckte sie, sah der Mann ihr etwa an, dass es ihr schwerfiel? Allein an Bord mit einem elf Monate alten Säugling, ihrem ersten, unterwegs zu wieder einem Außenposten, wo ihr Mann diesmal ein paar Monate für einen kranken Offizier einspringen musste. Just war schon vor Wochen vorausgereist, um Quartier zu machen und eine geeignete *babu* für das Kleine zu finden. Er hatte ihr schon die Aussicht des Hauses beschrieben: eine Bucht mit einem kleinen weißen Strand. Es würde ihr an nichts fehlen. Wie viel lieber wäre sie noch ein bisschen länger in der Nähe einer Kaserne geblieben, in einer Stadt, wo man ins Kino konnte, mit Straßen, wo man nicht im Morast versank, wo die Post regelmäßig ankam. Jetzt musste sie ans Ende der Welt, wo kein Linienschiff anlegte, und hockte auf einem rostigen Frachter – sie und ihr Baby als einzige Passagiere. Nicht dass sie sich nach Luxus gesehnt hätte, oh nein, aber nach Gesellschaft, wo sie kein großes Aufsehen erregte, nach Gleichen, mit denen man Erfahrungen austauschen konnte, und abends wollte sie Stimmen hören, nicht nur das Kreischen wilder Tiere. Sie hatte bisher schon genug Einsamkeit kennengelernt, und die

Ansammlung von Inseln, wo sie jedes Mal wieder mit ein paar Kisten Hausrat und einer Nähmaschine abgesetzt wurde, bedrückte sie so sehr. Man konnte nicht weg. Selbst wenn man auf einen Berg stieg, immer war der Horizont leer, kein Pünktchen weit und breit, und die Häuser, in die sie einzog, blieben so schrecklich kahl.

Die Kolonie war ganz anders, als Just ihr vorgespiegelt hatte – barfuß durchs hohe Gras laufen und in der Kali rudern, Bälle und Tee beim Gouverneur –, wo sie bisher gelandet war, glitten Schlangen durchs Gras, ließen sich die Krokodile auf der Sandbank braten, und wozu brauchte man auf einem Außenposten ein schönes Kleid? Just sollte sie einführen, aber manchmal war er wochenlang auf Patrouille (ach, wie oft hatte sie nicht darüber geklagt, sorry), und die Einheimischen konnten ihr nur schlecht helfen. Sie verstand sie nicht, obwohl sie sich größte Mühe gab. Sie hatte Couperus gelesen und hoffte auf Empfänge bei alten Familien, aber die Pflanzer, die sie traf – zu weit entfernt von einem richtigen Hafen und von guten Straßen –, wohnten nicht in kolonialen Palästen, hielten keinen Jour und tranken nicht endlos Tee auf der Veranda.

Sie waren allein: unbeweibte Kolonisierer, die sich wegen eines braunen Mädels, das keiner sehen durfte, auf den Beinen hielten, saubere Hemdkrägen, das schon, aber der Charakter hatte gelitten, oft Gewohnheitstrinker. Diners, Höflichkeitsbesuche, ein Sonntagnachmittagskonzert beim Distriktvorsteher. Wo sie abgesetzt wurde, verzog sich ein Klavier in der Hitze, fraßen Insekten den Plüsch von den Stühlen – niemand gab Empfänge in modrigen Räumen. Abends, allein auf der Veranda, zählte sie neben ihrer Lampe sitzend die Lichter im Dunkel – eines, höchstens zwei –, selbst sichtbar für einen Schwarm Augen im Dschungel … Meist ging sie schon um neun zu Bett, mit den Dienstboten, eingesperrt wie ein Tiger.

Die von Just angekündigte Aussicht gab es nicht. Das junge Paar bezog ein verwittertes Holzhaus, mit Blick auf die Wildnis und jahrhundertealte Gewürznelken-Bäume, unweit vom Verwaltungsgebäude, an der Schattenseite eines Bergs, und dazu noch im nassesten Teil des Distrikts, es war heiß und drückend, keine Wolke zog vorbei, die nicht ihre Last auf ihr Dach ablud. (Regen, der gehörte dazu zu diesen ersten Jahren – ein Hass, mit dem man sich abfand.)

Eine Woche nach ihrer Ankunft wurde ihr Mann mit einer Einheit losgeschickt, um die Unruhen in einem fernen Tal niederzuschlagen. Und da saß sie wieder, allein, auf der termitenzerfressenen Veranda, mit zwei *babus*, Schwestern, viel zu jung von ihrer Mutter weggerissen. Just hatte sich diese Mädchen von einem dämlichen Verwaltungsbeamten andrehen lassen. Sie waren getauft (eine Empfehlung), liefen aber ungewaschen und splitterfasernackt herum, mit verfilztem Kraushaar und ausgefransten Sarongs. Die Rollen waren vertauscht: Die *njonja besar* wusch ihnen Kleider und Haare und nähte jeder eine weiße Bluse (das einzig Westliche an ihrer Erscheinung) – sauber geschrubbt steckte sich jede eine Gabel in die Locken. Es waren liebe Mädchen, aber wie man eine Küche oder einen Herd benutzte, war ihnen unbekannt, sie kochten am liebsten auf einem Feuer im Freien. Ein Kleinkind windeln, Kleider waschen, bleichen, bügeln, ausbessern, schrubben, wischen – keine Ahnung. Die *große Frau* musste ihnen alles vormachen – die beste Manier, ihre Sprache zu lernen.

Sobald die Sonne untergegangen war und der Haushalt erledigt, huschten die Mädchen an das Ende des Gartens und setzten sich unter einen der reglosen, schwermütigen

Nelkenbäume, nie zu ihr auf die Veranda in den Flackerschatten eines Petroleumlämpchens, sondern umschwirrt von Feuerfliegen, um den Geräuschen des Dschungels zu lauschen und dem Trommeln hinter den Bergen. Sie hatte die Schwestern gebeten, ihr abends Gesellschaft zu leisten, sie mit lauer Orangeade und Kondensmilch gelockt, doch der Ruf der Bäume war stärker. Wie sehr sie sich auch bemühte, ihr Vertrauen zu gewinnen, es gelang ihr nicht, jede Annäherung versandete in bückender Unterwürfigkeit.

Das spärlich möblierte Haus fiel sie an. Innerhalb eines Monats hatte sie ihre Bücherkiste ausgelesen, und kein Mensch weit und breit, mit dem sie etwas tauschen konnte. Das nächste weiße Ehepaar wohnte eine halbe Stunde Fußmarsch von ihrem Berg entfernt, so weit ging man nicht in der Hitze. Um der Langeweile zu entfliehen, hatte sie angeboten, ein bisschen in der Verwaltung des Distrikts mitzuhelfen. Nicht, dass sie tippen konnte, aber sie wollte es gern lernen. Sie durfte die *mail* sortieren – Gouvernementspost, klamm von der wochenlangen Schiffsreise, und vergilbte Depeschen, einige älter als ein Jahr, dort las sie zum ersten Mal von »protestmeetings« und aufrührerischen Flugblättern, die bis in die fernsten Winkel des Archipels Verbreitung fanden. Es galt, sie unverzüglich zu beschlagnahmen. Manchmal zog sie ein Fahndungsblatt aus einer Versandrolle – ein Plakat zum Aufhängen –, es handelte sich um Nationalisten und Kommunisten, junge Kerle, die Streiks organisiert hatten, oft war ein Foto dabei. Männer wie ihr Just, mit gut funktionierendem Verstand, genau wie er Abgänger der besten Schulen. So viel stolzer wirkten sie als die beiden inländischen Schreibkräfte in dem Kabuff nebenan, Federfuchser, die es kaum wagten sie anzusehen und eine Zigarette nach der anderen rauchten, um die Moskitos zu vertreiben. Sie fragte sie, ob sie schon einmal von Sukarno gehört hätten, der vielfach in den Rapporten erwähnt wurde. Keine Antwort, nervöses Kichern. Sie würde Just fragen.

Eines Nachmittags, beim Verlassen des Distriktsbüros, erwartete sie draußen ein junger Mann mit Hornbrille, der sich als Lehrer vorstellte. Ob sie vielleicht ein bisschen Papier und Bleistifte für seine Schüler übrig habe? Nein, er wage es nicht, drinnen zu fragen, der Distriktschef hielt nichts von »wilden Schulen« – ein Begriff, den sie noch nie gehört hatte. Der Lehrer kam aus Java und »kannte das Knallen der Peitsche« (er sprach gut Niederländisch und prahlte mit seiner Kenntnis der Sprichwörter). Sie hatte ihn verwundert angesehen und gefragt, was ein Javaner so weit von zu Hause hier suche.

Seine Antwort war eine vorlaute Gegenfrage: »Was suchen Sie so weit von zu Hause?« Sie wurde rot (und das wunderte sie später).

»Schiffbruch«, hatte sie gesagt, ein Wort, das ihr einfach einfiel – war sie hier nicht irgendwie angeschwemmt, wie ein Matrose aus einem Roman von Robert Louis Stevenson? Sie suche nichts, sagte sie, sie stille ihr Kind und warte auf ihren Mann. »Mir ist alles fremd auf dieser Insel.«

Ihre Offenherzigkeit ließ das Misstrauen schwinden: Der Javaner war ebenfalls unfreiwillig auf der Insel abgesetzt worden, als politischer Gefangener, verbannt, »um abzukühlen« – nach seiner Strafe hatte er beschlossen, nicht zurückzugehen, sondern sich im Tal nützlich zu machen. Es gab dort nicht einmal eine Schule.

»Allein mit Bildung kann man ein Volk befreien.«

Ein Satz, der sie erschreckte.

Sie sprach noch kurz mit ihm am Zaun, die Sonne ging

bereits unter, die Fledermäuse flatterten um ihre Köpfe, und hinter dem Berg ertönten Trommeln. »Was machen die Leute in dem Tal am Abend?«, fragte sie.

»Nichts«, sagte er, »sie sind zu müde vom Arbeiten.«

»Und die Trommeln?«

Das war Rückständigkeit, Steinzeit.

»Sie reden wie ein Weißer.« Es rutschte ihr heraus.

Plötzlich sprühten seine Augen Funken: »Ein Indonesier trommelt nicht.«

Indonesier. Nicht Einheimischer, nicht Javaner, Ambonese, Molukker oder Papua, sondern ganz bewusst: Indonesier – ein stolzer Name, politisch beladen, ein Wort, dem sie in den Geheimdokumenten begegnet war und das für Nationalismus, Aufruhr und Widerspruch stand. Sie wusste nicht, wie schnell sie auf die andere Seite des Gartentors kommen sollte (und verriegelte es vor seinen Augen, wie konnte sie nur!). Peinlich berührt versprach sie, so viele Sachen wie möglich für seine Schule zu sammeln. Und schwups, schon eilte sie, den Rock zwischen die Knie schiebend, aus Angst vor neugierigen Blicken dieser zwingenden Augen davon, den Schlängelpfad hinauf.

Am Nachmittag darauf erwartete er sie am Zaun vor ihrem Haus. Er kam direkt aus dem Tal, staubbedeckt. Obwohl sie Scheu hatte und sich zuerst gründlich umsah, lud sie ihn ein, mit nach oben zu kommen – man hatte die Hand auszustrecken, seine gute Seite zu zeigen. Sie musste ihn überreden (das Wasser aus dem Gartenhahn sei kühl, wunderbar kühl), und nach kurzem Zögern folgte er ihr, folgsam wie ein Schuljunge, mit niedergeschlagenen Augen. Auf der Veranda warfen ihm die Kindermädchen feindselige Blicke zu, es passte ihnen nicht, ein Einheimischer auf ihrem Terrain. Als sie darum bat, ein Handtuch für den Gast zu holen, rannten sie bockig zu ihrem Spielplatz am Rand des Gartens. »Das sind meine

Schülerinnen«, sagte sie entschuldigend. Sie zeigte ihm den Hahn und ging selbst zum Wäscheschrank – sie wusste nicht einmal mehr, in welche Richtung sie den Schlüssel drehen musste, so schnell gewöhnte man sich an Dienstboten.

Mit nassem Kragen erzählte er von seiner kleinen Schule: Ein einziges Lehrbuch hatte er, und einen Abakus, ein geschmirgeltes Brett diente als Schultafel. Er lehrte die Kinder aus dem Kampong nicht nur lesen und schreiben, sondern wollte auch moderne Menschen aus ihnen machen, Indonesier, ihre Welt musste größer werden als nur die Insel und der Stamm. Ein schöner Gedanke, meinte sie, aber was lehrte er sie sonst noch? Das Handtuch zitterte in seinen Händen, und er lachte unbehaglich: »Den Imperialismus und den Klassenkampf.«

Klassenkampf? Gab es denn Kämpfe in der Schulklasse? Sie bekam Wind von vorn: Die Zeit der Herren und Knechte sei vorüber. Oh je, dachte sie, da sitze ich mit einem Mann, der die Insel unsicher macht, wenn sie den Depeschen aus Batavia glauben wollte. Spannend, fand sie, nur gut, dass Just nichts davon wusste.

Und die Bleistifte? Hatte sie noch Papier beschaffen können? Sie werde ihr Bestes tun, das Distriktsbüro wurde schlecht mit Nachschub versorgt, noch ein paar Tage Geduld …

Beim Abschied hatte er auf halbem Weg zum Gartentor lachend die Faust geballt und, im Blickfeld ihrer beiden *babus* unter dem Nelkenbaum, *merdeka* gerufen. Frei, unabhängig. Sie kannte das Wort, es war in ihrem *Taschenwörterbuch der malaysischen Sprache* unterstrichen.

Drei Tage später wartete der Lehrer wieder auf sie. Sie hatte noch keinen Bleistift zu unterschlagen gewagt, fühlte sich schuldig und sagte: »Komm doch kurz mit.« Es gehörte sich nicht, aber sie tat es doch. Sie ließ ihn ein. Wieder rannten die Mädchen davon.

Während er in einem Rohrstuhl eiskalten Tee in sich hineinschüttete, suchte sie hinter dem Laufstall in einem Spielzeugkorb (voll holländischer Geschenke zum Mitwachsen) nach Papier und Bleistiften. Buntstifte, wollte er die auch? »Unsere Kinder malen nicht, unsere Kinder wollen schreiben!« Er spielte den Schulmeister, und sie stand in der Ecke. Seine Brillenaugen brannten in ihrem Rücken. Er erkundete sie, erkundete das Zimmer, die Möbel, die holländischen Stiche an der Wand, die Wajangpuppen, die sie auf dem Basar gekauft hatte. Sie hörte die Dielen knarren, er war aufgestanden, ging zum Bücherschrank. Sie entschuldigte sich – Romane, ja, sie las gern Romane –, er gab keine Antwort. Er blieb vor ihrem Hochzeitsfoto stehen.

Just in Uniform, mit Säbel und Federbusch, und sie mit Handschuhen, ihm zugewandt, aus Klöppelspitzen. Er sagte kein Wort, doch gerade das Schweigen schmerzte.

Stift oder Säbel – welche Entscheidung hatte ihr Mann und welche hatte sie getroffen? Sie hatte einen Soldaten geheiratet, aber in diesem Soldaten steckte auch ein aufrührerisches Land, das sie kaum kannte.

Die Teekanne war leer – eine Entschuldigung, um in die Küche zu flüchten –, und wieder hörte sie die erkundenden Schritte, das Knarren der Dielen. Sie kam nicht mehr zum Vorschein. Nach langem Warten trollte er sich, aber als sie später in den Garten ging, sah sie ihn am Zaun hinter einem Baum warten.

Auch am nächsten Nachmittag stand er vor ihrem Haus. Sie entschuldigte sich mit einem steifen Gruß. Keine ausgestreckte Hand. Er kam weiterhin – jeden Nachmittag – an den Zaun. Sie bat ihn, zu gehen. Das nächste Mal sah sie zu Boden. Kein Gruß mehr. Sie stellte einen

Wandschirm auf die Veranda, um sich dahinter zu verstecken.

Die Regenzeit begann, doch das hinderte ihn nicht, weiterhin den Weg zu ihrem Haus zu finden. Vielleicht hätte sie mit ihm darüber reden müssen, aber seine scharfen Augen gingen ihr so auf die Nerven, dass sie eines Nachmittags mit einem Stock zum Zaun rannte, stolperte und sich einen Zeh tief aufschürfte. Nach einer Woche begann die Wunde sich zu entzünden. Sie bekam Fieber, Medikamente halfen nicht. Ihr Fuß wurde immer dicker. Sie konnte nicht ins Büro und blieb im Haus, lauschte dem Nagen der Termiten in den Balken über ihrem Kopf. Es machte sie ganz trübsinnig, was suchte sie auf dieser Drecksinsel, wo es sechs Monate am Stück regnete und die Vulkanhänge selbst in der Trockenzeit in Nebel gehüllt blieben. Zwei Tagesmärsche weiter gingen sie sich mit Klewangs zu Leibe, fochten jahrhundertealte Zwiste aus, vergifteten sich gegenseitig ihre Babys. Zauberei, Ritualmord – in den Tagesberichten hatte sie die grauenhaftesten Geschichten gelesen. Wie konnte eine Handvoll Niederländer meinen, sich hier als Obrigkeit aufspielen zu können? Obrigkeit, was für ein lächerliches Wort. Und sie machten dazu noch auf die Falschen Jagd – auf Schüler, die gegen das Militär die Faust erhoben, auf Menschen, die sich unerlaubt versammelten, Männer mit Brillen und Büchern: Nationalisten. Und ihr Just quälte sich durch den Dschungel, apaisierte – so nannte er das – weit weg die Bevölkerung (»wir schießen nur in die Luft«, hatte er gesagt).

Ihr Kind lag im Verandazimmer in einem prächtigen Bettchen, die beiden Kindermädchen nächtigten hinten im Garten – in einem leckenden Dienstbotenverschlag, auf einer kleinen Matte, sie weigerten sich, bei ihr im Haus zu schlafen, eine Matratze sei unbequem, fanden sie.

Wie konnte sie diese Mädchen stolzer machen, ihnen dieselbe Fürsorge angedeihen lassen wie ihrem eigenen Kind, ihnen eine gute Zukunft bieten? Mit diesen Fragen lag sie die ganze Nacht wach, während die Wunde gefährlich zu eitern begann. Der Vorwurf pochte in ihrem Fuß. Es sei eine entscheidende Nacht gewesen, sagte sie fast achtzig Jahre später. Sie nahm sich vor, ihren *babus* Lesen und Schreiben beizubringen. Ja, sie würde diesem Lehrer eine Lektion erteilen.

Schon am nächsten Morgen fing sie an, den entzündeten Fuß in einem Eimer Soda und mit den Mädchen am Tisch. Sie weigerten sich zu sitzen, weigerten sich, einen Bleistift zu halten, sie wagten nicht einmal, einen Strich damit zu machen. Oh, wie gern hätte sie ihren unwilligen Schülerinnen die Ohren lang gezogen. (»Schreib deinen Namen. Bück dich nicht. Schau mich an.«) Nach drei Tagen gab sie auf. Ihre Kindermädchen hatten ebenfalls genug und gingen wieder in den Garten zum Kochen – unter einem triefenden Vordach, auf qualmendem Feuer.

Der Fuß heilte, und alles ging wieder seinen kolonialen Gang. Und der Lehrer kam nicht mehr zum Zaun. Im Büro hörte sie, es habe eine Verhaftungswelle gegeben, am Tag bevor das Frachtschiff eintraf. Konnten sie gleich mit. Justs Männer waren gerade von der Patrouille zurück. Was wusste er davon? Sie wagte nicht zu fragen. Sie schmiss ihr Herz in den Kabinenkoffer (schmiss, ihr Wort) und marschierte brav ins Schreibzimmer. Sie machte Fortschritte und konnte mit zwei Fingern fehlerlos eine Anzeige abtippen.

Sie schwieg. Schenkte sich eine Tasse fleckigen, lauen Tee ein. Und noch eine, sie trank gierig, mit versunkenem Blick auf den Geraniendschungel, die Tropen hatten sie durstig gemacht. Eine Träne glänzte auf ihrer Wange. Sie wischte sie weg. Ein bitterer Zug grub sich um ihren Mund, aber auch den wischte sie weg …

Arme verschränken, Fäuste unter die Achseln, so ging man mit Kummer um. Sie hatte sich von einer Geschichte erlöst, die ihr im Magen gelegen hatte – lebendig erzählt, ohne Abschweifungen –, sie hatte Zuneigung zugelassen, frostige Zuneigung, Einsamkeit und Selbstvorwürfe. Ich wagte keinen Kommentar, vielleicht war das ein letztes Aufflackern, aber so klar und kräftig hatte ich sie schon lange nicht mehr erlebt.

Ich stand auf, trug die Tassen in die Küche und wollte mich zurückziehen, aber sie bedeutete mir, mich wieder zu setzen. Es war so viel hochgekommen: Der Geruch von *banjir*, von Überschwemmung, das Trommeln hinter den Bergen … ein Gecko kam hinten aus ihrem Hals, sie ließ ihr Gebiss klappern, ja, so klang das Klick-Klack der Hufe eines galoppierenden Sadopferdchens, und ach – sie rieb mit der Hand über das Tischtuch –, so klangen die schlurfenden Schritte der *babus*. Sie genoss ihr eigenes Hörspiel.

»Sehnst du dich zurück?«, fragte ich.

»Nein«, sagte sie voller Hass. »Ich bin keine Kolonieschwärmerin.«

Sie musste noch etwas loswerden, eine leise Geschichte, die sie sich schon oft erzählt hatte, nachts, wenn sie nicht schlafen konnte …

»Farbe. Wir taten so, als gebe es das Wort nicht. Man lobte höchstens den gesunden Teint der Mädchen oder ihre schönen Mandelaugen, und wenn jemand aus dem tiefsten Landesinneren kam, sagte man: ›Den hat man grade vom Kerabau gezogen‹, aber nie, dass er so schwarz war wie dein Schuh. Just war so schwarz wie dein Schuh – in den Tropen, nicht in Holland, dort verblasste er.

Als wir endlich mehr ein Kasernenleben führten und ein schönes Steinhaus in einer guten Straße bekamen, landeten wir in einer Welt von Rang und Stand. Vor allem weiße Offiziersfrauen zeigten mir die kalte Schulter, man hörte sie laut denken: Das geht schief, so eine Landpomeranze mit einem Einheimischen. Manchmal verstummte das Gespräch, sobald wir irgendwo gemeinsam eintraten. Über Männer wurde so etwas nie gesagt, obwohl es die Familie nach unten zog, wenn die Kinder fast so schwarz wie Schuhwichse waren.

Just konnte damit besser umgehen als ich. Er sagte: ›Du musst denken: Es berührt mich nicht, es berührt mich nicht.‹ Zehn Mal hintereinander, wie eine Art Gebet, das helfe. Einmal gingen wir zusammen essen, um eine Postanweisung meines Vaters zu feiern, ich glaube, ins Oranjehotel, oder ins Regina oder zu Van Houten …« – sie schlug sich an die Stirn – »egal, irgendwas Vornehmes, weit über dem Budget eines jungen Offiziers. Just in Zivil, zum ersten Mal in seinem weißen Leinenanzug; wenn er ein bisschen arrogant schaute, konnte man ihn für einen adeligen Gockel halten. Der Speisesaal war an diesem Abend halb voll, höchstens vier, fünf Tische besetzt, wir standen da und warteten, bis uns jemand an einen Tisch bringen würde. Weit und breit ließ sich keiner blicken, also setzten wir uns irgendwohin. Ich fühlte die Blicke der Gäste – Holländer, die Arroganz waberte über ihren Tischen –, und nach langem Warten legte der Ober ein Kärtchen auf unseren Teller. Der Europäische Saal nehme nur Reservierungen an, wir stünden nicht auf der Liste. Just begehrte auf. Alle starrten uns an. Ich wollte gehen, aber Just zog mich auf meinen Stuhl zurück. ›Setz dich‹, zischte er. ›Wir lassen uns nicht wegschicken.‹ Gespräche verstummten, niemand aß weiter. Just wuchs in seinem Jackett, das Weiß schien ihn größer zu machen. Ich sah ihn plötzlich mit anderen Augen, er brauchte diese Ärmelstreifen und Orden gar nicht.

Der Geschäftsführer kam und fragte, ob wir aufbrechen wollten. ›Nein‹, sagte Just. Er zeigte seinen Offizierspass und bat um zwei Glas Wasser. Bekamen wir nicht. Just blieb ganz ruhig – es berührt mich nicht, es berührt mich nicht –, aber in mir brodelte eine Wut, obwohl ich sie nicht zu zeigen wagte, ich fürchtete, ihm zu schaden, fürchtete einen Karriereknick. Und ich war es sowieso gewohnt, viel zu schlucken, seine Familie hatte ja auch Probleme mit der Farbe – mit meiner, ihnen war ich zu weiß. Zu europäisch. Ich habe mich nie willkommen gefühlt, sie halfen mir nicht mit der Sprache, sie lachten mich aus, wenn ich etwas Falsches aß, in der falschen Reihenfolge oder mit der falschen Hand, und außerdem hatte sich seine Mutter für ihren Stammhalter eine andere Frau vorgestellt: die Tochter eines zweitrangigen Regenten – alles war schon abgemacht gewesen für die Zeit nach seiner Rückkehr aus Holland. Nun, du kannst dir vorstellen, wie sehr sie dort auf mich gewartet haben. Just hatte seine Familie abblitzen lassen, und das war natürlich alles meine Schuld.

Doch über solche Dinge sprachen wir selten und sicher nicht an diesem Abend in diesem Hotel. Ich wollte gehen. Just blieb einfach sitzen. An den anderen Tischen waren alle fertig mit dem Essen, die Gäste verließen den Saal, es wurde abgeräumt, und nur wir sahen schweigend vor uns hin. Just rauchte eine Zigarette nach der anderen. Der Kellner kam, um das Tischtuch wegzunehmen und ließ impertinent den halben Aschenbecher auf Justs Leinenanzug fallen. Es sind oft die Knechte, nicht wahr, wer sucht nach der Demütigung keine Rache. Das Vergnügen, mit dem sie den Boden um unseren Tisch herum wischten, das schmutzige Putzwasser spritzte an meine Beine, und wie ärgerlich sie Just anstarrten, von der gleichen Farbe, und sich dann trotzdem auf die Seite der Herren schlugen. Ja, ja, nach unten treten und nach oben lecken, und wer am weitesten unten stand, leckte am liebsten weiße Hintern.

Ich war sehr erstaunt, dass Just so querköpfig sein konnte, als ob er den loyalen Soldaten zu Hause mit seiner Uniform an den Nagel gehängt hätte. Mir gegenüber saß ein stolzer Mann. So kannte ich ihn nicht. Ich hatte mich immer angepasst, an ihn, an Niederländisch-Indien, an die Vorschriften des Heers, der Kolonie. Man nahm alles, wie es kam; der Umgang in besseren Kreisen, man war Offiziersfrau, und das brachte nun mal Verpflichtungen mit sich, bestimmte die Umgangsformen, wir liehen uns gegenseitig die richtigen Romane, zuckrige Geschichten über Gouvernanten, die reiche Pflanzer heirateten (die guten Bücher unterschlug ich, du denkst doch nicht, dass ich es gewagt hätte, einen Roman wie *Gummi* auszuleihen?), und wir gingen ins Kino, in den Klub, und am Sonntag in die richtige Kirche, um gesehen zu werden, am liebsten neben der Frau des Vorgesetzten, alles für die Karriere des Ehemanns. Ich habe mitgespielt und mich tödlich gelangweilt, oh wie verzweifelt gern wollten wir dazugehören. Die Teeeinladungen, die Nachäfferei, das richtige Blüschen, das richtige Täschchen, so ein Mistding, in das nichts reinpasste, der richtige Hut, aus *Woman's Garden* oder was weiß ich aus welcher Zeitschrift, obwohl ich damals lieber mit einem geknoteten Taschentuch auf dem Kopf gegärtelt hätte, aber das ging nicht, man hatte Gartenjungen, mindestens zwei, und musste für sein Personal Vorbild sein. Na ja, Vorbild … ich tat nichts, und sie mussten schuften.

Just wollte so gern ein Holländer sein. Gab es ein besseres Land? Hygiene, Schulbildung, Straßen, Brücken, Demokratie – Holland würde es bringen. Davon war er überzeugt, mehr als ich. Meinem Vater war Holland fremd, Holland war für ihn das Wirwissenallesbesserland nördlich der großen Flüsse … Mich hat das nie interessiert.

So allein habe ich mich mit einem Mal in diesem Restaurant gefühlt …« Ihre Lippen zitterten. »Schließlich kam der Oberst in den Speisesaal gestürmt, wutschnaubend, man hatte ihn aus dem Bett geholt, und Just musste mit. Ich wurde nach Hause geschickt, und man sagte mir wie einem Schulkind: Ich dürfe meinen Mann nicht aufhetzen! Just schrumpfte vor meinen Augen zusammen.

Er kam mitten in der Nacht, schmutzig, der Anzug voller Flecken, das Revers zerrissen. Sie hätten sich ausgesprochen, sagte er, mehr nicht.

Am nächsten Morgen ging er in aller Frühe los, ohne ein Wort zu verlieren. Er blieb eine Woche weg, auf Patrouille, bekam ich zu hören, und die schien auf eine Verhaftungswelle unter jungen Nationalisten hinauszulaufen, Festnahmen wegen Aufwiegelei. Hausdurchsuchungen, gestörte Versammlungen, man hatte Studentenzirkel aufgerollt, Bücher beschlagnahmt – sogar verbrannt, es muss schrecklich gewesen sein, angeblich, weil ein Anschlag gegen die Obrigkeit geplant worden sei. Kam alles später raus. Just wollte nie darüber sprechen, es hieß, sich entweder seinen Stolz verkneifen oder für ein paar Jahre ab in den Dschungel, weg von der Familie.

Der Mann, der zurückkam, war ein anderer geworden.

Fanatischer. Mehr ein Haudrauf – vor allem im Beisein von Kollegen. Der Soldat in ihm siegte: Pflicht geht vor!

Und ich schwieg.

Später, nach seinem Tod, hörte ich, dass er nicht lange nach dieser Affäre hundert Gulden für die Verteidigung eines jungen Nationalisten, der ein Flugblatt geschrieben hatte, gegeben haben soll – einen halben Monatslohn! Heimlich, auf Drängen indonesischer Freunde, die er aus

Holland kannte. Wir sprachen damals kaum noch miteinander, wir teilten uns höchstens die Neuigkeiten mit, die Heiraten, wer mit dem Schiff angekommen und wer befördert worden war, in der Öffentlichkeit benahmen wir uns sehr zivilisiert.

Habe ich dir schon seine Augen beschrieben? Tief und schwarz wie ein Fluss. Er konnte einen sehr lange ansehen – leer. Er wurde mir völlig fremd.«

Es klingelte – zweimal kurz. Wir erschraken beide. Besuch? Das waren wir nicht gewohnt. Sie verbot mir, zur Tür zu gehen und bestand darauf, selbst zu öffnen. Ich hörte Geflüster im Gang. Sie kam mit einer weißen Plastiktüte im Korb ihres Rollators zurück und schlurfte damit in die Küche.

Ich dachte über das nach, was sie mir gerade erzählt hatte. »Wo hast du Just eigentlich kennengelernt?«, fragte ich, als sie sich ächzend wieder am Tisch niederließ.

»Bei Freifräulein van Esch.« Beim Aussprechen dieses Namens federte sie auf. »Zuckeradel, die hat schön gewohnt! Jedes Jahr gab sie einen *thé dansant* für die königlichen Kadetten aus Breda, und da war er dabei. Er sah umwerfend aus, glänzende Knöpfe, Paspelstreifen auf der Hose … Die Komtess hatte zehn Mädchen aus der Gegend eingeladen, viel neues Geld. Ich war die Einzige in Schwarz und hatte keine Ahnung, wie ich mich dort bewegen sollte; eine dumme Gans fragte, ob ich in Trauer wäre, die Komtess hörte das und nahm mich kurz beiseite: ›Hör zu, Rietje, das Mädchen ist die Tochter eines Schwarzhändlers, sie kann dir nicht das Wasser reichen, du kommst aus einem jahrhundertealten Geschlecht. Sei stolz.‹ Das hat geholfen.« Ein gemeines Lächeln spielte um ihre Lippen. »Auf dem Fest habe ich mit dem schönsten Mann getanzt.«

Wir betrachteten gemeinsam sein Bild auf dem Fototisch – da stand er, mit Paspelstreifen, Kokarde und Säbel.

»Und jetzt will ich wieder allein sein.«

Ich konnte gehen, wegtreten.

Und wenn es schiefging? »Schaffst du es allein?« Ich suchte ihre Augen, zeigte meine Besorgtheit. Der Arzt war in Bereitschaft, aber wenn sie ihn nicht sehen wollte? Die Schwestern konnten auch helfen. Und sollte Saskia kommen?

Nein, die hatte sie schon selbst angerufen. Sie schnauzte.

Wäre es vielleicht nicht doch sicherer, mir einen Schlüssel für das Apartment zu geben?

»Ich ruf dich schon an, wenn es so weit ist.«

36

Mein Gästezimmer war mit Möbeln eingerichtet, die sogar für das Sozialkaufhaus zu schäbig wären. Übrig gebliebener Plunder verstorbener Bewohner – ein Spinnrad, ein Handarbeitssesselchen, Klostertisch, Duschhocker und ein französisches Bett, in dem gestorben worden war. Die Kuhle war noch zu spüren. An der Wand ein Kalenderblatt mit dem Erlöser und einem Wasserfleck. Fehlte nur noch der Strick, um sich aufzuhängen.

Ich rief meine Halbschwester in Italien an und äußerte meine Verwunderung über unsere Hungerstreikende. Klar, gleichmütig, halsstarrig, noch immer geheimniskrämerisch und manipulierend. Aber in ihren Geschichten verwundbar. Auch die Schwester rief regelmäßig an und wurde angerufen, in den letzten Wochen bis zu zweimal am Tag. Wir tauschten uns über die bizarren Telefonate aus. Sie war überrascht zu hören, dass ich im Ruhesitz ein Zimmer bezogen hatte.

»Mammic sagt, dass sie dich selten sieht.« Wir wurden gegeneinander ausgespielt, so viel war klar. Meine Halbschwester sprach distanziert über ihre Mutter – ein Familienleiden. »Sie wollte nie auch nur ein Wort über das Lager verlieren, ich war noch keine fünf, als der Krieg vorbei war, und ich erinnere mich an Dinge, die ich gar nicht einsortieren kann. Kannst du das nicht mal ansprechen? Tu es für mich, bitte.«

Musste sie kommen? Die Enkelkinder konnten sie nicht lange entbehren. Ihr Sohn war viel auf Reisen, seine Frau hatte einen mörderischen Job. »Ich schmuse viel mit ihnen, endlich weiß ich, wie das geht. Ich hatte kein Vorbild – jetzt lerne ich aus meinen Fehlern. Ich bin eine Revanchemutter.«

Sie konnte innerhalb weniger Stunden am Flughafen sein.

Wir beschlossen, noch abzuwarten.

Vor dem Schlafen drehte ich noch eine Runde um das Haus. Ich schaute zu ihren Blumenkästen hoch. Keine winkende Mutter. Dunkelheit. Wieder in meinem Kabuff, zog ich die Bananenkiste heran und blätterte in den Schwebebüchern. Ob ich kurz ein Zitat für die Todesanzeige suchen könne. Ihr letzter Auftrag: »Schau mal in den Zetteln.«

Ich blätterte durch Krishnamurti: »Tod ist Erneuerung.« In *Die großen Eingeweihten* – mit gebrochenem Rücken von all den eingelegten Zetteln und Papierchen – fand ich zwei mit Bleistift unterstrichene Sätze: »Leben ist Gefangenschaft in der Materie, eine Prüfung.« »Die Seele sucht ein neues Heim, / Wenn ihre jetz'ge Hülle zu Staub zerfällt, / Bringt neues Leben in die neue Form.« (Pythagoras) »Der Tod macht nur schwachen Charakteren Angst.« (Hohepriester Osiris) Mit Blavatskys *Isis entschleiert* verkroch ich mich unter die Zudecke. Sehr muffig. Auf jeder Seite stand mindestens ein Strich, ein Ausrufezeichen oder eine Bemerkung am Rand: »Das Leid, das wir unseren Nächsten zufügen, folgt uns wie der Schatten unseres Körpers.« »Argumentieren allein reicht nicht, am allernotwendigsten ist die Intuition.« Aus dem

Buch fielen ein paar auf der Innenseite beschriebene Trauerkarten. Dienstbefehle in Blockbuchstaben: »Keine Heulmusik auf meiner Einäscherung: lieber Urwaldgeräusche!« »Tiefrote Pompondahlien. Kein Pfarrer, Gebäck von der Hofconditorei van Laack!« Die Ränder waren vergilbt, sie musste sich schon lange damit beschäftigt haben. Eine Karte legte ich beiseite: »Auf dem Sterbebett hat der Kopf frei zu liegen, damit das unbewusste Sein frei entkommen kann!!!«

Ich werde darauf achten.

37

Die Masseurin hatte den Laufpass bekommen, und Mutter klagte über kalte Beine. Lange Wollstrümpfe halfen nicht, und nicht einmal eine dritte Decke brachte Linderung. Dann eben noch ein Schaffell. Die Last wurde zu schwer zum selbst Aufschütteln. Wenn ich morgens bei ihr anklopfte, nachdem sie (ohne Hilfe) geduscht und sich angezogen hatte (wieder irgendeinen Glimmeranzug), machte ich ihr Bett. Ich bückte mich, um die Decken festzustopfen, aber ich war zu steif und musste mich hinknien …

In meiner Erinnerung kniet ein gelenkiger Junge an Muttertag, in beiden Händen ein Tablett mit Tee und Zwieback, um den Teller liegt ein Kranz aus den ersten Butterblumen. Wir sind allein zu Hause, richtig gefeiert wird der Tag bei uns schon lange nicht mehr, aber Tee ans Bett ist Tradition. Sie schläft nur auf einer Bettseite, auf der anderen sind die Decken straff um die Matratze festgezurrt. Ich knie vor der leeren Seite. Der toten Seite. Ohne Kissen. »Nicht da«, herrscht sie mich an. Ich halte das Tablett nicht mehr gerade und stelle es trotzdem neben ihr ab. Meine Mutter dreht sich um. Ihre Schultern zucken. Ich drücke mein Gesicht in die Decken und atme die feuchte Kälte ein.

Mein altes Gesicht hing über ihrem aufgeschlagenen Bett und erkundete ihre Abwesenheit in Gerüchen: Eukalyptusöl, Talkumpuder, Schaf, süße Kräuter, Schlaftee. Ich stopfte die Laken fest ein, die Decken, schüttelte den Flausch auf und strich die Überdecke mit der flachen Hand glatt, spürte einen Hubbel, etwas Hartes, das sich verschieben ließ. Schicht für Schicht zog ich das Bettzeug weg und fand unter dem Überschlagtuch als Häufchen ihre Silberkette mit dem handgeschmiedeten Schlüssel.

Ich legte ihn auf die Batik auf dem Nachtschränkchen, den geheimen Schlüssel ihrer geheimen Truhe.

38

Ihr Verstand blieb klar, aber das Hungern enthemmte meine Mutter auch ein bisschen. Bäuerchen, Winde – ohne Entschuldigung. »Ja, über so was kann ich mich nicht mehr aufregen.« Auch ein *Sapperlot* und ein *Sakrament* scheute sie nicht – Dialekt, ein Menschenleben lang verdrängt, aber mit dem Erschlaffen des Zäpfchens flutschte das kräftige Repertoire vorlaut heraus.

Bei ihrer Kleidung hatte sie jedes Standesbewusstsein verloren: Trainingsanzüge, fluoreszierende Streifensocken, bunte Klettbandtreter – das Karnevalsangebot des Versandhauses war gut studiert. Eines Morgens beim Kaffee (mit nichts dazu) zauberte sie plötzlich ein Strohhütchen unter ihrem Stuhl hervor. Sie setzte es auf, aus Ulk. Stand es ihr nicht gut? So sah man ihr Fetthaar nicht, und den Besuch bei der Friseurin konnte sie sich sparen. Der Hut war beim soundsovielten Aufräumanfall aufgetaucht – ein Souvenir aus Sumatra … Sie setzte ihn ab und zeigte mir das Flechtwerk: breite Streifen, vergilbt und brüchig, Typ Tropenhelm.

»Aus der Truhe?«, fragte ich.

Sie schmunzelte geheimnisvoll.

Zu komisch, in einem Haus geht nichts verloren … Sie hatte noch ein paar Fotos gefunden. Völlig vergessen, auch aus Sumatra. »Aber die hab ich erst später bekommen, weißt du.« Sie schwieg und flüsterte. »Viel, viel später.«

Sie schob mir ein Foto zu, von einem großen, weißen Holzhaus – das Hospital der deutschen Mission. Sie sah mehr auf dem Foto, als ich erkennen konnte. Das Holz, angenagt von den Termiten, mit schwarz glänzenden Böden, in denen sich die weiße Schwesterntracht so schön spiegelte, die beiden gusseisernen Löwen am Eingangstor. Früher war es eine verwahrloste Pflanzervilla gewesen, sie stand kühl auf einem abgeflachten Hügel. Ihre zweite Tochter war dort geboren, sie wohnten eine Reitstunde entfernt.

»Bist du dort geritten?«, fragte ich überrascht.

»Nein, der Doktor, Carl« – ein Name, gefolgt von einem Seufzer –, »für ein Auto war dort zu viel Wildnis.« Carl holte sie sonntags gelegentlich zum Kirchgang ab. Er wusste, dass sie oft allein war, und es wohnten nicht so viele Weiße im Binnenland. Just musste in der Zeit wieder viel auf Patrouille – »Erkundungsfahrten«. Ihre Augen schweiften kurz zu seinem polierten Porträt.

Nach dem Gottesdienst blieb sie zu Kaffee und Kuchen, im Missionsgarten. Dort machte sie die Bekanntschaft deutscher Pflanzer und Holzhändler aus der Umgebung, junger Männer, die nach dem Ersten Weltkrieg ihr Land verlassen hatten, weil es dort keine Zukunft für sie gab. Carl war auch ein Sumatradeutscher. In der Mission hatte er einen großen Namen, noch bevor sie ihn kennenlernte, hörte sie schon Geschichten über seine heilenden Hände. Er soll, zum Beispiel, auf der Pasar, der Straße, einen niedergestochenen Chinesen behandelt haben, indem er ihm die herausquellenden Innereien wieder in den Bauch zurückstopfte. Kranke kamen von nah und fern und baten ihn um Hilfe. Die Mädchen waren verrückt nach ihm, sie durften in seiner kleinen, offenen Kutsche Runden drehen.

Es gab auch ein Foto von ihnen. Lachende Mutter, lachender Carl – hochgeschoren, blond und schlank. Ich fragte, wer das Foto geknipst hatte.

»Just«, sagte sie frostig.

Carl war ein Hausfreund geworden. Just hatte ihn als Erster eingeladen und gebeten, ein bisschen auf die junge Familie zu achten. Ihr Haus lag auf seiner Route.

Schon beim zweiten Treffen hatte Carl sie gefragt, ob sie nicht einen Tag in der Missionspraxis aushelfen wolle. Eine Schwester war in Urlaub, und sie benötigten dringend Hilfe. Es brauchte dazu keine Erfahrung, sondern Kraft. Sie solle bei kleinen Operationen ohne Betäubung Patienten im Zaum halten. Eine Aufgabe, die ihr lag, weil sie Blut sehen konnte und stark war. Sie hatte eine Plazenta aus einer Kuh gezerrt und einen Rübenkarren aus dem Schlamm gezogen.

Ja, ja, die Geschichten kannte ich.

Sie lächelte.

Ich nahm ihre äderige rechte Hand, die Finger schwielig vom Abstützen auf Stock und Lenker. Sie wehrte sich nicht. Wir sahen uns kurz an, lachten. Sie hatte den Faden verloren. Sapperment!

Carl war schmal, er hatte Klavierfinger und konnte nur mühsam sein Pferd anspannen, aber wenn er die Hand auf die Stirn eines Kranken legte, entspannte sich dessen schmerzverzogenes Gesicht mit einem Schlag. Patienten fühlten einen Schock, wenn er sie berührte. Oft wusste er ohne zu fragen, was ihnen fehlte.

Sie fuhren auch in ferne Kampongs, Fahrten, von denen Just nichts wissen durfte – eine weiße Offiziersfrau hatte dort nichts zu suchen: zu gefährlich, zu viele Hitzköpfe. Carls Sadopferdchen wurde überall erkannt. Frauen eilten auf die Straße, winkten ihm zu, Kinder riefen seinen Namen. Seine Hände waren ihm vorausgereist.

Jeder wollte von ihm berührt werden. Mit dem Daumennagel kratzte er den Kranken ein Kreuz auf die Stirn – half besser als Pillen.

Ich kratzte mit dem Daumen über die Haut ihrer Hand – wie sie es früher nach einem Alptraum bei mir machte. Sie erschrak.

»Hast du das von ihm?«, fragte ich.

»Ja, es ist ein beladenes Zeichen, älter als das Christentum – aber er war nicht besonders gläubig.«

Sie zeigte mir noch ein Foto. Carl zu Pferd. »Toller Mann, nicht?« *Unser deutscher Doktor,* stand mit Bleistift auf der Rückseite.

»Hast du ihn später noch mal gesehen?«

Sie hörte mich nicht, starrte auf den Blondschopf. Ich wiederholte meine Frage, aber sie sah nicht auf, ignorierte mich. Und ich dachte an den *deutschen Besuch – vor langer, langer Zeit …*

Meine Mutter sprach seit Tagen Deutsch. Kurgastdeutsch. Sie bekam *deutschen Besuch! Hohen Besuch.* Die Wohnung stand voller Blumen, und eine Flasche Weißwein war erstanden worden, im Bonbonglas standen selbstgebackene Käsestangen. »Wenn es klingelt, gehst du nach oben.« »Warum?« »Darum. Erklär ich dir später noch mal. Es ist wichtig, und ich muss das allein abhandeln. Tut mir leid.«

Das Auto fuhr vor, ein dicker schwarzer Mercedes. Ich rannte nach oben, spähte aus dem Fenster und sah einen Mann auf dem Gartenweg, in einem Jackett mit gesäumtem Revers und Messingknöpfen – reich und deutsch, das sah man mit einem Blick. Meine Mutter erwartete ihn im Gang, ich hörte sie lachen, nervös Deutsch sprechen, mit kleinen Kieksern. *Ja, das ist lange her. Und wie geht's? Ja, ach Gott, Sumatra. Wie war die Reise? Ach ja, Sumatra, das war …* und dann fiel die Tür zu. Ich lief die Treppe hinunter, schlich durch den Flur, am Schirmständer vorbei und rempelte gegen meinen dort abgestellten Hockeyschläger. Meine Mutter flog aus dem Zimmer. »Nach oben!« Sie presste ihren Finger auf die Lippen, machte beschwörende Gesten. »Psst, psst.« Ich zog mich wieder zurück und stellte einen Stuhl ans Fenster im Obergeschoss, um das Auto besser im Blick zu haben.

Der Mercedes hatte ein niederländisches Nummernschild, daneben war ein weißes, ovales Schildchen mit rotem Rand, CD stand darauf. Wo lag CD? Ich legte mich aufs Bett und starrte gelangweilt an die Decke, meine Lieblingsaussicht, lauschte auf die Geräusche im Haus. Gedämpfte Stimmen, ein quietschender Schrank, das Schlagen einer Tür und lautes Lachen, eine deutsche Lachsalve und ein Gurren, albernes Gurren. Meine Mutter stellte sich an.

Ich legte eine Platte auf. Mozart (ja, ich war ein gezähmtes Monster, Popmusik war für Gammler, aber Mozart konnte auch Krach machen). Ich drehte den Plattenspieler immer lauter und lauter. Mozart fiel aus. Mutter hatte unten die Sicherung herausgedreht. Dann eben wichsen. Eine andere Pistole hatte ich nicht.

Stunden später ging der Besuch, ich stand wieder oben an der Treppe. Meine Mutter küsste ihren Gast zum Abschied. Er deutete auf meinen schludrig geparkten Hockeyschläger. *»Spielst du Hockey?«*

»Nein, das gehört dem Mädel.«

Mädel?

Sie radierte mich aus, zu einem Mädchen!

Das Auto fuhr ab, und ich stürmte nach unten. »Wer war das?«

»Später«, sagte meine Mutter, »nicht jetzt.« Sie hatte einen gequälten Blick. »Bitte nicht jetzt, mir geht es nicht gut. Lass mich.« Ihre fröhliche Stimme war schlagartig verschwunden. Ich wagte nicht weiterzufragen. Kopfschmerzen – es hing im Zimmer, und meine Wut, die schluckte ich runter –, zu viel Angst. Zu viel Angst vor meinem wahnsinnigen, niederen Selbst.

Wir räumten den Tisch ab. Die Spuren des deutschen Besuchs. Erst da sah ich es: Auf dem Tuch lagen Strohblumenblättchen, die Truhe stand anders, die geheime Truhe, das Batiktuch lag falsch herum, der Ingwertopf war verrückt. Dem Teutonen hatte sie einen Blick in die Truhe gegönnt. Eine Woche später kämpften wir um den Schlüssel.

»War dieser Carl bei uns zu Hause?«, schrie ich.

Vor Schreck verrutschte ihr Hütchen. Wovon redete ich eigentlich? Sie starrte mich benommen an – wandelte noch unter Palmen.

»Ach, er kam oft bei uns vorbei, weißt du, stinkend und nass bis auf die Haut, war er doch wieder irgendwo im Schlamm steckengeblieben. Die *babu* wusch dann schnell seine Kleider durch, und ich nähte gleich ein paar Knöpfe an oder wendete einen Kragen.« In seinen Hemden fühlte sie seine Einsamkeit.

Eines Nachmittags lief er unverfroren im Sarong auf der Veranda herum, in Justs Sarong, mit nacktem Oberkörper – schlank wie ein Tänzer. Ausgerechnet, als Just von einer Expedition zurückkam. Unverhofft. Kein Kind, keine Kinderfrau hörte ihn kommen.

Just grüßte nicht, fragte nichts, ignorierte Frau und Töchter und riss Carl den Sarong vom Leib. Und da stand der Doktor, mit der einen Hand vor seiner Blöße und mit der anderen auf sein dampfendes Pferd unter dem Baum zeigend. Sein Beweis und seine Entschuldigung: Er war noch keine fünf Minuten da.

Ich betrachtete noch einmal sein Foto zu Pferd. »Attraktiver Junggeselle«, sagte ich.

Sie errötete.

»Ich will nichts damit sagen.« Mein Geheuchel entging ihr.

»Später haben sie ihn noch ein paar Tage verhört.« Sie drehte ihre Ringe gerade – Halbedelsteine vom Archipel. »Er hatte zu große Sympathien für die antieuropäischen Gefühle auf Sumatra. Vielleicht, weil er Deutscher war, er litt unter der Demütigung seines Landes und erkannte den gebrochenen Stolz der Einheimischen. Mehr als einmal setzte er sich für Aufständische ein, die nicht nach der Pfeife der Obrigkeit tanzen wollten – oft dieselben Hitzköpfe, die Just im Auge behalten musste. Seine Patienten versammelten sich vor der Polizeiwache.«

Sie legte Carl zu den anderen Fotos zurück, eines wollte sie mir noch zeigen. Meine junge Mutter mit Carl, im Krankenhaus, umringt von einem Grüppchen Sumatradeutscher.

»Das sind Köpfe, was?« Sie zeigte auf einen Holzhändler mit einer Narbe auf der Wange. Ein Säbelhieb, ein echter *Schmiss.* Das Foto war zu winzig. Man musste es wissen. »Ihre Häuser rochen nach Harz und Tannenöl, das ließen sie sich aus dem Schwarzwald in die Kolonie schicken. Aus Heimweh.«

Ich sah noch einmal genau hin. »Du hast einen Morgenrock an, warst du krank oder so?«

»Ich hatte eine Fehlgeburt.«

Sie lachte ein bisschen.

39

Die Erinnerungen an Carl hatten sie wehmütig gemacht – weicher. Ihr Widerstand schien verschwunden. Sie bezog mich in ein merkwürdiges Vertrauen mit ein, ließ mich ihre Fotoalben ansehen, las aus Briefen vor, zeichnete in einem alten Atlas der tropischen Niederlande ihre ersten Reisen nach und gab ihren Inseln Namen, endlich, auch den geträumten. In Neuguinea war sie nie gewesen, nicht wirklich, Just schon, sie verleibte sich seine Geschichten ein. Sie wurde sogar ehrlich. Aber was sollte ich jetzt mit ihren Märchen anfangen? »Die sind auch wahr«, sagte sie. »Sie gehören schon so lange zu mir. Im Lager hab ich Kopfreisen gemacht. Damals gab es keine Bücher.«

Das Lager? Durfte ich endlich …

Nein, nicht über das Lager. Sie wollte weiterreisen.

Ihr Zeigefinger schoss durch den Archipel, zeigte auf die Vulkane, alte Königreiche. Im Feuer ihrer Geschichte tuffte ein Teelöffel über die Karte, und sie fuhr auf einen Fluss hinaus, lavierte zwischen Felsen und Krokodilen. Dann wieder ging sie an Bord eines Holzschoners und legte bei Ternate an. Dazu gehörten eine Lupe und ein Schnappschuss: Schau, so klein war die Insel, vom Schiff aus aufgenommen, ein Berg im Meer, in einem halben Tag fuhr man drum herum. Und wie fand ich das hier?

Meine junge Mutter mit Hut und Handschuhen, neben dem Sultan.

Die Sonne hing über uns.

Auf der Karte kam der Krieg. Die Japaner rückten an. Truppen boten Widerstand, Kreuzer fuhren aus – zum Angriff, mir nach! –, und im Meer, dort, auf diesem Breitengrad, gingen sie unter. Alte Geschichten, aber sie machten ihre Stimme jünger. Sie hatte das alles miterlebt, neben dem Militärradio stehend. Sie zog vom Außenposten in die Kaserne, und auch dieser Ort bekam einen Namen: Fort de Kock. Uneinnehmbar. Der Name beruhigte sie.

Sie zeigte mir auch die *Totenbahnlinie*, an der mein Vater als Kriegsgefangener arbeiten musste – nach dem Krieg lernte sie ihn im Rotkreuzlager kennen, und wie! Aber *ein* Ort wurde umschifft, das Lager, wo sie mit ihren drei Töchtern eingesperrt war. Sie konnte es einfach nicht finden. Ihre Lupe zitterte über Bergen, Tiefland und Flussdeltas. »Ich weiß es nicht mehr.«

Sie überhörte meine Fragen, ließ Jahre aus. Der Atlas klappte zu. Aber ich wollte in der Kolonie bleiben. Im Repatriantenheim hatten wir beim Abwaschen Lagerlieder gesungen, ich kannte die Witze, die phantastischen Geschichten. Mein Gott, hatten sie gelacht. Und jetzt war das Lager auf der Karte abhandengekommen.

Aber in den letzten Monaten hatte sie mich ein paar Mal über den Zaun sehen lassen. Ich durfte die Todesanzeige ihrer »Slapie« lesen, der Frau, mit der sie in ihrer Baracke drei Jahre lang ein paar Bretter geteilt hatte. Das Lager hatte ihre Welt größer gemacht. Sie hörte von der Bhagavad Gita und der Denkkraft der großen Yogis. Ja, sie hatte dort viel gelernt, vor allem, dass, bei so vielen Frauen auf einem Haufen, der Firnis der Zivilisation dünn ist. »Und die Angst …« Ihre Stimme stockte. »Angst ist ein Abgrund, und manchmal muss man springen.«

Sie wollte mir nicht erklären, was sie damit meinte.

Neben dem Trott von Küchendienst, Holzholen und Latrinenspülen lernte sie hinter doppelten Moskitonetzen Handlesen, und eine alte Seele führte sie in die Sterndeutung ein. Viel Zukunft war damals im Lager. Aber zurückschauen konnte sie nicht ... Sie fand, dass sie mir schon zu viel erzählt hatte. »Es ist vorbei. Lass es gut sein.«

Vorbei?

Ihr Leben in den Tropen hatte auch mich gezeichnet. Ich wurde dort gezeugt. Der Krieg saß jahrelang mit am Esstisch. Hoch den Schlagbaum.

»Wie bist du dort gelandet?«, fragte ich.

Keine Antwort.

»Weißt du den Tag noch? Wie lange seid ihr gefahren?«

Sie zupfte Flusen vom Tischtuch.

Ich fragte sie nach Gerüchen, Geschmäckern, der Aussicht. Vielleicht konnte ich über einen Umweg zum Tor kommen. Ich triezte sie: »Wer hat gepackt, du oder die Kinderfrau? Wie viele Kleider hast du mitgenommen? Du konntest leicht einen Kabinenkoffer füllen. Du wurdest geholt und gebracht.«

»Ein kleiner Koffer, mehr nicht. Ich dachte, es wäre nur für ein paar Tage.«

»Und die Mädchen?«

»Noch weniger, für die war es wie ein Schulausflug. Als wir aus dem Gefängnis kamen und nach einer langen Zugfahrt in offenen Lastwagen weitermussten, sahen wir unterwegs einen Pritschenwagen mit Hausrat vorbeifahren. Grundsolide Möbel, Schränke, Strohsäcke und holländische Töpfe und Bratpfannen. Unsere Häuser wurden ausgeräubert. Die meisten Frauen reagierten entsetzt. Mich hat es nicht gewundert.«

»Wie lange hat die Fahrt gedauert?«

»Puh, das hab ich vergessen. Eine Nacht und einen Tag. Wir hatten keine Ahnung, wohin.«

»Standen Leute an den Straßen?«

»In den Dörfern schon, mit hängenden Köpfen, sie wagten nicht, uns anzusehen. Sie haben sich für uns geschämt, dass wir uns so abführen ließen.«

»Keiner hat sich gewehrt.«

»Wir kamen nicht auf die Idee«, sagte sie. »Wir fuhren mitten durch den Dschungel, die überhängenden Zweige peitschten gegen unsere Arme, erst am Abend hielten wir am Rand eines abgeholzten Gebiets. Wir konnten die Milchstraße sehen, endlich den Himmel.«

»Und dann hinter Stacheldraht.«

»Nein, ein Bambuszaun mit scharfen Spitzen. Dreieinhalb Jahre lang habe ich die Sonne nicht untergehen sehen.« Sie verbarg ihr Gesicht in den Händen.

Ging ich zu weit? Natürlich keine Tränen, aber ihre Seufzer sagten genug. Trotzdem fragte ich weiter. »Nimm mich mit in deine Baracke, leg dich auf deine Matte. Was siehst du dann?«

Sie kniff die Augen zusammen. »Eine Ratte. Wenn man sie lebendig fing, war sie ein Kwartje wert, und man musste sie bei der Lagerärztin in einem Kübel ersäufen. Die machte Rattenragout daraus, für die Ödempatienten. War gar nicht so übel.« Sie verzog angewidert das Gesicht.

Ich wollte mehr fragen, aber sie stand auf und schlurfte zum WC. Ich hörte sie ächzen. Warum gönnte ich ihr nicht ihre Geheimnisse?

»Was siehst du noch?«, fragte ich, als sie sich wieder zu mir setzte.

»Stiefel, immerzu Stiefel. Ich lag auf dem Bett, die ganzen Wochen, ich konnte nicht mehr, und eines Morgens, während meine Blockkameraden zur Arbeit waren, sah ich durch einen Spalt diese Stiefel vorbeigehen, im Licht.

Sie kamen herein, rissen die Moskitonetze weg.« Sie schüttelte heftig den Kopf.

Ich füllte ihr Schweigen mit wohlklingenden Sätzen. Ich sah mit ihr mit. Was suchten die Japsen? Schmuck, versteckte Eheringe, Zahlungsmittel für den Handel über den Zaun? Die Matten ihrer drei Töchter waren unbeschlafen – die Sonntagsschullehrerin hatte sich ihrer erbarmt. Sie war zu schwach. Ich ließ sie Sehnsucht nach ihren Mädchen haben. Sie hatte auch Sehnsucht nach mir. Ich sprang zum Lager, weit vor meiner Zeit, und schmiegte mich eng an sie. (Wir tun alles für ein bisschen Aufmerksamkeit.) Ein banger Junge neben seiner bangen Mutter. Aber diese letzten Sätze strich ich durch.

Ich las ihr meine Notizen vor. »War es so?«

»So hätte es sein können, ja. Aber du vergisst die Farbe der Stiefel.«

Sie war erschöpft und wollte kurz ruhen. Ich brachte sie zum Schlafzimmer und wartete am Tisch, blätterte in meinen Aufzeichnungen. Neben ihrem Atlas lag ein kleiner Stapel Briefe, zusammengebunden mit einem verschossenen blauen Band. Ich hatte sie noch nie gesehen. Sie zogen meine Finger an – lass es sein, sagte meine innere Stimme –, aber ich knüpfte das Päckchen doch auf. Es waren Ergüsse von Lagerfreundinnen. *Liebe Rietje … Hallo Brennholzsammlerin … Wie geht es meiner alten Slapie …* Ich verschlang sie. Die Freundinnen waren offenherziger als sie.

Nach einer Stunde schlurfte meine Mutter wieder ins Zimmer. Verwirrt, leichenblass. Sie spielte nervös mit der Kette um ihren Hals. Turmalin gegen die Angst. »In meinem Kopf stampft es so.«

»Du musst mehr trinken, entspann dich.« Ich füllte in der Küche ein Glas Wasser und schlug meinen Notizblock auf.

»Hast du noch nicht genug?«

»Aber was haben sie dir getan?«

»Bedräng mich nicht so, du bist ja wie ein Japaner. Natürlich bin ich mit heiler Haut davongekommen. Ich lebe ja noch.«

Beschämt packte ich meine Sachen. Beim Abschied (so tropenklamm, wie sich ihr Kopf dann anfühlte) schob sie mir ein vergilbtes Zettelchen mit ihren Maßen zu. Brust, Taille, Hüfte – alles weit unter neunzig. Notiert einen Tag nach der Befreiung.

Nein, wir reden nicht über das Lager. Kein Wort über den Tag der Sirene, den Tag, an dem die Ölvorräte in die Luft flogen, den Tag, an dem die Diener wegblieben und die Kokkie einen unverschämt ansah: Jetzt haben wir hier das Sagen. Den ganzen Tag Hausarrest und das Warten. Wochenlanges Warten. Der Tag, an dem man einen Zettel auf sein Haus kleben musste mit seinem Namen. Der Tag, an dem dein Mann im Garten seine Uniform verbrannte und nachts aus dem Haus schlich. Der Tag, an dem die Weißen zu Kulis wurden und die Herrin ihren Koffer selbst tragen musste. Der Tag, an dem es ins Gefängnis für Einheimische ging, zwölf Frauen in einer Zelle, dazu noch die Kinder, weinende Kinder. Der Tag der Wanzen. Der Tag, an dem ein japanischer Offizier zu dir sagte: *Wake up, now you live in Japan.* Die Tage der Gerüchte. Es dauerte nur noch eine kleine Weile, dann war es vorbei. 1289 Tage lang. Kein Wort.

Am frühen Abend, als die Bewohner der Seniorenresidenz mit ihren Gehhilfen die Pfade im Garten eroberten und ich das Pappzeugs vom Pizzakurier hinuntergewürgt hatte, klopfte ich noch einmal an ihre Tür, beunruhigt. War ich nicht zu fordernd gewesen? Sie reagierte nicht auf unseren Code, ich klingelte, klapperte mit dem Briefkasten. Die Nachbarin streckte neugierig den Kopf heraus. Endlich Licht. Ein armseliges Häufchen Mensch öffnete. Gebrochen. Völlig kraftlos, Augen ohne Glanz, keine rosigen Wangen mehr.

In der Küche roch es nach Essen, und der Beweis stand auf der Anrichte: ein halbvoller Topf Suppe.

»Wie kommst du denn dazu?« Ich nahm einen Schluck – Hühnerbrühe, mit Fleischfädchen und Fettaugen.

»Nur ein kleines bisschen«, sagte sie schuldbewusst. Der Koch brachte ihr offenbar jeden Tag heimlich eine Thermoskanne Suppe vorbei, das hatten sie so vereinbart – ohne Wissen der Direktion. Unsere Hungerstreikende führte alle an der Nase herum.

»Ja, so stirbst du natürlich nicht«, sagte ich, »mit der Diät kannst du noch Jahre weitermachen.«

Sie protestierte, sie hatte schließlich abgenommen. Sie zehrte von altem Fett, ganz langsam, aber sie war auf dem Weg.

Ich ließ mich theatralisch aufs Sofa fallen. »Nur die Guten sterben jung.«

Wir wärmten zusammen den Rest auf. »Und was soll ich jetzt machen?«, fragte sie.

»Weiterleben.«

Der Schreck fuhr ihr ins Gesicht. Es klang wie ein Todesurteil.

40

Am nächsten Morgen öffnete meine Mutter schweigend die Tür und schlurfte ohne einen Ton gleich wieder in ihr Schlafzimmer – ungewaschen, zahnlos, halb nackt, in einem befleckten Nachthemd. Sie hatte kein Auge zugetan. »Was ist denn noch von mir übrig?«, mümmelte sie auf der Bettkante. Die Antwort saß ihr gegenüber im Spiegel: hängende Schultern, wassersüchtige Fußknöchel, ausgetrocknet und verschorft, verkalkte Zehennägel, geschwollene Adern – ich wagte kaum hinzusehen. Sie sabberte auch, ließ den Mundwinkel hängen und machte einen verwirrten Eindruck. Das komme von den Schwindelanfällen, sagte sie, mit einem Mal müsse sie sich beim Aufstehen festhalten, und wenn sie zu schnell von der Zeitung aufschaue, drehten sich die Tischdecke, der Tisch und das Zimmer. Sie saß breitbeinig da, schämte sich dafür, aber sobald sie die Knie schloss, klappten sie wieder auf, welk und weiß – eine unappetitliche Blume. Ich suchte den Sommer in ihren Beinen, die Tage, in denen sie sonnengebräunt an den Beeten entlangkroch und sich energisch unter dem Gartenschlauch abschrubbte. Die Kletterrosen, die ungebändigt über die Hecken hingen, hatten ihr Arme und Beine zerkratzt, Blutspuren wie Raupen spülte sie ab, und nach dem Waschen ölte sie ihre Haut mit Eukalyptus ein, um die Schrammen wegzureiben –

Eukalyptus, ein Geruch, den ich mit Gelenkigkeit verband, aber jetzt, vor dem Spiegel hängend, in diesem schmutzigen, rosaroten Hemd, roch sie vor allem eingenässt, und ihre Arme und Beine waren steif.

Ihr war kalt, ich legte ihr eine Decke um die Beine und spürte wieder den Widerstand, diesen ewigen Widerstand, die Furcht vor Nähe, der Schauder wegen einer Berührung, aber ihre Muskeln waren zu schlapp, deshalb ließ sie es zu. Meine Stirn berührte die ihre, sie greinte, so nah, Nase an Nase: »Nichts funktioniert mehr.«

Ihre Zunge kreiste zwischen den leeren Kiefern, sie schnitt Grimassen, fuhr sich mit einer Hand durch das ungekämmte Haar, pustete eine Strähne von den Augen weg und trompetete Luft aus ihren aufgeblähten Wangen. »Wenn ich tot bin, dürfen sie mich nicht schön machen, keinen Puder, keinen Lippenstift, ich will ehrlich in den Ofen. Kann ich mich auf dich verlassen?«

Ich setzte mich neben sie, legte einen Arm um sie, ihre Augen suchten mich im Spiegel, bettelten um eine Antwort, aber ich starrte auf den abgetretenen Läufer vor ihrem Bett. »Schau doch, schau mich an. Alles ist kaputt.« Sie zog das Hemd um ihren Bauch straff und wiegte den Fleischbaum in ihrem Schoß, diesen großen Ball, der sie nach vorn zog, nur am Tisch konnte sie ihn bezwingen, gegen den Rand eingeklemmt, erstickt in ihrem Kissen. Dort drinnen war Leben, sie spürte es wachsen. »Vielleicht können wir ihn nach meinem Tod noch irgendwo einpflanzen. Wär doch jammerschade, ihn zu verbrennen.«

So zerbrechlich wie sie dasaß, ohne Maske, ohne die Scham, mit der sie uns erzogen hatte, meine körperscheue Mutter. Ich schlug vor, ihr beim Duschen zu helfen, aber sie begehrte auf – »will nicht, will nicht« –, sie zog sich an mir hoch, schleppte sich in die Ecke ihres Schlafzimmers und stellte sich vor mir aus wie ein Auktionsobjekt. Sie ließ ihre Arme schwabbeln, verspottete ihre Kahlheit, zeigte die rissige Nagelhaut, die Leberflecken auf ihren Händen, groß wie Fünf-Cent-Stücke: »Weißt du, wie man die früher genannt hat? *Fleurs de cimetière.*« Und auch, was ich nicht sehen konnte, bekam einen Namen: Krampfadern, Hängearsch, Streichleder (ihre Brüste), für jeden Körperteil eine abfällige Bezeichnung – eine Anatomiestunde, zwar unter einem schmutzigen Hemd, doch nackter als je zuvor. Sie beschrieb ihren Körper, als ob er einer anderen gehöre, als wäre sie in Maske auf die Bühne geschickt worden. Wem gehörten diese Beine, diese Kalkzehen? Konnte sie da noch raus? Wo war der Reißverschluss? Und obwohl ich entsetzt war, konnte ich meine Faszination doch nicht bezwingen. War das ihr Rücken? Mager und ausgezehrt, an den Schultern ein bisschen gekrümmt, der Rücken, der sich im Gemüsegarten bückte, der Anrichterücken, zu dem ich als Kind sprach, wenn ich aus der Schule kam, der schweigende Rücken – meine Klagemauer.

»Komm, geh dich waschen.« Ich ging ihr voran ins Badezimmer, aber sie weigerte sich, mir zu folgen. Der Duschstrahl tat zu weh. Sie schwankte, ihre Augen irrten ab – ein Schwindelanfall. Sie gab dem Rollator einen Schubs und ließ sich aufs Bett fallen. Sollte ich den Arzt rufen? Nein, nein, es war nichts, es ging schon wieder vorbei. Sie sah lächelnd zu mir auf, der grüngelbe Glanz ihrer Augen war verschwunden – ich hatte es bisher noch nicht bemerkt. Sie griff nach meiner Hand. »Ich will nicht ins Krankenhaus.«

»Wir behalten dich hier, wir sorgen für dich bis zu deinem letzten Atemzug …« Das klang edelmütig, aber ich dachte gleichzeitig an meinen Terminkalender, in den ich schon Wochen nicht mehr zu sehen wagte. Mein Verleger saß mir im Nacken, ich vernachlässigte Freunde, und in drei Wochen wurde ich in Paris bei einem Literaturfestival erwartet. Sie musste sich beeilen oder ihren Tod noch ein Jahr aufschieben. »Gib nicht auf«, sagte ich, »mit deinem Van-Dis-Gen machst du die hundert voll.«

Sie verwünschte mich murmelnd, aber ich durfte sie doch am Arm nehmen und zur Dusche führen. Ich ließ lange das Wasser laufen, bis ihr die Temperatur passte, und drehte den Duschkopf so, dass der Strahl weicher wurde, sie zog ihr Hemd über den Kopf (»Nein, mach ich selbst«), und ich ließ sie allein, lauschte aber wohl vor der Badezimmertür, ob alles gutging. Das Wasser lief, ein Hocker wurde verrückt, sie hatte sich hingesetzt, der Boiler summte, und sie brummelte. Beruhigende Geräusche.

Ich ging ins Wohnzimmer und hörte einen Schlag. Eine Sekunde später stand ich in einem dampfenden Badezimmer und kniete vor einer nackten, wimmernden Mutter nieder. Ausgerutscht. Sie schluchzte leise. Ich betastete ihre Beine, Hüften – alles beugte und streckte sich, wie es sein musste. Ich zog sie hoch, sie nahm selbst die Stufe der Dusche. Anscheinend nichts gebrochen oder kaputt, bis auf ein paar rote Striemen auf dem Rücken. Nur diese Schwindelanfälle. Sie würgte.

Ich rief beim Empfang an. Niemand nahm ab. Rief ihren Arzt an. Belegt. Nach dem dritten Versuch bekam ich eine Bandansage, die mich an den ärztlichen Bereitschaftsdienst verwies. Die diensthabende Krankenschwester blieb ärgerlich gelassen. Ob ich zuerst einige Fragen beantworten wolle. Geburtsdatum, Name des Hausarztes und wo die Patientin versichert sei. Wusste ich nicht. »Hat sie Fieber?« Wusste ich auch nicht.

»Würden Sie das bitte messen?«

»Hören Sie, ich sitze hier mit einer kranken Tigerin, sie hat kein Thermometer.«

»Ja, so kommen wir nicht weiter.«

»Ich würde erst mal was tun, statt Zettel auszufüllen.«

Ich fluchte.

Die Person legte auf. Sie war geschult im Umgang mit aggressiven Anrufern. Meine Mutter wollte schlafen. Ich rieb sie trocken – trotz Gegenwehr –, half ihr in ein sauberes Nachthemd, richtete ihr Bett. Die Sonne kam hinter den Bäumen hervor, eine Pfütze Licht ergoss sich über den Balkon, die Hortensien ließen die Blätter hängen, die Kästen waren ausgetrocknet. Das Fenster musste zubleiben, die Möwen lärmten zu laut, alles tat weh, sagte sie, das Licht, das Hupen eines weit entfernten Autos. Ich zog die Vorhänge zu, sie kämpfte mit einem Bettlaken und ließ sich auf ihr Kissen fallen. Schlapp. Ich tätschelte sanft ihre Wange. Sie zwinkerte.

Ich rief erneut den Bereitschaftsdienst an.

Wieder die Frau, wieder die Fragen. Vierzig Grad Fieber gab ich an, und sie kotzt, eine Ohnmacht. Ich bluffte ihre Schwindelanfälle zum Notfall.

Meine Mutter murmelte unverständliche Sätze. Sie sabberte, blies Spucke. Ich redete auf sie ein, fragte, ob sie meine, dass sie stirbt, aber sie gab keine Antwort und keuchte leise.

Vielleicht war es die Klingel, der Instinkt, sich bei Besuch aufzurichten, aber das Eintreffen des Arztes gab ihr die Kraft, mich zu bitten, ihr das Gebiss zu geben und schnell mit dem Kamm durch ihr Haar zu fahren.

Es war ein ziemlich ausgelaugter Arzt, den ich einließ, schief gelaufene Absätze, ausgeleiertes Jackett, verwittertes Gesicht, aber freundlich und ohne Sperenzchen. Der Vertreter, so stellte er sich vor. »Ich bin zu alt für ein Krankenhaus«, sagte meine Mutter, noch bevor er sie untersuchen konnte. Er beugte sich über sie, spähte mit einer Lampe in ihre Augen, fühlte den Puls, bat sie, den Zeigefinger zur Nase zu bringen (ein umherirrender, der auf dem Kissen landete) und sagte: »Sie sind müde.« Schlief sie denn genug?

Sie klagte über schlaflose Nächte. Sehr überzeugend. Eine Pille würde ihr helfen – er verschrieb ihr die doppelte Dosis.

Der Arzt ging zum Händewaschen ins Badezimmer.

Meine Mutter stieß mich an und wisperte: »Sprich mit ihm, mit dem kannst du Geschäfte machen.«

Im Vorraum fragte ich ihn nach seinem Eindruck.

»Sie hat eine TIA gehabt, vermutlich ein paar nacheinander. Ruhig liegen lassen. Morgen komme ich wieder.«

Sie redete wirr, war eine Besserung möglich?

Er philosophierte über das Leben – ungefragt, mit der Hand auf der Türklinke. Auch Gesundheit sei eine Unvollkommenheit. Wir dürften nicht zu viel erwarten.

Tja.

Draußen im Flur ging sein Handy. Er nahm ab, seine Schultern zogen sich vor einer zeternden Stimme hoch. Ich sah ihm lange nach, erstaunt, wie er mit ihr umging. Sein Schatten schlurfte neben ihm her. Er schien mir ein Mann zu sein, der sich nach Ruhe sehnte.

Meine Mutter lag mit ihrem Gebiss in der Hand, als ich wieder vor ihrem Bett stand. »Und? Macht er es?«

»Der Mann kennt dich kaum.«

»Du bist ein Waschlappen. Koch einen Tee.«

Ich ging in die Küche, aber als ich mit den Tassen zurückkam, schlummerte sie gerade ein.

Auf dem Balkon rief ich meine Halbschwester in Italien an. Vielleicht sollte sie doch herkommen. Wieder im Zimmer hörte ich leises Rufen. Sie klagte über kalte Beine, ich hatte ihr Bett schlecht gemacht, das Laken war zu festgezurrt, sie konnte ihr linkes Bein nicht mehr anziehen.

Die Sonne wanderte zur anderen Seite des Gartens, im Schlafzimmer wurde es dunkel. Sie schlug auf ihr unwilliges Bein und ließ sich zurückfallen. »Bitte geh jetzt.«

Ich knipste eine Schirmlampe an, setzte mich neben ihr Bett und las die Nachrichten auf meinem iPhone.

»Mir ist inzwischen alles total egal«, lispelte sie.

»Schreib das mal auf.«

Sie bestand darauf, dass ich ging. Ich räumte ab, gab den Hortensien Wasser, zauderte. »Ich würde lieber bleiben.«

»Ich will, dass du gehst. Du machst mir Angst.«

Ich ließ die Wohnungstür einen Spalt offen und hastete zur Direktorin – es wurde Zeit, dass jemand Maßnahmen ergriff. Sie saß noch am Schreibtisch, mit Blick auf den Empfang und die Cafeteria, wo die Bewohner den ganzen Tag über hinkonnten. Erschrocken sprang sie auf. »Ach, ist es so weit?« – Kopf schräg geneigt, mitfühlend, es ging einem richtig ans Herz. Es fehlte nicht viel, und ich fing zu heulen an. »Ihr lasst sie im Stich.«

»Wir können nichts tun, Ihre Mutter hat keine Pflegestufe, wir dürfen nichts tun, und sie will auch nichts. Was erwarten Sie von uns?«

»Pflegen oder ermorden. Warum unternimmt der Hausarzt nichts?«

»Den will sie nicht sehen. Ich schaue täglich kurz nach ihr, aber es bleibt schwierig, durch den Briefkasten zu kommunizieren. Wir haben einen Schlüssel für den Notfall, aber sie hat ein Nachtschloss an der Tür anbringen lassen.«

Ich bat um einen Reserveschlüssel.

»Vertraut sie Ihnen auch nicht?« Ihr Gesicht bewölkte

sich. »Aber den darf ich Ihnen nicht einfach geben – *privacy* –, dafür brauche ich eine Vollmacht.« Sie ging zum Stahlschrank, um die Akte meiner Mutter zu holen – die magerste von allen, offenkundig, nicht mehr als ein paar Blätter. Sie schlug die Akte auf. »Mmm, noch immer ein Mietrückstand. Nein, ich sehe kein Formular. Sie haben keine Schlüsselbefugnis.«

»Dann fälsche ich ihre Unterschrift.«

»Ich komme Ihnen entgegen«, sagte sie ohne Zögern. »Sollen wir dann auch gleich das Nachtschloss entfernen lassen?« Blätternd hielt sie die Schutzhülle der Akte hoch, und ich sah meine Mutter kopfüber auf einem Foto. Durfte ich mal sehen? Es war ein Urlaubsschnappschuss. »Ja, kein Passfoto wie die anderen. Sie ist ganz schön eitel.«

Ich erschrak über das volle Haar, das breite Lachen – hochgerecktes Kinn, ein Hauch von Arroganz, als würde sie mit dem Fotografen flirten. Vielleicht war es die gestärkte Bluse, der Stehkragen, ein bisschen frech. In welcher Zeit sah sie hier in das Objektiv, braungebrannt, man spürte die Sonne auf dem Foto, es musste draußen aufgenommen sein, an einer Anlegestelle – Ausflugsdampfer schaukelten hinter ihrem Kopf. Eine Fremde sah mich an.

Die Direktorin gab mir einen Schlüssel, und ich stieg erleichtert die Treppe hinauf.

Die Tür war geschlossen. Mein Schlüssel scharrte im Schloss. Licht spitzte unter der Schlafzimmertür durch, aber zuerst ging ich ins Wohnzimmer. Und da stand sie, auf dem Balkon, im Nachthemd. Ich stürmte hinaus: »Was machst du da? Du erkältest dich.« Meine Mutter taumelte in den Hortensien, hing schon halb über dem Geländer, sabbernd. Ich zog sie weg, aber sie klammerte sich an einen Gitterstab, ihr Nachthemd war voller Schmutzstreifen. Sie wand sich los, mit einer verbissenen

Kraft, ich umklammerte sie mit beiden Armen, schnürte ihr fast den Atem ab und schleppte sie ins Zimmer.

»Was ist das für ein Unsinn!«

Ich setzte sie auf die Couch, aber sie stieß mich weg. Ihre Füße waren schmutzig. Die Blumenerde hatte sie zum Tier geschminkt, schwarzklauig, ängstlich, waidwund. Ich streichelte ihre klamme Haut, ihre verklebten Haare, wischte ihr die Erde aus der Nase. Bis sie sich beruhigte.

»Soll ich dich waschen?«

Sie nickte.

Ich füllte ein Wännchen mit lauwarmem Wasser und betupfte ihr Gesicht mit dem Zipfel eines Handtuchs, ruhig, flüsternd, obwohl ich mich zwingen musste, ihr nicht weh zu tun, ich wusch ihre Knie, noch immer glatt und rund, ihren Hals, und ich spürte ihren Kehlkopf, ihr Herz klopfte in meiner Hand … Und dennoch gab ich mich der Weichheit geschlagen. Sie schlief im Sitzen ein.

Ich blieb den ganzen Abend bei ihr. Sie war zu erschöpft, um aufzustehen. Ich brachte ihr Kissen und Decke zur Couch, fegte den Balkon, aß ein fettes Fu Yong Hai vom chinesischen Lieferservice und ließ mich aufgebläht auf ihr Bett fallen. Mein Rücken kämpfte mit einer Wurst aus Laken. In dieser Nacht kroch ich in sie, und alles war alt, und alles tat weh.

41

Der Zettel an der Tür, der Zusteller von Mahlzeiten, Brot und Obst fernhalten sollte, war weggenommen, meine Mutter nahm wieder die Thermobox entgegen und stürzte sich auf die Behälter mit verkochtem Gemüse und gebissfreundlichem falschem Hasen. Es tat ihr sichtlich gut, nur ihr linker Mundwinkel tröpfelte noch nach. Angeschlagen schlurfte sie durch ihr Apartment. Ob ich die Alben vom Tisch wegnehmen wolle – kann weg. Wir sollten sie unter uns verteilen. Wir füllten noch ein paar Schachteln. Kw. Kw. Zwei Bücher blieben auf dem Tisch: die Bhagavad Gita und das Tibetanische Totenbuch. Und sonst entschied sie sich für »das Hier und Jetzt«, die Zeitungen und die täglichen Nachrichten.

Es war schwül und regnete schon seit Tagen. Der Vertretungsarzt hatte vorbeigeschaut, und es wurden Medikamente gebracht – Schlaftabletten und Blutverdünner, die sie sich weigerte zu nehmen. Ich drängte sie nicht. Wir warteten …

Mein Notizbuch lag arbeitslos auf dem Tisch, und meine Mutter schwadronierte am Fenster über das Klima: Die Niederlande würden immer nasser und heißer. Der Beweis wuchs ihrer Meinung nach im Garten des Seniorenheims: Bambus. Das Büschel Halme, das sie als

Mitglied der Gartenkommission vor Jahren eigenhändig ausgesetzt hatte, wucherte meterhoch, überall schossen besenstieldicke Stangen in die Höhe. Der Gärtner rückte ihnen mit Spaten und Beil zu Leibe. Anfangs hatte sie den Wildwuchs genossen – in dem wehenden Bambus hörte sie eine tropische Landschaft klingen, aber er riss auch eine Geschichte auf.

»Wir wurden im Monsun aus dem Lager geholt, ein paar Wochen nach der Befreiung, als eine der letzten Gruppen, es war eine schreckliche Fahrt, nass bis auf die Knochen, ein Lastwagen überschlug sich, Verletzte.«

Sie erzählte es beiläufig, als würde ein alter Faden wieder aufgenommen. Ich schraubte die Kappe meines Füllers ab, ein wortloses Signal, worauf sie, so gut oder schlecht es ging, ihren hohen Sessel erklomm, Kissen auf den Bauch, sich auf den leeren Tisch stützte, verletzlich ohne Bücherfort, obwohl der krumme Stock noch in Reichweite lag. Ihre Stimme war flacher als sonst, sie lispelte ein wenig und gönnte sich lange Pausen, die ich schweigend verstreichen ließ.

»Wir wurden in ein geschütztes Viertel gebracht, hergerichtet als Evakuierungslager, dort sollten wir wieder zu Kräften kommen; später, wenn es mehr Schiffe gebe, würde man uns zum Hafen bringen. Der Frieden war nur Schein. Wir durften nicht ins Freie, wir wurden erneut hinter Absperrungen gesteckt. Die Nationalisten wandten sich gegen uns, die Bevölkerung war aufgewiegelt, einige Straßen wurden von *pemudas* kontrolliert – hochaufgeschossenen Halbwüchsigen mit Bambusspeeren. Sie trugen die gestohlenen Uniformen unserer Männer oder hatten weiße Tücher um den Kopf gewunden. Unser neuer Feind ging noch zur Schule, und wir hatten mehr Angst als je zuvor.

Die alliierten Befreier konnten nichts dagegen tun, was willst du, ein paar Briten, Australier und eine Handvoll Inder und Gurkhas. Die Japaner bekamen den Auftrag, uns zu bewachen. Beschützt vom Feind, das musst du mal jemandem erklären …« Sie nickte zu meinem Notizbuch.

»Wir bekamen keinen Kleisterbrei mehr, sondern Reis, Fleisch und Gemüse. Unsere Mägen konnten das schlecht verdauen, daraufhin wurden wir wieder auf halbe Ration gesetzt. Trotzdem schlugen sich einige bis zum Platzen den Bauch voll, schlangen, ungezügelt, kotzten es dann wieder aus und gingen erneut in die Küche, oder sie standen da und kratzten die Mülleimer leer. Wir waren noch nicht richtig befreit, und sie verloren jede Kontrolle.«

»Auch du?«, fragte ich, ohne aufzusehen.

»Unsere Körper wachten wieder auf. Schreib das bloß nicht.« Ich legte meinen Füller hin. »Erzähl es nie deiner Schwester.« Ein Satz, den ich schnell aufschrieb. »Ich verliebte mich in deinen Vater. Schon damals, noch kaum wiederhergestellt. Wir suchten beide nach unseren Ehepartnern – dass er auch Just hieß, hielten wir damals für mehr als reinen Zufall.« Sie hüstelte.

Ich sah sie spöttisch an. »Und hier sitzt das Produkt, entstanden aus der Saat des Verrats.«

Der Witz fiel auf schlechte Erde. Ich entschuldigte mich. Ende der Geschichte.

Aber ein paar Tassen Tee weiter: »Ach, es war so eine verrückte Zeit. Ich sah völlig verwilderte Männer zurückkehren, tja, und dann entdeckst du, dass dein Geliebter nicht mehr dem Heiligenbildchen in deinem Gedächtnis gleicht. Der Krieg hatte uns hässlicher gemacht, auch innerlich … In den ersten Monaten sind ziemlich viele Ehen zerbrochen. Und ich verliebte mich, ja, frag mich nicht, wie das ging.«

Sie zog sich hoch, griff nach ihrem Rollator und schleppte sich zum WC. Die Räder hatten den Teppich zerfranst – den alten Perser, auf dem die französischen Tanten noch gottesfürchtig gekniet hatten –, und während ich um mich schaute, sah ich zunehmend Spuren des Niedergangs, noch mehr Flecken auf dem Tischtuch, ein Riss in der Tapete, die Zimmerdecke vergilbt, eine Fensterbank, die einen Anstrich brauchte. Auch ihre Wohnung war lebensmüde.

Sie kam plappernd herein und blieb kurz vor dem Bild ihres einzigen angetrauten Mannes stehen (der nach dem Entree meines Erzeugers Just 1 heißen sollte). »Ach, ich habe mich so schuldig gefühlt. Wo war er hingeflohen? Sein Name stand auf keiner Liste, nicht einmal auf der Vermisstenliste. Es war ein großes Chaos. Die dummen Holländer auf Java hatten durchgegeben, Just sei vermutlich übergelaufen, genau wie all die anderen gut ausgebildeten Männer, die sich plötzlich Indonesier nannten. Ein Australier vom Roten Kreuz stellte unangenehme Fragen. Warum Just nicht gefangen worden sei?

Ich hatte nur ein Foto in Uniform zum Vorzeigen, das einzige, das ich noch von ihm hatte, er mit drei Mann auf Patrouille. Auf die Rückseite hatte ich Rezepte geschrieben: Kalter Hund, Strammer Max, Arme Ritter, … Hungergebetchen nannten wir das. Der Australier musste seine Brille absetzen, um richtig sehen zu können. Voller Verachtung schob er das Foto von sich weg.

Wir gingen jeden Tag nach den Listen schauen und sprachen jeden an, der mit Nachrichten von draußen kam. Ich habe Frauen gesehen, die nach einer Todesnachricht verrückt wurden, als ob in ihrem Gehirn etwas zerbrochen sei. Aber nichts wissen, das ist schlimmer.

Ein chinesischer Obstverkäufer wollte für mich Erkundungen einziehen – im Tausch gegen ein Schuldbekenntnis. Das Silber, das ich im Garten unseres letzten Hauses vergraben hatte. Nach ein paar Wochen nahm er mich geheimniskrämerisch auf die Seite. Es war damals sehr unruhig, und wir durften eigentlich nicht vor das Tor, trotzdem gelang es ihm, mich in eine verlassene Gummifabrik zu bringen, keine zehn Fußminuten von unserem Lager entfernt. Er sah sich ständig um, denn die *pemudas* machten auch Jagd auf Chinesen. Wir wurden von zwei ambonesischen Soldaten erwartet, Ex-KNIL-Männern, die sich während des ganzen Krieges nicht von den Japanern hatten schnappen lassen und sich jetzt vor den *pemudas* verstecken mussten. Kein holländischer Hund war sicher. Sie kannten Just, waren stolz auf seinen Rang – ja, wer nicht, denn nur wenige hatten es so weit gebracht –, einer von ihnen hatte auf einem früheren Posten unter ihm gedient, ein Korporal, ein Kettenraucher mit einem schmutzigen Verband um den Hals. Er konnte mir erzählen, dass Just mit ein paar Soldaten eine Widerstandsgruppe gegründet hatte, alles dunkelhäutige Männer, die dank ihrer Hautfarbe zwischen den Einheimischen verschwinden konnten. Spionieren für die Alliierten, Waffenschmuggel, Brücken sprengen, solche Sachen. Er soll nach Java geflohen sein. Hoffnungsvolle Nachrichten, dachte ich. Aber sein Kamerad verplapperte sich: Die Gruppe war verraten worden. Die Kempeitai hat sie tagelang gefoltert. Und danach? Sie wollten es nicht sagen, aber ich konnte es mir denken.«

Ihre rechte Hand zuckte an ihrem Kehlkopf entlang.

»Zum Trost bekam ich ein Tellerchen Reis. Der Obstverkäufer wollte wissen, wo er das Silber ausgraben konnte. Du kennst die Chinesen, es bleiben Händler.«

Sie hatte sich gefangen, sprach sehr ruhig – müde, stieß ein bisschen mit der Zunge an – und in kargen Worten, als ob die Geschichte, die sich seit Jahren in den Falten ihres Gehirns herumgeschoben hatte, noch nackt wäre, ohne die Ausschmückungen, die Geschichten bekommen, wenn man sie oft erzählt.

Ich wollte diese Männer besser sehen können und auch das Verhalten meiner Mutter. In diesem Gummilager war es dunkel, ich gab ihr ein bisschen Licht, ließ einen der Männer ein Feuer entfachen, er wärmte Reis auf, legte noch ein paar Hölzer nach. Schau, sie zieht ihr verwaschenes Kleid gerade, sehr beherrscht, sie hat es am Vortag beim Roten Kreuz aussuchen dürfen, es ist ein bisschen weit und zeigt ein bisschen Brust, insoweit sie nach drei Hungerjahren noch Brüste hat, aber sie hat den Einblick mit einer Sicherheitsnadel zugesteckt. Die Soldaten verbeugen sich vor ihr und legen die rechte Hand aufs Herz. Sie kennt die Geste, aber sie verbeugt sich nicht. Der Korporal ist ein wohlerzogener Mann, er bietet ihr eine Kiste an, klopft den Staub ab. Beim Bücken verschiebt sich der Verband um seinen Hals, eine frische Narbe wird entblößt – eine Streifwunde vom Speer eines *pemudas.* Sie fragt nicht nach, ein paar Zigaretten später ist die Wunde wieder in Rauch gehüllt, aber die Gesichter haben sich ihr auf immer eingeprägt: das scharfe Kinn des Korporals und sein angespannter Kiefer, bevor er zu sprechen begann, und die schönen dunklen Locken seines Kameraden, verfilzt vom Staub – Locken wie die ihrer Töchter.

Meine Mutter beugte sich vor und verfolgte meine Feder auf dem Papier.

»Wie langsam du schreibst.«

»Was für eine Todesnachricht«, sagte ich, hastig die Sätze hinschludernd.

»Bist du nicht verrückt geworden?«

»Nein, keine Träne, nichts. Komisch, nicht? Ich war zu betäubt, weißt du, abgeschnürt, so fühlte es sich an … wie die Baumschere.«

Sie stand auf und rollte zu ihrem Ausguckposten an der Fensterbank. Der Regen schlug ans Fenster, sie winkte mich neben sich. Wir schauten auf den weinenden Bambus und die glänzenden Sprossen, die aus dem Gras aufschossen. »Denk nicht, dass ich kalt oder gleichgültig war.« Sie sprach über ihre damalige Verliebtheit – so unbeabsichtigt und verboten, aber ihr Körper wollte es und ihr ganzer Verstand. Es war ein Kampf. Allein schon die Scham gegenüber ihrer ältesten Tochter Jana, einer knapp Vierzehnjährigen, die dachte, dass beim Roten Kreuz Väter ausgeteilt würden, und die sich selbst einen neuen Just aus den Reihen geholt hatte, um ihn wie eine Trophäe ihrer Mutter zu zeigen, und jetzt wurde er auch noch vor ihren Augen einkassiert.

In ihren ersten Tagen erkundete sie mit diesem neuen Just die schmalen Pfade hinter der Rot-Kreuz-Station. Das Gehen fiel ihm schwer, er hatte vom Schwellenschleppen an der Zugtrasse einen gebrochenen Rücken. Bei einem Tor wurden sie von einem chinesischen Fotografen angesprochen. Foto? Foto? Der Mann hatte seinen Apparat jahrelang vor den Japanern verstecken können und wollte jetzt die Freiheit fotografieren. Ihre sichtliche Liebe gehörte zu dieser Freiheit. Sie stimmten zu. Einen Tag später stand er da und wedelte mit einem Abzug. Strahlend waren sie darauf, obwohl sie sich ihrer aufgeschwemmten Arme und Beine schämte, die Spuren des Hungers wollten einfach nicht verschwinden, und sein Schädel war voller Grind. Merkwürdig, sie hatten darüber hinweggesehen, über die Wunden, die lockeren Zähne – die Verliebtheit hatte die Hässlichkeiten ausradiert. Aber dieses Foto war ein schmerzlicher Spiegel …

und trotzdem konnten sie darüber lachen. Nach einer Woche wurden die Konturen unscharf und lösten sich auf – die Chemikalien des Fotografen hatten die Zeit im Untergrund nicht überlebt.

42

Meine Mutter wurde wieder kräftiger, und ich lebte wie ein alter Mann: gemeinsamer Morgenkaffee, gemeinsam Zeitung lesen, gemeinsam essen (ich bekam auch eine Thermobox), gemeinsamer Nachmittagstee (lau, ohne Kekse, ihr Zahnfleisch schmerzte immer mehr), gemeinsam Radio hören, gemeinsam lesen, fernsehen.

Ich stellte ihr die Pantoffeln bereit, goss heißes Wasser in die Wärmflasche und reparierte die Bremse an ihrem Rollator. Ihr Wunsch war mir Befehl. Sie schnüffelte in meinen Notizen, forderte Korrekturen, und wenn ich protestierte, setzte sie ihre Leiden ein. Schwupps, streifte sie wieder ihren Stützstrumpf nach unten, und ich ölte ihre Schuppenbeine. Ich schrumpfte zum Knecht. Aber meine Hand sehnte sich nach der Peitsche.

Nachts, allein in meinem Gästezimmer, wenn mich die Kuhle in dem französischen Bett nicht einschlafen ließ, lag ich da und dachte still an meine Mutter. Nein, ehrlich sein: Ich lag da und hasste sie inständig. Manchmal kochte ich vor Wut, wollte brüllen, und dann stand ich auf, um im Garten meinen Rücken zu strecken. Ich war nicht der einzige Schlaflose, ich sah einen verwirrten Mann, der sich auf dem Balkon ausgeschlossen hatte – er rief um Hilfe –, weiter oben weinte eine Frau. Verzweifelte Alte. Lichter sprangen an. Pflegerinnen rannten durch die Flure. Ruhesitz, wer denkt sich so eine Bezeichnung aus? Nachts hörte man das Rütteln in den Käfigen. Wie viele vermischte Nachrichten hatte ich nicht aus Zeitungen ausgeschnitten: »Mann erwürgt betagte Ehefrau.« »Frau erschlägt Mann nach 63 Ehejahren mit Bratpfanne.« Wo blieben die Söhne?

Wir sprachen leise, meine Mutter und ich, wir stritten nicht mehr und fügten uns dem selbstauferlegten Rhythmus, aus Angst vor einem falschen Wort. Und wenn meine Ungeduld mir in die Quere kam und ich mir einen Fluch verbiss, schlurfte sie zur Fensterbank und las mir in Monologen die Leviten.

»Du willst alles verstehen, in Sätze pressen, aber damit wird das Zärtliche gefährdet, es geht nicht um die schnurgerade Linie, sondern um die Spirale, um Abtasten. Du musst auf Erkundung ausgehen, nichts aufsprengen. Das Rätsel ist wichtiger als die Antwort. Was passiert ist, verstehe ich ja selbst nicht.«

»Wir sind Funken aus dem Universum, aus Sternenstaub geboren. Genau wie die nach uns kommen, sie gehören uns nicht. Kinder sind Metamorphosen, die das Schicksal einem schickt. Anzuhaften hat keinen Sinn.«

»Am Leben zu hängen, ist ein doppelter Irrtum. Erstens: Du vergällst deinen Kindern das Leben. Zweitens: Loslassen ist auch besser für dein nächstes Leben. Ich habe schon zu viel verschlemmert … jetzt zu viel, später zu wenig. Du musst es verteilen, genau wie im Garten: Fäll einen Baum, und du hast mehr Sonne und stärkere Pflanzen. Harmonie, das ist das Ziel, aber es bleibt ein Herumstümpern.«

Sie reihte einen Gedanken an den anderen, dunkel oder tiefsinnig, dann wieder platt und nüchtern – Anleihen bei Bauern oder bei Buddha. Manchmal schien sie sich beim Assoziieren selbst zu überraschen. »Wie soll man denn loslassen, wenn es schon so schwer ist, etwas festzuhalten?« »Und wie lernt man, ›nichts‹ zu werden, wenn man sich selbst als nichts gesehen hat? Vielleicht ist es besser, jeden Tag weniger zu werden.«

Das laute Denken schien ihr Kraft zu geben. Sie ließ den Kopf weniger hängen, und in ihre Stimme kam wieder ein Lachen. Das Fenster war ihre Bühne, und selbst wenn sie mit dem Rücken zu mir stand, erwartete sie meine volle Aufmerksamkeit. Manchmal drehte sie sich triumphierend um. Schrieb ich das auch auf? Und wenn meine Feder auf dem Papier kratzte, klang es für sie wie Applaus.

»Ich wollte schon einmal springen, als dein Vater eine Freundin hatte, du weißt schon, diese Pflegerin aus dem Irrenhaus. Er hatte ihr Foto in unser Album geklebt. Wir waren gerade im Urlaub in den Ardennen, er war noch schwach, aber trotz dieser Abhängigkeit hatte er die Frechheit, mit ihr zu telefonieren. Wir haben damals viel gezankt, ich verlangte von ihm eine Entscheidung, aber er lehnte ab. Bei einem Wasserfall hielt ich es nicht mehr aus. Wir standen auf einer Holzbrücke und sahen nach unten auf die Felsen und die Stromschnellen – es wäre nur ein Schritt gewesen. Er sah mich zögern und zog mich weg. Auf der Rückfahrt holte er sich eine Erkältung. Eine Woche später war er tot, da musste sich keiner mehr entscheiden …«

»Nachsicht ist eine Lüge. Es ist eine Möglichkeit, seine Wut zu verbergen. Tief im Inneren sind wir wütend auf das, was uns genommen wurde, unsere Träume, eine Landschaft, der Liebhaber, die Töchter. Die Wut über diesen Verlust wird nur immer größer.«

»Schon seit meiner frühesten Kindheit habe ich gedemütigte Männer erlebt. Die Soldaten aus dem Fort ließen die jungen Bauernknechte durch einen brennenden Heureifen kriechen. Die Offiziere ließen es lachend zu. Später beobachtete ich dieselben Spielchen in einer Kaserne in Fort de Kock und auf Pflanzerfesten. Einheimischen zum Spaß Angst einjagen. Man weiß, wohin das führt.«

»Und trotzdem haben mich Soldaten immer angezogen. Man musste sich entscheiden zwischen Kittel und Uniform. Soldaten beugten sich nicht. Ich suchte mir einen von weiter als weit her, aber er kannte die Schikanen der Weißen und ihre Flegelmanieren noch nicht. Und dieser andere Soldat sollte dein Vater werden, ach herrje, man hatte ihn mit sechzehn aus dem Waisenhaus zum Militär geschickt, und er kam malträtiert aus dem Krieg. Ich wollte stolz auf sie sein. Sie durften keine Schufte werden und sollten aufrecht bleiben. Komisch, was?«

»Für mich war der dunkle Just Niederländisch-Indien, und ich war für ihn Holland. So einfach war das, und zugleich so kompliziert. Ich konnte nicht ahnen, dass er in seinem eigenen Land ein anderer würde und ich auch. Neue Erde – nicht jede Pflanze hält das aus.«

Draußen entfachte der Gärtner aus Baumschnittresten und dürren Blättern ein Feuer.

»Feuer brennt Erinnerungen weg. Es gab einen Mann, der wollte das Lager nicht verlassen. Als die Alliierten die Kriegsgefangenen abholten, rannte er in den Dschungel.

Später ist er zurückgeschlichen und hat mutterseelenallein Monate in dem verlassenen Lager verbracht, bis ihn zufällig eine Patrouille entdeckte. Unterernährt, nichts als Haut und Knochen, er war nicht zu überreden, mitzukommen, er konnte nicht glauben, dass der Krieg vorbei war. Sie mussten ihn in Handschellen abführen – wild vor Wahnsinn. Vor seinen Augen haben sie das Lager angezündet, erst als alles in Schutt und Asche lag, hat er sich beruhigt. Das Böse musste ausgebrannt werden.«

Das Radio meldete Kriegsleid.

»Soll ich dir mal was Schändliches sagen? Manchmal fehlt es mir. Wenn man zu lange mit den Händen in den gewässerten groben Flachsfasern rührt, spürt man das Weiche nicht mehr. Ganz ähnlich gewöhnt man sich ans Elend. Dein Vater hatte das auch, er trug den Krieg in sich und konnte sich nicht davon lösen.«

»Das erste Mal, als ich die Mädchen zu den Verwandten mitnahm, lief der halbe Polder zusammen. Als ob wir vom Zirkus wären. ›Können sie uns verstehen?‹, fragte ein Knecht. ›Indo kommt von indolent‹, hatte der Pastor irgendwo gelesen. Und beim Abziehen der Mädchenbetten habe ich die Magd lange an ihren Leintüchern schnüffeln sehen.«

Die Schere fiel ihr aus der Hand – die hohen Geranien zurückzuschneiden schaffte sie nicht mehr, die Blätter hingen schlapp herunter, und der Schimmel blühte aus den Töpfen. Es machte sie traurig und wütend zugleich, auch dass das Nachtschloss von ihrer Wohnungstür abmontiert wurde, machte ihr zu schaffen, und ihr Rollator blieb in dem rissigen Teppich hängen. Das Gefühl, ihre Wohnung nicht mehr im Griff zu haben, wurde stärker.

Eine Machtlosigkeit, die ihre Geschichten zunehmend einfärbte.

»Manchmal verselbständigen sich die Dinge, wie an dem Tag, als ich einen Gurkha überredete, mich zu unserem alten Haus in Fort de Kock zu bringen – er musste sowieso dort zur Kaserne. Ich war wild entschlossen, mich nicht länger einsperren zu lassen und nicht weiter abzuwarten. Ich musste mich für die Mädchen einsetzen und die Unschuld ihres Vaters beweisen. Vielleicht konnte ich in unserem alten Haus noch Papiere von ihm finden, seine Beförderungen, Auszeichnungen, Nachweise seiner Loyalität. Wir hatten, bevor der Japs einfiel, Justs Papierkram in einem Hohlraum neben der Schiebetür versteckt.

Das Haus war offenbar schon seit Jahren in anderen Händen. Total verwohnt, ohne Farbe. Die Schiebetür war herausgebrochen, der Garten durchgewühlt, und wo wir das Silber vergraben hatten, gähnte ein Loch. Ich hatte nichts anderes erwartet. Gestohlen oder gegen einen Sack Reis eingetauscht, oder vielleicht war der Chinese schon da gewesen. Nur meine Bücher waren noch da, nicht in einem Schrank, sondern in eine Teekiste geworfen. Zu komisch, als würden sie dort auf mich warten. Die Bewohnerin sagte mir, ein Lehrer habe sie im Krieg abgeholt, er wollte die Bilderbücher in der Schule verwenden. Nach der Kapitulation wurden sie ordentlich wieder zurückgebracht. Meine einzigen Bilderbücher waren die illustrierten Fortsetzungsromane von Dickens, die kaufte man damals lose, um sie später binden zu lassen. Sie waren vollgekritzelt, die Silberfischchen hatten sich Gänge durch die Seiten gefressen, mitten durch die Zeichnungen.

Die Bewohnerin musste dringend zu einem Kranken, erst als ich sie davon überzeugt hatte, dass ich nicht das Haus zurückfordern wollte, durfte ich bleiben. Und da saß ich dann mit *A Tale of Two Cities* auf den Knien, allein in dem vertrauten Licht, als wäre ich nie weggewesen, so merkwürdig …

Plötzlich hing ein starker Schweißgeruch im Zimmer, ich drehte mich um und sah vier Jugendliche in der Türöffnung stehen, mit weißen Stirnbändern und Bambusspeeren. Sie müssen unseren Jeep gesehen haben. Der vorderste kam zu mir her und riss mir das Buch aus der Hand. Niederländische Bücher seien verboten. ›Dickens ist englisch‹, sagte ich. War auch verboten. Wir sprachen Malaysisch, weißt du, vergiss das nicht. Der Junge warf das Buch auf den Boden und trat sich die Füße darauf ab.«

Ihre Geschichte stockte. Sie drehte ihren Rollator um und ging zu ihrem Stuhl zurück. Ich musste ihr die Fortsetzung aus der Nase ziehen – Satz für Satz.

Am liebsten hätte sie diesem *pemuda* eine Ohrfeige gegeben, aber ihr Arm weigerte sich. Sein Hass lähmte sie – ein Hass auf Bücher, auf Wissen, westliches Wissen, westliche Werte, so selbstverständlich auferlegt und als Vorbild hingestellt, und dieser Junge zertrat sie mit einem Grinsen.

»Und in diesem Moment wusste ich: Niederländisch-Indien, das ist Vergangenheit. Endgültig. Nach ihrem Vater verlieren die Mädchen auch ihr Land. Wo gehören sie demnächst noch hin? Dunkel, aber auch westlich – unrein in den Augen der Fanatiker.«

Dickens musste Seite für Seite dran glauben – das Zimmer lag voll zerknüllter Blätter. Dem Buchzertreter wurde davon noch heißer, seine Kameraden spielten Fußball mit den Kugeln und rannten in den Garten, aber er war kein Spieler, er meinte es ernst … Er lief zu der Teekiste, ging vor den anderen Büchern in die Hocke und nahm eines nach dem anderen in die Hand … die Titel, die Namen. Es war ein schöner Junge, stolz und klug, schlank – das Flair eines Generals.

Einsam fühlte sie sich – zu groß, zu lang, zu plump, zu weiß – in seiner Nähe. Sie ging zum Fenster, sah den ausgelassenen *pemudas* in ihrem alten, umgewühlten Garten zu. Seine Blicke folgten ihr. Unverschämt. Er rief sie zurück. Musste sie umkehren, mit ihm reden? Er war so jung, so hochmütig.

Wir sahen ihn vor uns, so genau beschrieb sie ihn … Jochbeine, Hüften. Ihre Lider flatterten. Sie hatte ihm vorgelesen, einfach eine Seite aus einem x-beliebigen Buch. Er, der Anführer, hatte sich hingesetzt, und sie saß neben ihm, und er lehnte sich an sie. Sie fühlte die Wut aus seinem Körper schwinden. Sie knöpfte ihm das Stirnband ab, faltete es zusammen und wischte ihm damit den Schweiß.

Sie schämte sich beim Erzählen, fragte mich, ob ich es verstehe.

»Ja, ja«, sagte ich. Und versuchte es.

Die Mittagssonne wanderte über die Fensterbank. Sie drehte sich erschöpft zum Licht hin und wurde zu einem breiten Rücken.

»Überleben ist etwas Schmutziges, wirklich. Der Gurkha, der mich abgesetzt hatte, kam nicht mehr, um mich abzuholen, eine Handgranate war in seiner Hosentasche explodiert. Ich habe im Krankenhaus noch bei ihm gesessen. Da lag er, mit nur noch einem Bein, im Eis. Eine Flasche farbloses Blutplasma nach der anderen wurde verabreicht, aber die Matratze färbte sich knallrot. Und dann sitzt du da und rührst mit deiner Hand im Eis. Damit du um Himmelswillen überhaupt etwas spürst. Ein englischer Militärarzt hat noch versucht, mit mir anzubändeln.«

43

Mutter und Tochter standen sich gegenüber. Sie hatten sich ein Jahr nicht gesehen, aber Saskia war zu erschrocken, um sie umarmen zu können. So mager, und der dicke Bauch, dieser idiotische Trainingsanzug. »Sorgst du wirklich gut für sie?« Und die verfilzten Haare in ihrem Nacken? Ich hatte die Wohnung nicht sauber gehalten, fingerdick lag der Staub im Bücherregal, und warum hatte ich mich nicht früher gemeldet? Am Telefon klang Mammie so viel kräftiger.

Wir zankten, wie früher. Mutter beschwichtigte, wie früher. Sie setzte uns jeden an eine Seite des Tisches, schob Tassen zu, unablässig werkelnd, kleckernd und befehlend. »Ein Tuch, schnell.« »Hol die Apfelbüchse aus dem Küchenschrank.« Getrocknete Apfelringe … seit Jahrhunderten nicht mehr auf dem Tisch gesehen – nach der Schule die obligatorische Leckerei zum Tee. Kekse waren schlecht für die Zähne. Wir hatten diese Büchse verflucht, und jetzt erschien uns nichts köstlicher als diese zähen anthroposophischen *taaitaai.* Allerdings war der Deckel festgerostet, und wir mussten uns mit dem Geräusch rappelnder Äpfelchen begnügen.

Ganz vertraut saßen wir da – zwei Kinder neben ihrer herrischen Mutter. Wir fühlten uns kleiner werden, traten uns unter dem Tisch, feixten, wechselten Blicke, die sie nicht sah, und führten Gespräche, denen sie nur halb folgte. Es ging ihr zu schnell, deshalb machte sie uns noch jünger, und bevor wir es merkten, saßen wir an der gemeinsamen Reistafel im Repatriantenheim und redeten über den Winter am Meer, Eisblumen auf dem Schlafzimmerfenster, überfrorene Zahnbürsten, Sand im Bett und kratzige Decken vom australischen Roten Kreuz.

Wir schabten den Rost vom Deckel. Die Finger meiner braunen Halbschwester waren dunkler geworden – die italienische Sonne hatte ihr wieder einen goldenen Schimmer gebracht. *Kulit langsep* – die Farbe tropischer Haut. Meine Mutter legte ihre Hand daneben, Bäuerinnenhand sucht Tropenhand, aber zu einer Berührung kam es nicht. Der Sturm eines holländischen Winters wurde zum Tropenwind, der andere Empfindungen herbeitrug, Sonnenlicht durch zarte Blätter, das einem tanzende Tupfen auf die Haut malte, das Nachglühen eines Zinkdachs, der Geschmack von geschabtem Eis – Saskias erste Erinnerungen. Mutter und Tochter konspirierten … sie teilten das Hämmern auf dem Gang eines Liberty-Schiffs, den feuerspeienden Ätna auf dem Weg zum Land der zu vielen Kleider. Es war richtiggehend gemütlich, und dabei wurden die beiden so nervös – vor allem wegen all dessen, was sie nicht aussprachen (das Lager, die Japsen) –, dass sie mit ihren Stühlen kippelten und unfindbare Dinge in ihren Taschen suchten und eine nach der anderen zur Toilette mussten. Zuerst meine Mutter, die wieder jede Hilfe ablehnte. Trippelschrittchen für Schrittchen (»kann ich allein, kann ich allein«) zum WC. Bei offener Tür.

»Wie lange, denkst du noch?«, flüsterte ich Saskia zu.

»Oh, das kann Monate dauern.«

»O nein, das schaff ich nicht mehr.«

Sie hatte Erfahrung mit Sterbenden, war Krankenschwester gewesen und hatte ihren eigenen Mann leiden sehen. »Warte mal ab, ich werde das anders anpacken.«

Und kaum war Saskia aus der Tür, da beugte sich meine Mutter vor: »Sie hat sich schon ziemlich mit Schmuck behängt.«

»Hat sie von dir.«

»Du hättest sie nicht herkommen lassen müssen.«

»Sie ist doch froh, dich zu sehen?«

»Ja, aber jetzt muss ich mich bestimmt beeilen.«

Nun zog auch ich mich kurz zurück – gespannt auf ihr Getuschel –, aber als ich auf der Brille saß und meine letzten Mails las, hörte ich Schritte im Vorraum und Rollatorschaben.

Sie standen im Schlafzimmer, vor den Kleiderschränken, fast alles war ausgeräumt und weggeworfen, es waren nur noch wenige Kleiderbügel und Regalbretter übrig. Plastikhüllen wurden aufs Bett gelegt, klemmende Reißverschlüsse aufgezogen. Jedes Kleidungsstück bekam eine Geschichte. Der blau-weiße Vögelchenrock: »Den hab ich auf einer Kreuzfahrt im Mittelmeer getragen.« Kann weg. Und eine glänzende, mintgrüne Hose: »Kanada, die hatte ich bei den Niagara Falls an.« Kw. Viel Rosa tauchte auf, und Hellblau, Farben, die ihr nie standen. Kw. Und dann, versteckt unter einem Morgenrock, ein terrakottafarbenes Kostüm. Tweed. Eine Kreation der Hering-Damen. Darin hatte sie zwei ihrer Töchter begraben. »Ist das nichts für dich?«, fragte sie Saskia.

»Wofür hältst du mich?«

Nein? Nun, dann ging sie eben damit in den Sarg.

Saskia legte es feierlich beiseite.

Meine Halbschwester war schon immer eine schlechte Stillsitzerin gewesen. Noch keinen Morgen in der Wohnung, und sie griff zum Staubsauger, wischte den

Küchenboden und putzte die Fenster. Auch unsere Mutter musste an ihre emsige Hand glauben. Wie konnte ich sie nur so verdrecken lassen! Die Schwester hatte leicht reden, nicht einmal gemeinsam mit den Pflegerinnen aus dem Ruhesitz bekam ich Mutter unter die Dusche. Sie schnauzte die Helferinnen an und verjagte sie mit Hilfe des Totenbuchs: »Tibetaner waschen sich auch nicht für ihr Sterben.«

Saskia entschied sich für die harte Hand: »Bluse aus, Hemd aus, Gebiss raus. Schau doch, wie schwarz dein Kragen ist.« Sie beherrschte die Pflegerinnensprache und ließ sich durch Jammern nicht mürbe machen. »Dein Body tut weh, weil du dich nicht bewegst.« Unsere Mutter bedeckte schluchzend ihre Brüste mit den Armen. »Und jetzt die Hose, die verdammten Stützstrümpfe.« (Auch nicht gerade fleckenlos rein.) Sie entblößte sie und wusch sie ohne ein tröstendes Wort. Meiner Mutter fehlten Gebiss und Atemluft. Beim Abtrocknen klagte sie über Stechen in den Fingern, ihre Ringe taten so weh – zwei an jeder Hand. Saskia massierte die Hände mit Eukalyptusöl. Die Kraft der Minerale wirkte nicht mehr: kein Amethyst konnte ihren Bauch beruhigen, kein Lapislazuli half, um besser wahrzunehmen, kein Türkis und Achat gegen steife Glieder.

Ich machte mich auf den Weg zu meinem Haus im Osten. Saskia sollte für ein bis fünf Tage die Betreuung übernehmen. Sie bekam den Schlüssel für mein Gästezimmer und den Reserveschlüssel für die Wohnung, obwohl ich ihr riet, vorläufig höflich anzuklopfen. Unsere Mutter konnte es noch immer nicht verschmerzen, dass das Nachtschloss entfernt worden war und das »Personal« jetzt einfach hereinspazieren konnte.

Personal … wir kannten unseren Platz.

44

Der Gemüsegarten bot einen traurigen Anblick. Der *nachbar* hatte Gaze über den Salat geworfen, aber die Schnecken behielten die Oberhand. Ihre Glitzerspuren schrieben Buchstaben auf den schmalen Weg zwischen den Beeten. Ich las das W von Waise … aber als ich zurückschaute, war es eher ein M. Schleimer. Um die Sonnenblumen und die niedrigen Apfelbäume herum waren Rehspuren in der Erde. Zu pflücken gab es nichts mehr.

Die Telefonate begannen wieder. Meine Mutter rief aus der Küche an – Hand auf dem Hörer: »Hör mal, sie will mich wirklich umbringen, sie redet von Sedierung. Ich habe das Wort nachschlagen müssen.«

Dann wieder hing sie ächzend hinter einer Schranktür, zur Geisel genommen in der eigenen Wohnung. »Sie will meinen Trainingsanzug wegwerfen.«

Und so mehrmals täglich.

»Die Geranien sind gestutzt. Jetzt noch ich. Sie manscht Schlaftabletten in mein Essen.«

»Aber die hast du doch gewollt?«

»Noch nicht, noch nicht«, flüsterte sie.

Meine Mutter konnte zwar über den Tod lesen, laut danach verlangen und ganz bewusst ihre Blutverdünner nicht einnehmen (»alles Gift«), aber jetzt, wo der Tod unausweichlich wurde, schreckte sie zurück. Ging das nicht zu schnell? Hatte sie nicht bei den Tibetern gelesen, dass ein Sterbender zuerst seinen Geist zu reinigen hatte? Man musste sich lösen von der Liebe, vom Hass, von allem, was einen an die Erde band. Sie brauchte mehr Zeit: »Unser Buch, was wird dann aus unserem Buch?«

»Du hast mir schon so viel erzählt.«

»Noch nicht alles … ich will leer und erleichtert gehen. Ein Toter braucht leichtes Gepäck.«

»Aber ich schreibe keine Schwebegeschichten mehr auf.«

»Es kommt, wie's kommt, meine Erinnerungen schweben ja in alle Richtungen. Auch wenn man noch so sehr mit beiden Beinen auf der Erde steht, das Gedächtnis ist völlig ausgefranst. Du weißt, wie es ausgegangen ist, aber nicht, wie es angefangen hat, und auf einmal begreifst du, dass du etwas Wichtiges vergessen hast, eine Bemerkung, einen Vorfall, der ein völlig anderes Licht auf die Sache wirft, und dann stimmt die Geschichte nicht mehr, und alles, was du sonst noch gesagt hast, auch nicht. Bevor du dich versiehst, erzählst du es dreimal anders.«

»Und da darf ich Struktur reinbringen.«

»Nein, so musst du es auch aufschreiben, wie man eine Geschichte erzählt, manchmal vor, manchmal zurück, dann erst ist es echt.«

Auch Saskia rief regelmäßig an, um zu berichten: »Was für eine fürchterliche Frau! Na, sie hat es doch tatsächlich geschafft. Mammie hat mich früher immer angeschnauzt, dass ich ein Kriegskind wäre: aufsässig, rotzfrech. Respektspersonen waren mir egal, ich war unpünktlich, klaute Essen und wusste nicht, was eine Wohnung ist. Die Klospülung zu ziehen traute ich mich nicht, den Staubsauger fand ich unheimlich. Ja, was ist daran komisch, so was kannten wir nicht im Lager. Wenn ich mein Bett nicht richtig machte, rief sie mir immer nach: ›Ich bin nicht deine *babu.*‹

Heute weiß ich sehr wohl, was Haushalten ist: gratis Fitness. Meinen Enkeln bringe ich bei, ihr Zimmer aufzuräumen. Ich bin nicht deine *babu* – den Ausdruck kennen sie auch.

Aber für Mammie bin ich immer noch die, die ich immer war. Als gestern das Essen gebracht wurde, habe ich den pappsüßen Nachtisch in den Treteimer gekippt. Zuerst dachte sie, ich hätte ihn gestohlen. Ich sagte: ›Wolltest du nicht weniger essen?‹ Da wurde sie aber fuchsteufelswild: ›Wer macht denn so was? Du hast den Krieg doch auch miterlebt. Hier wird kein Essen weggeworfen.‹ Sie hat den Nachtisch wieder rausgeholt und vor meinen Augen verschlungen. Wer ist denn hier aufsässig. Und wenn ich ihr widerspreche, bin ich rotzfrech. Wir drehen uns wieder im selben Kreis.«

Am Tag bevor ich kam, um sie abzulösen, rief Saskia erneut an. »Du, wir müssen mal ernsthaft miteinander reden. Kennst du die Erdbeerdiät? Es klingt nach einer Mode, aber es ist ein alter Weg, zu sterben, in Italien wird das oft gemacht, auf dem Land. Man fängt mit einem Schüsselchen Erdbeeren pro Tag an und baut langsam ab. Mir scheint es am besten, wenn du ihr morgen die erste Portion gibst. Es ist leicht, schmeckt gut und sie merkt nichts davon. Wenn es ernst wird, übernehme ich.« Es klang energisch, fast euphorisch.

»Aber, aber will sie denn wirklich«, begehrte ich auf. »Ich habe Stunden mit ihr gesprochen, und sie widerspricht sich ständig.«

»Hör zu, ich rede auch viel mit ihr. Und länger als du. Wir reden schon seit Monaten am Telefon darüber. Ich habe Erfahrung damit, sie vertraut mir völlig. Überlass das jetzt mal mir.«

Eifersucht. Noch immer. Zwei Kinder, die um ihre Mutter kämpfen und sich von ihr auseinanderdividieren lassen.

Das Band zwischen »den Mädchen« und ihrer Mutter war fest – geschmiedet durch Tropen und Lager. Die Mädchen hatten gesehen, wie Erwachsene gedemütigt wurden, wie sie logen, sich vordrängten, Essen stahlen, manchmal von ihren eigenen Kindern. Die Mädchen trösteten Frauen, die geschlagen wurden, schleppten ihre kranke Mutter zum Waschplatz, eine gebrochene Frau, die sie fütterten, pflegten – längst nicht so tapfer, wie sie sich gern gab.

Saskia war zu jung, um sich an dieses dahinsiechende Wrack zu erinnern, aber ihre älteren Schwestern hatten ihr viel erzählt. »Sie war so schwach, wir gaben ihr einen Teil von unserem Essen ab und hielten sie so am Leben.«

Ein peinliches Geheimnis. Eine geteilte Scham. Pass da mal dazwischen.

Und jetzt war Saskia am Zug, endlich. Die resolute jüngste Tochter würde ihrer Mutter beim Übergang in ein nächstes Leben helfen. Bissen für Bissen. Auch sie war eine Erlöserin. Nenn es Revanche.

Am selben Abend rief sie wieder an: »Mammie steht voll und ganz dahinter. Sie möchte nur, dass du die Erdbeeren mitbringst, die harten vom Gemüsehändler mag sie nicht. Hast du noch leckere im Garten?«

Nein, es hatte zwar eine zweite Ernte gegeben – aber die Amseln hatten sich daran gütlich getan. Für die Erdbeeren musste ich zum Bauern hinter dem Berg, der ließ sie unter Stroh und Netzen brüten. Er bewachte seine Beete mit einem Schießgewehr. Ich durfte selbst pflücken … suchend, tastend. Jede Erdbeere wog schwer wie Blei. Mit Stroh an der Hose fuhr ich zum Ruhesitz – der Gartenjunge des Todes.

Die Wohnung roch frisch. Meine Mutter dampfte sauber geschrubbt in ihrem Stuhl, die Nägel poliert, das Haar gelockt, in einer weißen Bluse und dem Vögelchenrock – von Saskia aus dem kw-Sack gerettet und mit der Hand ausgelassen. »Ich hab wieder eine Frau aus Mammie gemacht«, sagte sie.

Aber Mammie saß irgendwie bedripst da, Rock bis zu den Fußknöcheln, Kissen auf den spannenden Knöpfchen über ihrem Bauch. Sie klagte über kalte Beine.

Saskia ging für ein paar Tage zu Freunden. Mutters Launen hatten sie erschöpft: »Gestern hat sie ihr Kostüm vom Balkon geworfen, und jetzt will sie plötzlich in ihrem Trainingsanzug begraben werden.«

In der Küche bekam ich Diätanweisungen: Erdbeere, Erdbeere und Wasser. Keine feste Nahrung mehr, geschweige denn kräftige Suppe. Wenn die Erdbeersteinchen weh taten: zermantschen (»und wenn du schon mal dabei bist, dann misch für die Nachtruhe zwei aufgelöste Schlaftabletten drunter«). Und diese vielen Liter Tee mussten wir auch abbauen. Der Hausarzt hatte zugestimmt: »Er folgt meiner Berichterstattung ganz kollegial.«

Wir gingen noch einmal alles mit unserer Mutter durch: Das war doch, was sie wollte? Sie reagierte nicht. Saskia rüttelte an ihrer Schulter. »Du hast mich angefleht.« Es muss nicht sein, sagten wir noch. Aber sie nickte brav ja.

Ein sprunghafter Todeswunsch brachte uns tatsächlich zusammen. Wir ließen keinen Keil mehr zwischen uns treiben – das versprachen wir uns in einer Umarmung … Sie war meine einzige Schwester, und ich ihr einziger

Bruder. Ganz, von jetzt an, nicht halb. Aber die liebe Mutter hatte ihrer Tochter noch nicht richtig nachgewinkt, da fing sie wieder zu sticheln an: »Saskia vertraut dir nicht, sie sagt, dass du dir das Bauernsilber unter den Nagel gerissen hast. Sie hat mich gefragt, wo der Schmuck ist, und sie fordert vollständige Einsicht … sie befürchtet, dass du mein Girokonto abräumst.«

Teile und herrsche – aus Angst, die Macht über ihre beiden Kinder zu verlieren –, wir kannten das Spiel. Ja, manchmal war sie ein richtig schlechter Mensch.

45

Die Erdbeeren regten sie auf. Von der Diät wurde ihr schwindlig. Nach dem zweiten Tag flehte sie um eine extra Portion. »Mir tut der Mund weh von dem Geruch.« Ich gab nach und ließ sie so viel essen, wie sie wollte.

Sie leckte ihre schorfigen Lippen ab. Der Geschmack von so vielen Erdbeeren beschwor bei ihr einen Namen herauf: Lady Mountbatten. »Hab ich dir je von ihr erzählt? Sie hat uns im Lager besucht, eine Woche oder so nach der Kapitulation. Ich lag in der Krankenbaracke, mit schwerem Ödem, voll brauner Flecken. Sie ging in ihrem Khakikostüm an den Betten entlang. Ich zog schnell mein Moskitonetz zu, so schämte ich mich wegen meiner Hässlichkeit, aber gerade das weckte ihre Aufmerksamkeit. Sie stellte sich an mein Fußende und sagte: ›*Don't be ashamed, next year you will be as beautiful as ever.*‹ Diese aristokratische Stimme … mir kommen wieder die Tränen, wenn ich daran denke.«

Beautiful war ein Wort aus anderen Zeiten. Was und wer war noch *beautiful* in einer Krankenbaracke, wo es nach faulendem Fleisch roch? Aber in dem gefilterten Sonnenlicht, zwischen den leise wehenden Tüchern, die die Sterbenden von den Genesenden trennen sollten, bekam es wieder Bedeutung.

Beautiful trug ein Kostüm. Beautiful war Lippenstift. Beautiful hatte schöne Beine. Beine, die mit Fred Astaire getanzt hatten und die auf Palasttreppen zu Hause waren, und jetzt gingen sie durch die Tropenregen, an Baracken voll ausgezehrter Frauen entlang und folgten ihrem triumphierenden Lord, dem Oberbefehlshaber der alliierten Streitkräfte in Südostasien. Die Lager waren ihre Party.

»Wir flüsterten ein bisschen, sie sprach ein paar Worte Niederländisch. Ob ich schon Nachricht von meinem Mann hätte. Brave Klischees, wie sie im Buche stehen. *I like your lipstick,* sagte ich. Sie setzte sich an mein Bett, öffnete ihre Tasche, und dann hat sie meine Lippen geschminkt.«

Meine Mutter in ihrem Sterbestuhl zupfte ihren Rock zurecht, versuchte die Beine übereinander zu schlagen – es ging nicht mehr, aber sie konnte wie ein Filmstar seufzen: »Lady Mountbatten war mein Rettungsanker.«

46

Ich schrieb weiter ihre Geschichten auf, aber sie assoziierte immer wirrer, und ihre Stimmungen wechselten – von angstvoll zu friedlich, von rebellisch zu gelassen. Im einen Moment schwor sie auf die Tibeter, dann hatten sie wieder ausgedient. Oder sie geriet in Panik: Waren die Erdbeeren wirklich nicht gespritzt, vergifteten wir etwa ihr Gedächtnis? Sie konnte sich nicht mehr richtig konzentrieren. »Dann hören wir jetzt damit auf«, sagte ich. »Nein, nein«, widersprach sie, »wir müssen weitermachen, noch ein paar Sachen. Lass sie nur warten.« In den letzten Nächten schlief sie so fest, hatte weit weg Stimmen gehört. Menschen an ihrem Bett gesehen. Ihr Freund, der Missionsarzt, war hier herumgegeistert.

Nein, Carl war nicht aus ihrem Leben verschwunden. Keinen Tag, obwohl Justs Eifersucht sie auseinandergetrieben hatte. Es blieb bei einem Brief ab und zu, besprenkelt mit Tannenduft. Doch wegen des Kriegs in Europa hörte das auf. Nach der Besetzung der Niederlande war Deutschland auch in der Kolonie ein Feind. Alle Sumatradeutschen wurden interniert, die Bösen und die Guten. Carls medizinische Erfahrung war plötzlich staatsgefährdend.

Sie hatte noch dem Gouverneur geschrieben und für

ihn plädiert. Zu einer Antwort reichte es nicht. Nach gut zwei Jahren wurde Carl von den Japsen befreit und in seiner Funktion wieder eingesetzt. Er bekam sein Krankenhaus zurück, aber lange durfte das nicht währen, die Japaner brauchten ihn unbedingt an ihrer Bahnlinie, die Hitze und die Sümpfe forderten auch auf Seiten der Befehlshaber ihren Zoll. Wenige Wochen darauf wurde er in die Krankenbaracke der Internierten weitergeschickt. Es starben zu viele, die Arbeit ging nicht voran. Aber er durfte seine Instrumente nicht an ihnen schmutzig machen, und Medikamente waren ausschließlich für die Japsen da.

Das Misstrauen unter den Holländern war groß, aber die Cholera half ihm, weniger deutsch zu werden. Er war tüchtig und erfinderisch, schnitt Wunden mit einem scharfen Löffel aus, bastelte Katheter aus Bambus, um damit eine Blase zu entleeren, die Bakterien abfließen zu lassen, und setzte Infusionen, fein wie Federkiele, um Salz zu verabreichen. Primitiv, aber es half. Nicht jeder Cholerapatient endete als Leiche auf dem Scheiterhaufen.

Meine Mutter griff nach ihrer Tasche, der Zaubertasche, die sie noch immer mit sich herumschleppte, obwohl sie das Ding kaum aus dem Rollatorkorb wuchten konnte. Sie suchte etwas, wollte mir etwas geben, verlor aber den Faden.

Nach dem Krieg hatte sie ihn wiedergesehen, im Hafen, er stand in derselben Reihe vor dem Evakuierungsbüro an wie sie. Er flüsterte ihren Namen, sie erschrak, als sie sich umdrehte und ihm direkt in die Augen sah. Carl? War das der Mann, dem sie im Dschungel assistieren durfte? Ihr Sarongtänzer, der Verführer? Sie hätte ihn an seinem deutschen Akzent erkennen müssen, so melodisch und weich, wie das früher geklungen hatte, aber seine Stimme war anders, eine entzündete Zunge war ihm im

Weg, seine Lippen waren geborsten. Er hatte den Affenschädel der Sterbenden, seine Jochbeine standen hervor, und die Augen lagen tief in den Höhlen. Carl wollte sie anfassen, aber sie zuckte zurück vor Schreck: diese prachtvollen, heilenden Hände, mit denen er fiebernde Buschläufer hatte beruhigen können und kranke Kinder trösten, waren von einem Tropenschimmel angegriffen – alle Nägel abgefault.

Mutter holte einen Umschlag aus ihrer Tasche, mit Gummiband zusammengerollt, ein Brief, den Carl ihr überreicht hatte, bevor sie in die Niederlande zurückfuhr: ein Bericht seiner letzten Wochen an der Totenbahnlinie. Auf Deutsch geschrieben – gezeichnete Buchstaben mit beherrschten Schleifen, ohne jede Wiederholung. Das dünne Papier ringelte sich in meinen Händen.

»Ich sollte Dir das nicht schreiben, aber ich muss es loswerden, wirf den Brief nach dem Lesen weg, verbrenn ihn, und wer weiß, vielleicht verbrennt damit auch der Schmerz all dieser Menschen. Du musst Dir das vorstellen, Hunderte von Männern, die durch den Schlamm waten … in Schuhen ohne Schnürsenkel, mit abgetretenen Sohlen, mit Füßen dick von der Beriberi, halbnackt, ausgemergelt, jeden Tag kilometerweit zur Bahn, manchmal fallen sie, mit dem Gesicht in den Schlamm, und tritt einer auf sie, stehen sie wieder auf, fallen, immer wieder, bis sie nicht mehr aufstehen können und von ihren Kameraden in die Krankenbaracke geschleppt werden, wo wir sie wieder aufmöbeln dürfen, große Männer, bis auf die Knochen abgemagert, am Rande des Todes. Wenn sie weiterhin fallen und der Kommandant Lust dazu hat, haut er da und dort einen Kopf ab. Man muss ein Exempel statuieren. Die Umfallenden haben oft Cholera. Wir kriegen sie mit Scheiße zwischen

den Beinen herein. Ihr Anus pocht, und wenn man nicht aufpasst, spritzen sie einen voll. Scheiße, ich habe jahrelang in einer Parfümerie gearbeitet. Den Geruch von verrottendem Fleisch, Faulbrand und offenen Geschwüren kann ich nicht beschreiben.
Ein Japs, den wir das Krokodil nannten, ein Schleicher, der uns stundenlang mit einer Peitsche hinter dem Rücken belauerte, hatte in seiner Wut einen Schwellenschlepper so getreten und geschlagen, dass diesem die Därme zwischen den Beinen baumelten, ein noch junger Kerl. Auch Cholera. Er roch schon nach Tod. Ich konnte nichts weiter für ihn tun, als seine Därme wieder hineinfalten. Und danach das Feuer, das reinigende Feuer. Wir verbrannten alle Cholerakranken mit ihren Decken und ihrer persönlichen Habe: Fotos, Briefen, Schuhen und manchmal einer Bibel.
Der Kommandant beschuldigte mich, ich würde mit den Totenzahlen schummeln, angeblich hielt ich Arbeiter zurück und ließ sie unnütz krankschreiben. Japaner zählen den ganzen Tag, der Zählrahmen ist ihre Gebetsmühle. Quote. Jeden Tag so viele Meter Gleis, um den Kaiser zu ehren. Ich sollte Sklaven liefern, und wenn ich sie nicht aussuchte, würde er es tun; um das zu beweisen, riss er Infusionen heraus oder stieß ein Bett um, eigentlich einen Bambusrost, Besseres hatten wir nicht. Es war beschämend, krank zu sein, warum begriff ich das nur nicht. Er wollte, dass ich Binden löste, um zu überprüfen, ob die Wunden echt waren, und wenn es ihm zu langsam ging, machte er es selbst. Ich musste mich beherrschen, um ihm nicht mit meinem Skalpell zu Leibe zu gehen. Sterben am Gleis sei ehrenvoller als ein Tod im Bett, sagte er. Ehre. Scham. Ich kann die Wörter nicht mehr hören. War es auch eine Ehre, oder war es beschämend, dass das Krokodil zwei räudige Hunde in

der Krankenbaracke losließ, mitten in der Nacht, als alle schliefen? Ich wurde wach von den Schreien der Patienten. Die Hunde hatten die Verbände weggekratzt, sie leckten an Geschwüren und Wunden, die doch so schon nicht heilen wollten, aber in dieser Nacht taten Hundezungen sich an tropfenden Amputationswunden gütlich, oder sie kratzten mit ihren Krallen Wundklammern auf, eine Blutspur lief bis in den Schlamm, wir fanden ein Stück Darm neben der Operationshütte.«

Ich las den Brief laut vor, manche Sätze im einpeitschenden Duktus eines deutschen Frontjournals, um die Schmutzigkeit der Details rauszuschreien. Es tat ihr weh, ich sah es und fuhr trotzdem fort und machte weiter schlechte Witze: *Na, da haben wir den totalen Krieg …*

»In den letzten Wochen gab es kein Verbandszeug mehr, auf Plasma warteten wir seit Monaten, Matratzen moderten weg, wie alles Textil und Leder und der Gummi in der Injektionsnadel, die Tropen fressen alles auf. Die Erfahrung mit den Nacktläufern im Dschungel kam mir hier zugute, mit Palmblättern und Lianen kann man einen anständigen Druckverband anlegen und mit ein bisschen erhitztem Harz und einem angespitzten Bambus Wunder bewirken.

Aber gegen die geistigen Verwundungen konnte ich nichts tun, die Gefolterten, die im Dunkeln schrien, zerfetzt, keinen Nagel mehr am Leib, im Fieberwahn, zählend, um den Wahnsinn zu beherrschen […] die meisten sah ich vor meinen Augen weggleiten […] Außerdem hielt ich Sterbenden die Hand, mein Arm wurde ihr Klagebaum. Die ganze Zeit im Lager war mein Arm grün und blau.«

Ich warf den Brief schweigend auf den Tisch.

»Er hatte einen Grund, das so genau zu beschreiben«, sagte meine Mutter, als sie nach langem Schweigen den Brief wieder zusammenrollte. Sie roch kurz daran.

»Warum hast du ihn nicht zerrissen – das hat er doch gewollt?«

»Wegen Just, wegen deines Vaters, Carl wollte, dass ich wusste, was meine Männer mitgemacht haben. Ich musste weiterleben.«

»Komischer Liebhaber«, murmelte ich.

»Wenn dein Vater zu Hause wieder einmal im Dunkeln lag und schrie, las ich den Brief, dann verstand ich ihn besser.« Sie spielte mit dem Gummiband, das Carls Brief seit Jahren geknebelt hatte. »Ich hätte ihn dir früher zum Lesen geben sollen, aber ich konnte es nicht, ich hab es einfach nicht gekonnt.«

Sie wandte den Blick ab, wie eine schlechte Schauspielerin.

»Ehebruch«, sagte ich frostig.

»Ich habe niemanden im Stich gelassen.«

»Diesen Carl hast du einfach weitergesehen, mit seinem dicken Mercedes. Du hast mich nach oben geschickt und mit ihm unten im Zimmer herumgegurrt.«

»Nein, das war sein Bruder, ein Diplomat, der damals bei der Botschaft in Den Haag gearbeitet hat. Wir waren uns auf einer Sumatragedenkfeier begegnet und seitdem in Verbindung geblieben. Er hatte Fotos, die waren noch vor dem Krieg an die Eltern geschickt. Er verstand manches nicht.«

»Ich auch nicht.«

»Carl hat es nicht aufs Schiff nach Europa geschafft.«

Um drei Uhr nachts – die Zeit, in der ich immer aufwache – begriff ich Carls Brief erst richtig.

Ich hörte wieder seine Worte. Meine Stimme. Seine Stimme. Den Schrei meines Vaters, in deutschen Worten. Arme Mutter, diese Schrecken betäubten das Zählen in der Nacht, das Echo seiner Raserei, ihre Stunden des Wachens auf einem Feldbett im Flur – es war ihr Murmelbrief, ihr Gebet ... Sie kannte seine verschwiegene Geschichte. Die Fakten, die nicht weitergegeben wurden. Und ich schlug und trat und schrie, damals ... und wollte wissen, und jetzt, wo ich es wusste, wusste ich nicht, was es mit mir anrichtete. Ja, getroffen von seinem Krieg, von ihrem Krieg ... Nichts Neues, außer, dass es nie vergehen würde. Nicht mit Verständnis. Nicht, wenn ich anerkannte, meine Mutter zu lieben. Nicht, indem ich ihre Geschichten stahl.

Ich kämpfte meinen eigenen Krieg. Schon immer. Ein Viertelstündchen am Morgen, ein Viertelstündchen unter Mittag und ein Viertelstündchen nachts um drei. Wenn Millionen wachliegen. Allein.

> Mammie kann nicht beißen, der Japs ist dran schuld, Lachen tut weh – jeden Tag Krieg, Maikäferchen flieg. Krieg, Krieg, jeden Tag Krieg. Bei Pappie ist 'ne Schraube locker, er zählt im Dunkeln seine Toten, sechstausend Mann auf einen Schlag – jeden Tag Krieg, Maikäferchen flieg. Krieg, Krieg, jeden Tag Krieg. Moffenspuren in den Dünen, Bunker und rostige Minen, Sperrgebiet und Bombenkrach – jeden Tag Krieg, Maikäferchen flieg. Krieg, Krieg, jeden Tag Krieg.
>
> Und die Juden von der Elzenlaan tragen 'ne Nummer auf dem Arm, frag bloß nie danach – jeden Tag Krieg, Maikäferchen flieg. Krieg, Krieg, jeden Tag Krieg. Auch bei dem Knirps von nebenan, weil sein Vater an der Ostfront lag – jeden Tag Krieg, Mai-

käferchen flieg. Krieg, Krieg, jeden Tag Krieg. Im Tosen der Tannen hör ich russische Panzer und piss meine Angst ins Bett – jeden Tag Krieg, Maikäferchen flieg – Kind im Widerstandskabarett.

47

Am dritten Tag der Erdbeerdiät klammerte sie sich an die Bhagavad Gita – der Umschlag war voller roter Flecken.

Denn dem Geborenen ist der Tod gewiss, dem Toten ist die Geburt gewiss. Darum sollst du über eine unvermeidliche Sache nicht trauern.

Den zwei Helden der Geschichte gab sie, trotz ihrer Schwäche, jeweils eine eigene Stimme: Krishna bekam eine hohe – das Göttliche in uns –, der Wagenlenker, der die Zügel unseres Seins in der Hand hält, und Arjuna eine tiefere – das Menschliche in uns –, der Wahrheitssucher und Krieger. Jede Seite ein Schlückchen Wasser, gegen die Heiserkeit. Für sie war die Bhagavad Gita mehr als ein nacherzählter Dialog über Gut und Böse, sie las ihn als eine Lektion in Sterben.

So wie ein Mensch abgetrag'ne Kleider ablegt und andere, neue anzieht, so legt auch die Seele die abgetragenen Körper ab und geht in andere, neue, ein.

Meine Mutter bereitete sich auf ein nächstes Leben vor. Karma. Seinem Schicksal konnte man nun einmal nicht entfliehen. Kurz hatte sie auf das *helle Licht* gehofft, um vom Feuer geläutert zu werden und im Nichts aufzugehen. Fertig mit den vielen Leben hier unten, aber sie musste trotzdem weiter in die nächste Runde, sie ahnte es.

Dieses Leben hatte sie beschissen (ihre Worte), oder sie hatte sich selbst beschissen – da war sie sich noch nicht ganz sicher, aber wenn sie jetzt alles für sich sortierte, die Geschichten von den Lügen trennte und sah, dass es eigentlich nicht so viel ausmachte, weil man Lügen braucht, um das Leben zu ertragen, versuchte sie kurz vor Toresschluss doch noch ihr Höheres Selbst anzusprechen – in den angestrichenen Krishna-Zitaten: *Der Mensch ist frei in seinem Denken, doch hält der Gott im Menschen die Zügel in der Hand. Lass von dem Göttlichen in dir dich leiten.*

In ihrem neuen Leben musste sie versuchen, eine Stufe aufzusteigen. Die Gita war ihr Reiseführer. Sterne, Steine, mit Karten in die Zukunft spähen – das lag hinter ihr. Sie kannte nun ihre Zukunft: ein letzter Atemzug, ein Tabee, und anschließend ein heilender Aufenthalt in einem kosmischen Garten, der Zwischenwelt, wo Gestorbene ihr Karma justieren ließen, bevor sie wieder auf der Erde ausgesetzt wurden.

Sie würde unsichtbar werden, ihr Schatten würde verschwinden. Doch bis es so weit war, musste sie einen kühlen Kopf bewahren, sich wappnen gegen Stimmen und Erscheinungen. (Hoffte sie, hoffte sie, denn schon jetzt rüttelten Tote an ihrem Stuhl.) Meditation konnte ihr helfen, stark und entschlossen zu bleiben, zumindest, wenn sie den Dämonen aus dem Weg gehen konnte und vor den Geistern die Ohren verschloss, die sie in die falsche Richtung schicken wollten. Wahnbilder – sie hörte es mich denken, aber einem sterbenden Gehirn konnten sie real erscheinen.

Und wie lange würde sie in diesem kosmischen Garten bleiben? Keine Ahnung. Wochen, Jahre, vielleicht bis in eine andere Zeit, aufgelöst in Wolken von Licht, in Dunst, in Rauch, in Tau, in Nacht, in einer Himmelswelt, aber eines Tages würde auch ihr unbewusstes Sein, ihre Seele, ausgesät werden. Und wo wäre sie dann willkommen, in welchem Land, welchem Boden, an welcher Gebärmutter musste sie vorübergehen, in welcher sich einnisten? Fragen, die sie sich laut stellte.

Darauf hatte ich keine Antwort, ich versuchte, ihr zu folgen, notierte ihre Gedanken und hastete ab und zu in die Küche, um eine Erdbeere und ein Glas Wasser zu holen. Ihr Mund war so trocken.

Sie knipste ihre Tasche auf, fischte einen kleinen Handspiegel heraus und betrachtete ihren Mund. Verwundert betastete sie ihre aufgerissenen Lippen. Sie nahm ihren Lippenstift. Frivol rot – nach grauen Wochen. Ihr Mund wurde ein rotes Rad. »Nimm es hin«, flüsterte sie in sich hinein, »wie Hitze, Kälte, Kummer, Genuss. Es ist flüchtiger Natur.«

Sie holte noch etwas aus ihrer Tasche, ein Schächtelchen mit einem Siegelring. »Hier, nimm ihn mit, er ist noch von deinem Großvater.« Meine Mutter kettete mich an ihre Familie. Ich gefangen. Sie frei – wie eine Flamme vom Rauch. So wollte es die Gita: *Leicht gehen, frei von Verlangen, von Besitz und Sinnestaumel.* Sinnestaumel – ein Stolperwort. Ihr Gebiss schwamm. Der Kiefer schwand, aber ihre Sprache wuchs: *Zügle das rastlose Denken, schließe die Pforten des Körpers, nimm Abschied vom Verlangen der Augen, Ohren, Nase, des Mundes und lass das Denken verstummen.*

Sie schloss die Augen und meditierte. Lippen fest zusammengepresst. Schwankend in ihrem Streitwagen. Die Zügel fest in der Hand.

48

Saskia kam einen Tag früher zurück – meine Berichte hatten sie beunruhigt. Mutter klagte über schreckliche Schmerzen in den Beinen, sie konnte kaum noch gehen, zum WC schaffte sie es nicht mehr. Ihr Kleid hing wieder im Schrank, Hosen ließen sich leichter waschen.

Der Tod zeichnete ihr Gesicht, aber sie legte sich nicht hin. Sie wollte aufrecht abtreten. (Ein tibetanischer Tipp.) Aber auch das Sitzen fiel ihr immer schwerer. Ihre Pobacken schrumpften, die Knochen pikten in ihre Haut. Saskia zwang sie, im Bett zu bleiben. Aber dann weinte sie trockene Tränen und spuckte uns Erdbeeren ins Gesicht. »Stuhl. Stuhl.«

Sitzen ist besser als liegen. Stuhl ist höflicher als Bett. Man kann doch nicht im Liegen Leute empfangen. Aufgerichtet kann man sitzen, alles überblicken. Auf einem Stuhl kann man predigen und kacken und sterben – elektrisch, wenn es sein muss – oder, bei der Reise nach Jerusalem, darauf plumpsen. Manchmal dient er als Tritt. So viele Sätze, so viele Stühle. Dennoch ist Sitzen sein Zweck, trotz seiner vier Beine. Er will nirgendwohin. Seine Lehnen sind offene Arme, sie geben Halt, ziehen aber auch Grenzen. Ich hier. Du dort. Stühle suchen Gesellschaft und sind selten allein, doch von dem meiner Mutter gibt es keinen zweiten. Es ist ein Bauernstuhl. Zuckeradel besaß ihn, das Holz kam aus den Tropen. Wenn ich ihn berühre, fühle ich den Wind in den Fasern, die Unrast der Reise, dennoch hat er geduldig mein Hinterteil getragen. Das Leben von Sklavenholz ist hart. Er kam vom Vater auf die Tochter. Meine Mutter besaß ihn ein halbes Jahrhundert. Sie verstanden sich gut. Obwohl sie ihm den Rücken zukehrte, streichelte sie ihn mehr als ihre Kinder. Er war ihr Lesestuhl, ihr Geschichtenstuhl, ihr Teestuhl. Er gab ihr Rückgrat, Stolz. Auch wenn sie nicht auf ihm saß, hielt sie ihn besetzt. Lauf drumherum. Beuge dich. Zittere. Ein bisschen Respekt, Mann. Ins Feuer mit ihm.

49

Wir teilten zu dritt das Apartment und gingen auf Socken. Alle Geräusche taten weh. Ich öffnete noch mehr ungeöffnete Post (darunter ein Berg haushoher Telefonrechnungen) und sortierte Pensions- und Versicherungsunterlagen. Vor aller Augen. Saskia hatte ihr den Schlüssel zum Sekretär abgeschwatzt, aber meine Mutter schob die Papiere jedes Mal beiseite. Geld, wen interessierte das noch.

Saskia war jetzt Herr im Haus und hatte beschlossen, dass ein Bett mit Antidekubitusmatratze her musste. Am besten mit Gitter. Sie telefonierte, organisierte und ging viel bei der Direktorin ein und aus. Ich flüchtete mich in die Ausarbeitung meiner Aufzeichnungen und las meiner Mutter ganze Stücke daraus vor. (»Nein, so war das nicht, wie kommst du bloß darauf, da bin ich nie gewesen.«) Wir verbesserten und ergänzten. Sobald Saskia hereinkam, brachen wir ab, auch wenn wir mitten in einer Geschichte waren. Es wird »unser Buch«, sagte meine Mutter verschwörerisch.

50

Das hohe Bett wurde geliefert. Ein Sterbebett auf Rädern. Saskia ließ es ins Wohnzimmer stellen, ans Fenster, dann konnte Mammie noch ein bisschen mit den Geranien reden und in den Garten schauen. Der große Tisch zog ins Schlafzimmer um, der Fernseher bekam einen anderen Platz, und der alte Perser musste weg – die Räder des Betts blieben darin hängen, und wir stolperten über die Risse. Ich rollte ihn zusammen. Man konnte die Abdrücke spüren, die verschlissenen Stellen unter dem Stuhl – die Ungeduld eines Lesers. Die Rollatorpfade. Es war, als ob ich unser Tischleben erstickte: die Geister des Ouijabretts, weissagende Zauberfrauen, Rote-Bete-Saft, Bierhefeflocken, tausende Tassen Tee, Apfeldinkelkuchen, Mandelblätter, Zorn und Wut, unterdrückte Wut. Unser letztes Haus ächzte in diesem Teppich. Ich walkte ihn mit meinen Knien und machte ihn mir gefügig. Auf die Schulter, raus damit. Aber Mutter rief mich zurück. Sie wollte den Teppich streicheln. Er bekam ein Tätscheln. Ein Dankeschön. Sie umarmte ihn.

51

Saskia schlief auf dem Sofa neben meiner Mutter und ich im Bett im Schlafzimmer. Meine Beine krampften. Empathie kann auch weh tun. Und ich hatte Angst – mehr Angst vor ihrem Tod als sie selbst. Ich wollte sie nicht sterben sehen, nicht das Röcheln hören, nicht die erschlaffende Hand festhalten und auf eine Leiche zurücklegen. Ich hatte meine Lehrerschwester sterben sehen, ein drei Tage währender Kampf, ihr Körper hatte schon aufgegeben, aber das Herz schlug immer weiter. Ich konnte ihre Grimasse nicht auslöschen. Eine solche Erinnerung war genug.

Das hohe Bett brachte meiner Mutter keine Ruhe. Sie keuchte, ließ Winde vom Kopf- bis zum Fußende rollen, sie warf sich herum, trat, rüttelte an dem Schutzgitter und drehte das Leintuch zu einem Strick. »Es geht so schnell. Ich sehe so viel.« Sie kreiste nervös mit den Daumen. »Was für ein Film.«

Ich blies ihr Kühle zu. Die Härchen an ihrer Schläfe wehten in meinem Atem mit.

»Ich rieche die Tannen.«

Der Garten verlor seine Blätter, und nirgendwo war eine Tanne. Sie roch Carl. Seine Nähe, den Waldgeruch, der ihn umgab. In seinem Behandlungszimmer versprenkelte er

Tannenzapfenöl – um einen kühlen Kopf zu bewahren. Deutsche Tannen. Sie sah ihn vor sich stehen. Krank, nur Haut und Knochen. »Was sollte ich tun? Bei ihm bleiben? Und was war dann mit Just? Es war eine unmögliche Entscheidung.«

Ihre Augen tränten.

»Ich habe sein Grab besucht. Dreimal. Die Nummer liegt in meinem Sekretär in der Schublade. Das Grab muss bleiben.«

Ich nickte zustimmend, obwohl ich nicht recht begriff, was ich da versprach. Die paar Mal, in denen sie mit einer ihrer Töchter nach Indonesien zurückgekehrt war, um das Kriegsgrab ihres enthaupteten Vaters zu besuchen, fuhr sie auch zu Carls Grab, um einen Tannenzapfen darauf zu legen. »›Missionsarzt‹ habe ich auf seinen Stein schreiben lassen. Auf Niederländisch. Beim ersten Mal versuchte ich, einen Tannenzapfen einzupflanzen, da kam der Gärtner zu mir her. Es war verboten. Er zeigte mir eine andere Stelle. Wir haben ihn dann zusammen eingepflanzt. ›Für Ihren Mann‹, sagte er.«

Sie lächelte. »Es muss jetzt ein Baum sein. Vergiss nicht, dem Gärtner was zu geben.«

Untreu bis in den Tod.

Und bevor ich sie allein ließ: »Du hast keine Ahnung, wie sanft dein Vater sein konnte.« Sie holte tief Atem. »Wie er meine Blusen bügelte, diese Sorgfalt, die Aufmerksamkeit für die kleinste Falte.«

Ich wollte es nicht hören.

»Er war ein guter Liebhaber.«

Sie platzte damit heraus. Ich wurde rot. Mein Vater als Liebhaber. Ein Soldat, der Blusen bügelte.

»Es reicht«, sagte ich. »Jetzt keine Geschichten mehr.«

52

Sie sprang durch die Zeit, nicht wie ein Erzähler, der Erinnerungen heraufbeschwor, nein, die Erinnerungen nahmen von ihr Besitz. Sie verlor die Verfügungsgewalt, war nicht mehr Herrin über ihren Verstand und fühlte sich der Chemie unter ihrem Schädel ausgeliefert. Saskia und ich saßen neben ihr. Ich schrieb kein Wort mehr auf. Wir benetzten ihre Lippen. Sie trank kaum, ab und zu schmierte eine Erdbeere noch ihre Kehle. Sie fühlte Stromstöße, so erlebte sie es, Geister klopften bei ihr an, vielleicht Wächter, oder Engel, die sie auf die andere Seite bringen sollten. Wahnbilder – sie wusste es.

Aber diese Stromstöße schien es doch zu geben. Als Saskia am Abend einen »befreundeten Neurologen« anrief, wischte er Mutters Wahnbilder nicht völlig vom Tisch. »Das menschliche Gehirn generiert Strom, an die zwölf Watt, genug Energie für eine Taschenlampe. Wie ein kleines Kraftwerk schickt es elektrische Impulse durch die Bahnen unseres Nervensystems und stimuliert damit unsere Muskeln und Gedanken. Zum Glück merken wir nichts davon, außer wenn etwas schiefgeht, bei Epilepsie oder Parkinson. Mit zusätzlichen Stromstößen können wir dem Gehirn alle möglichen Empfindungen vorgaukeln – Phantomeffekte, die vom Patienten oft als übernatürlich gedeutet werden.«

Vielen Dank, Herr Doktor.

Wir trösteten unsere Mutter mit diesem Wissen.

»Ein alter Hut«, sagte sie, »das haben die Tibeter schon vor der Erfindung des Hirnscans gewusst. Aber frag den Mann doch mal: Wer hat uns denn überhaupt unter Strom gesetzt?«

53

Sie hörte einen Hund bellen, einen Kettenhund, und sie roch verbranntes Holz. Die Soldaten auf dem Fort zündeten große Feuer an. Sie rief nach Nellie. Ihre Stimme war heiser, sie spürte das Frösteln einer Magd im Winter, bei Nellie musste alles blinken, die Eimer, die Schwelle, die Messingklingel. »Pa hatte gern Frauen um sich.«

Wir deckten sie zu.

Oh, die vielen Bauern im Zimmer. Schwarz … »Dort fliegt ein Engel.« (Fremde Stimme.) Sie hustete, röchelte. Saskia zog sie hoch und klopfte den Schleim locker. Eine zähe Geschichte kam heraus: Nellie und die kleine Marie mochten sich leiden, aber die Haushälterin erlaubte die Freundschaft nicht – eine Magd gehört zu den Knechten. Die Soldaten pfiffen ihr nach. Als sie schwanger wurde, gab es für sie keinen Platz mehr. (Gelassen.) »Ich hab noch nie jemanden so weinen hören … Eine Frau von der Kirche sollte sie abholen, die wusste ein Heim. Da wollt sie nich' hin. Nellie hatt' gar keinen gehabt. Sie hat sich auf dem Dachboden versteckt.«

Die Matratze trommelte. Mutter schaukelte. »Nein, nein!« (Mit den Armen rudernd.) »Ich hab nix gemacht.« (Dreimal.) »Der Trockenboden …« (Zur Decke zeigend.) »Bleib dort! Wischwischwisch, blubb klapperdiblubb.« (Zahnlos.) »Wir haben den Knall in der Küche gehört.«

»Wahnbilder«, sagte Saskia. »Delirium.«

Wir wiegten ihren glühenden Körper in den Schlaf.

Draußen bellte ein Hund. Ein echter. In der Ferne kringelte Rauch aus einem Schornstein, die ersten Kaminöfen wurden angezündet.

Saskia roch in Mutters Windel den Tod.

54

Ihr Sterben nahm sich Zeit. Immer wieder sagte sie: »Heute Nacht ist es so weit.« Saskia und ich wichen nicht von ihrem Bett, doch jeden Morgen sah unsere Sterbende wieder hohläugig um sich. Schmachtend nach Erdbeeren. Klar, ohne schwere Zunge.

Abschiednehmen schaffte ich nicht mehr, was sollte ich noch sagen? Ich hatte ihr tibetanische Ratschläge ins Ohr geflüstert, aus der Gita vorgelesen, Kreuzchen auf die Stirn gekratzt und jedes Mal wieder eine gute Reise gewünscht. Aber sie blieb. »Ich bin nicht totzukriegen.«

Saskia wuchs in ihrer Rolle als Krankenpflegerin. Sie wusch, säuberte, massierte, hingebungsvoll. Am liebsten ganz allein. Sie schonte mich, schickte mich nachts ins Gästezimmer: »Geh du ruhig, ich bleibe wach, ich bin es gewohnt.«

Und ich lief gern davor weg. Ihr die Ehre des letzten Röchelns.

Ich telefonierte viel mit meiner Freundin. Sie lebte mit meinem »Mutterprojekt« mit, aber ich ließ sie nicht zu. Daher sahen wir uns kaum. »Bleib viel bei ihr, das ist gut für euch.« Sie fand, dass ich jammerte. »Es geht jetzt um sie und nicht um dich.«

Wir sprachen über das Literaturfestival in Paris. Unser Hotel war schon vor Wochen gebucht. Fuhren wir noch?

Es schien ihr unpassend.

»Saskia meint, dass ich fahren soll, es kann noch Tage dauern, sie ist unglaublich zäh.«

»Später bereust du es«, sagte meine Freundin. »Mich kriegst du nicht mit, ich will dann nicht den Vorwurf hören, ich hätte dich vom Sterbebett deiner Mutter ferngehalten.«

Ich buchte einmal Paris hin und zurück – im vollen Bewusstsein meiner Feigheit.

Ich verabschiedete mich noch einmal von meiner Mutter, mit einem Kuss, er klang wie ein Furz (von dieser Mistmatratze). Diesmal wünschte sie mir eine gute Reise. »Du hast recht, ich wäre auch getürmt.« Sie streckte die Hand aus und dankte mir feierlich: »Du warst ein guter Sohn.«

»Ja, ja, pass bloß auf dich auf.« Ich zeigte ihr meine verräterischen Aufzeichnungen. Drei Notizbücher allein über ihre Sterbenswochen, von ihren Lippen gestohlene Zeilen, aufgezeichnet von einem schreibenden Geier.

»Ich lese über deine Schulter mit.«

Verdammt kräftig hörte sie sich wieder an.

55

Am zweiten Abend des Festivals schickte mir Saskia eine SMS, dass ich meine Mails checken solle.

»Ein kurzer Bericht darüber, wie es hier aussieht. Was stellen die sich in den Niederlanden doch an, wenn's ums Sterben geht, in Italien, wo offiziell nichts erlaubt ist, sind sie viel flexibler. Weil es so lange gedauert hat und sie die Schmerzen nicht mehr aushielt, habe ich den Hausarzt doch um Morphium gebeten. Mammie wollte es auch gern. Er bot an, ein ambulantes Team zu schicken. Es kam eine Pflegerin. Nicht mal ein Arzt. Ich bin schon lange aus den Niederlanden weg, aber ein Team besteht doch nicht aus einer einzigen Person?
Um 18:45 legte die Schwester ihr eine Infusionsnadel am rechten Arm für das Morphium und am linken Arm eine für das Schlafmittel. Sie stellte beide Tropfe mit der Menge ein, die hierzulande üblich ist. Um 19:30 kam der Arzt, zur Kontrolle. Nach ein paar Minuten ging er wieder. Seine Frau hatte Geburtstag. ›Viel Vergnügen‹, sagte Mammie, mehr hatte sie mit ihm nicht zu besprechen. Das Mittel sollte erst nach zwei Stunden wirken. Aber bevor es so weit war, wollte sie gern die Nachrichten sehen! Die Kabinettsbildung. ›Interessiert dich das noch?‹ ›Ja‹, sagte sie. Ja! Ich konnte sie nicht davon

abhalten. Der Fernseher musste an. Sie hatte an jedem Politiker etwas auszusetzen, vor allem natürlich an den Katholiken, wie eurer Wirtschaftsministerin: ›Ist das die Möglichkeit, was versteht die Trulla von Wirtschaft? Sie war Lehrerin!‹ Und dann, welche Rolle der König dabei spielt, das fand sie noch schlimmer. ›Die Minister kriechen vor ihm zu Kreuze.‹ Auch nach den Nachrichten blieb sie hellwach. Ich rief die Schwester an. Viertel vor zehn kam sie und erhöhte die Dosis, danach wurde Mammie endlich ein bisschen ruhiger. Jetzt schläft sie. Puls bleibt kräftig. Hast du es schön dort? Interessante Autoren? Ich maile wieder oder rufe an.«

Mitten in der Nacht ging das Telefon: »Mammie ist tot.« Kurz vor drei war sie aus ihrem Schlummer erwacht und hatte die Hand ihrer Tochter gesucht. »Sie drückte mich ein bisschen und versuchte, sich aus dem Kissen aufzurichten, um noch etwas zu sagen: ›Und der König ist eine Trantüte.‹ Dann fiel sie nach hinten.«

Ich war hellwach. Der Boulevard auch. Ich zog mich an, packte meinen Koffer und verließ das Hotel. Der nächste Zug in die Niederlande sollte um sechs Uhr fahren. Vielleicht musste ich mich im Hotel Terminus gegenüber dem Gare du Nord betrinken.

Ma mère est morte. Champagne!

Und da lief ich mit meinem Rollkoffer auf der Suche nach einem Taxi, nicht traurig, nicht erleichtert, sondern auf dem Weg zum Nichts. Nichts denken. Nichts fühlen. Die Rinnsteine wurden schon saubergespritzt, ein Senegalese mit einem grellgrünen Kehrbesen lachte mir zu. Zwei Dichter saßen auf der geheizten Terrasse von La Rotonde – ein alter Pole und ein junger Rumäne, Teilnehmer des Festivals. Sie winkten mir. Grienend ging ich auf sie zu. Wir kannten uns kaum – hatten am Eröffnungsabend ein Wort gewechselt, beim Diner zusammengesessen, vielleicht unsere Heldentaten gegenseitig im Festivalblättchen gelesen –, als Gedächtnisstütze nannte ich den Namen meines Landes – *Pays Bas* –, immer gut für ein Lächeln und freundliches Mitgefühl. Mit einer toten Mutter hatte man bessere Karten. Ja, vor ihnen stand eine frischgebackene Waise. Armer Mann – *pitoyable frère.* Der Ober wurde gerufen, eine neue Flasche bestellt, ein kühler Roter, und wir stießen auf meine Mutter an – mit dem Blick nach oben. Der Pole kniff mich ins Knie, der Rumäne schlug mir auf die Schulter. Der Wein klebte in ihren Mundwinkeln.

Was für eine Frau sie war? Ich wollte poetisch sein und sagte: »Wie ein verwilderter Garten. Eine Mutter für jede Jahreszeit. Voller Unkraut und Disteln und Dahlien und Rosen mit Dornen.« Der Pole wirkte enttäuscht. Ich entschuldigte mich für meine Klischees. »Eine Hexe, *sorcière* …«, versuchte ich es erneut. »Und konnte sie auch fliegen?«, fragte der Rumäne – er hatte einen Eierkopf und einen Schnurrbart, in dem sein Französisch stecken blieb (ein paar Gläser weiter schien es eine Hasenscharte zu sein).

Der Pole hob den Finger. *Chut* … hörten wir nicht das Rascheln des Besens? Er zog einen Stuhl herbei, ließ noch ein Glas bringen. Wir hielten kurz den Atem an … aber nichts landete.

Der Pole füllte die Gläser, auch das leere. »Meine Mutter hat nicht getrunken«, sagte ich, »höchstens einmal im Jahr, und dann rief sie nach einem Glas: ›O je, ich bin beschwipst.‹«

Nach diesem Bekenntnis tat ich den Dichtern erst richtig leid. War sie vielleicht kränklich? Gläubig? Beide waren auf dem Land aufgewachsen und hatten Mütter, die aus Äpfeln und Pflaumen Schnaps brannten – in der Scheune hinterm Haus. Der Rumäne besang die Schürze seiner Mutter, die jedes Jahr nach *tuic* roch – als Kind schnüffelte er sich an ihrem Schoß betrunken. »Was man behält, ist die Empfindung«, sagte der Pole. »Hochgehoben werden, unter ihren Rock kriechen. Aromen, Geräusche, ein nicht ganz trockenes Leintuch, so was bleibt hängen, nicht, was sie gesagt hat.«

Der Rumäne nickte: »Für Säugetiere ist die Nase das wichtigste Sinnesorgan.« Und nach dem Kippen des zigsten Glases: »Du musst dich erst leeren, leer werden wie ein Kind, erst dann riechst du deine Mutter wieder.« Sie sprachen in Zitaten anderer Dichter – Namen, die ich vergessen habe. Eine Zeile dröhnte nach: *»Chez soi, c'est l'ennemi le plus faible«* – zu Hause ist der schwächste Feind –, aber der Kampf gegen zu Hause ist der längste Marsch.

Wirres Säufergeschwätz, aber poetisch. Der Pole friemelte eine Brieftasche aus seiner Lederjacke (die er nach eigener Aussage seit Jahren tagtäglich trug – sie glänzte und roch muffig). Er zeigte uns ein Foto seiner Tochter, schon eine blühende Frau. Seinem Vater zufolge spukte seine Mutter in diesem Gesicht – als junges Mädchen. Der Dichter kannte nur eine zerknitterte Mutter: voller Striche und Kratzer, in denen er Bombardierungen, Hunger und Exil lesen konnte. Seine Eltern waren im Gefängnis gewesen, Hitler und Stalin hatten sie obdachlos gemacht. Der Krieg. Ich hatte nicht damit angefangen.

Der Rumäne hatte eine Mutter, die richtig fliegen konnte. Hang Gliding. »Sie springt vom Berg hinter unserem Dorf, in einem weißen Skianzug. Meine Mutter ist eine Möwe.« Der Pole: »Die Magensäure einer Möwe kann einen Nagel auflösen.«

Wir begossen uns die Nase. Zündeten Zigaretten an.

Kratzten uns hinter den Ohren und rieben die Schädel warm, aber wir waren zu betrunken, um auf vernünftige Gedanken zu kommen. »Wie verdaut man eine Mutter?«, fragte ich meine neuen Freunde. »Eine Mutter, die, wenn man sich weigerte, die ewig gleiche, mit Bierhefeflocken bestreute Rohkost aufzuessen, aus dem Fenster sah und mit einer Geschichte über das Weltall ankam. Hinter den Wolken glühten die Sterne, Millionen, sausten in unserer Milchstraße, ein Meer von Licht, und dennoch ist die Milchstraße nur eine Gasse, ein Punkt, und die Erde ein Stäubchen im Universum. Wir sitzen irgendwo am Rande des Raums, und dieser Raum dehnt sich aus, fließend und pulsierend, hin zum Nichts, zusammen mit Millionen anderer Sonnensysteme. In denen wieder Millionen von Planeten wie unsere Erde Lichtjahre voneinander entfernt sind. Beschäftige dich mal *da*mit, lass es auf dich einwirken – verstehst du? Und du willst deinen Teller nicht leer essen.«

»So eine Mutter hätte ich gern gehabt«, rief der Pole, »eine Frau der großen Linie, keine Erbsenzählerin.«

»Eine Philosophin«, lispelte der Rumäne.

Wir teilten das unberührte Glas, sahen nach oben, erkundeten den Himmel über Paris – kein Stern zu sehen, wohl die Leere, die Entfernung.

Genug getrunken. Ein ganzes Päckchen aufgeraucht. Ab in die Metro. Weg von der aufdämmernden Sonne. Keine Tränenfanfare, sondern Station für Station zu meiner toten Mutter.

56

Der Deckel war schon zu. Saskia wusste, was anpacken ist. Der Bestatter war bereits da gewesen, der Sarg ausgesucht, die Drucksachen geregelt und Mammie in eine Zelle im Mortuarium abtransportiert. Lag der Kopf frei? Und trug sie ihren roten Trainingsanzug? Nein, doch den Terrakotta-Tweed und die Bernsteinkette. (Für die Reise.) »Vertraue mir, sie sieht wunderbar aus.« Ich glaubte es gern.

Wir hatten die oberste Zeile auf der Trauerkarte vergessen. Es wurde: *Der Tod ist Erneuerung* – Jiddu Krishnamurti. Ein lästiger Name zum Durchtelefonieren. Die Karten passten nicht in die von unserer Mutter adressierten Briefumschläge – das Recyclingpapier riss, und außerdem brauchte man für ihre Handschrift eine Lupe. Wir schrieben neue Umschläge, und weil wir nicht in einem leeren Saal sitzen wollten (wie viele quicklebendige Bekannte hat eine Hundertjährige noch?), plünderten wir unseren eigenen Adressenbestand.

Saskia brach in Tränen aus. »Sie hat keinen von meiner Familie eingeladen, eine Schwester meines Vaters lebt noch, und warum sind meine Neffen und Nichten nicht dabei?« Ihre Tränen fleckten auf den Umschlägen. Saskia nannte Namen, von denen ich noch nie gehört hatte – ferngehaltene Verwandte. Auch vor mir.

Wir gingen die notierten Wünsche der Toten durch. Gebäck von der Hofconditorei van Laack. Okay. Aber dann auch *lemper* für die indonesischen farbigen Neffen und Nichten. Und Dahlien. Madame wünschte rote Dahlien auf ihrem Sarg. Prima, hundert Stück. Alles musste raus. Aber mein winterlicher Garten gab nichts mehr zum Pflücken her, und der Florist konnte nirgendwo rote auftreiben, auch nach langem Herumtelefonieren nicht. Trotzdem lag hier dieser dienstliche Befehl, lange vor ihrem Tod in Blockbuchstaben aufgeschrieben: TIEFROTE POMPONDAHLIEN.

Bauernblumen für eine Bauerntochter. Sie gediehen auf dem Lehm ihrer Kindheit (die Kühe waren verrückt danach) und bei uns zu Hause am Meer, wo wir mit Schaufel und Handfeger die Äpfel der Rettungspferde auffegen mussten, um den Sandboden anzureichern. Im Gooi machten sie sich besser – mit Hilfe der Sophen. Aus den Blütenblättern kochten wir Marmelade, und aus den Stielen Salbe. Im Winter lag der Keller voll verschrumpelter Skrotumknollen, die im späten Frühjahr, nach den Nachtfrösten, bei Vollmond wieder vier Daumen tief und quer ausgesetzt wurden.

Ihre letzte Katze wurde an einem Wintertag im Dahlienbeet begraben. Als Ehrerweisung. Sie blühten und bluteten heftiger denn je zuvor. Kein besserer Dünger als eine Leiche.

Der Florist ließ schließlich ein Bukett aus den Treibhäusern von Rom kommen. Wir hatten rote verlangt und bekamen rosa. Eine Ode an eine Farbenblinde.

Die Aula war voll. Drei Welten versammelten sich um ihren Sarg, in angemessener, aber gespielter Trauer: die Bauernfamilie, der farbige Überseezweig und eine bunte Gesellschaft aus Anhang und Bekannten. Eine einzelne theosophische Dame setzte sich noch mit dazu, aber die echten Sophen waren offenbar davongeschwebt.

Saskia sprach über ihre Mutter als Oma in der Ferne und ich über ihre bizarren Seiten. Wir brachten Urwaldgeräusche zu Gehör (ihr Wunsch): plätschernde Flüsse, Monsunregen, Banjirs, Überschwemmungen, Frösche aus Borneo – juchzend in der Nacht –, gähnende Orang-Utans am Morgen, brünstige Elefanten, ängstliches Flügelschlagen und ein Tropenorchester aus Papageien, Kakadus, Tokehs und Gekkos. Sie ließen die Dahlien erzittern. Eine Sängerin sang malaysische Lieder.

Im Anschluss schüttelte ich die Hände alter und neuer Verwandter – weiße und braune. Ich machte ein Schwätzchen mit zwei Veteranen von der Kriegsgräberstiftung (»Ihre Mutter war eine großherzige Spenderin«) und erkannte mit Mühe die sechzig Jahre älter gewordenen Jungs und Mädchen aus dem Repatriantenheim. Der Steuerberater stand auch in der Reihe: »Sie haben vergessen zu erwähnen, dass Sie von Ihrer Mutter zum Einundzwanzigsten ein neues Auto bekommen haben. Ein bisschen mehr Dankbarkeit wäre angebracht.«

Meine alte Schulfreundin, die Psychologin, bildete das Schlusslicht.

»Wie nett, dass du gekommen bist«, sagte ich.

»Ich habe deiner Mutter mehr zu verdanken, als du ahnst. Sie hat meine Abtreibung bezahlt, als ich schwanger war, in der letzten Klasse. Ja, ohne sie hätte ich nicht studieren können. Sie hat zuerst gedacht, du wärst der Vater … Hasenfuß.«

Ich wurde rot bis tief in den Nacken.

57

Unsere Mutter war zu Asche verbrannt, und wir saßen erloschen am Tisch. Die Teetassen klapperten wie eh und je, die Tülle der Kanne tränte herzergreifend – nach einem Jahrhundert Dienst in der Familie war auch sie verwaist.

Wir erholten uns allmählich von einer großen Suche: Saskia hatte die Schubladen ausgemistet, Schachteln und Koffer unter dem Bett vorgezogen, ich hatte versucht, die Truhe mit einem Schraubenzieher aufzubrechen – vergeblich, und der Schlüssel blieb unauffindbar. Die Truhe fühlte sich leer und leicht an, aber wenn ich sie hin und her schob, hörte ich ein vages Rascheln. Wir suchten nach Scheckkarten, Nachweisen von Geld- und Kapitalanlagen, nach Pensions- und Versicherungspapieren, die ich eigenhändig noch im Beisein meiner Mutter geordnet hatte, aber alles blieb unauffindbar.

Ein Telefonanruf beim Steuerberater brachte Klarheit. Unsere Mutter besaß keinen roten Heller. Das geerbte Kapital war seit fast zwei Jahren verjubelt. Sie hatte keine einzige Aktie mehr, kein Stückchen Bauernland. Nichts. Ihre Pension reichte gerade, die Gläubiger hinzuhalten und die Schande zu verbergen. Jetzt verstanden wir, warum die Zugehfrau, die Masseurin und die Friseurin gekündigt waren, und warum jede Hilfe und Unterstützung ferngehalten wurde. Aus Geldgründen. Sie musste kürzertreten. Deshalb wollte sie sterben. Unsere Mutter starb aus Stolz.

Wir wechselten von der Teekanne zum Alkohol und beugten uns über die vollgekritzelten Rückseiten alter Umschläge – Notizen voller Streichungen, blau von Tintenklecksen. Esoterische Auslassungen. Saskia konnte ihre Schrift am besten entziffern und las eine vor. »Wir leben mehrere Leben zugleich, jedes Mal, wenn wir eine Entscheidung treffen, lassen wir eine andere Möglichkeit verstreichen. Was wäre passiert, wenn Just nicht geköpft worden wäre? Wenn ich Bäuerin geworden wäre? Diese anderen Leben führe ich auch. Obwohl ich mir dessen nicht bewusst bin.«

Ihre Briefe verlangten forensische Expertise – nicht einmal Saskia kam dahinter. Briefe an Gelehrte, Politiker und Autoren auf der ganzen Welt. Wir erkannten die Namen von Borges, Upton Sinclair und Dick Francis – ihr Lieblings-Thrillerautor. Die meisten waren an die, die sie so gern als »die Stümper aus dem Parlament« bezeichnete, gerichtet – kein einziger je abgeschickt. (Nur gut, dass meine Mutter nicht twitterte, das Temperament dazu hätte sie garantiert gehabt.)

Den Brief an Fanny Blankers-Koen (vierfache Olympiasiegerin 1948 auf vier Laufstrecken) entzifferten wir gemeinsam. Nach der zweiten Flasche Wein.

»Einige Bemerkungen zu Ihrem Aufruf an die Jugend, öfter mal zu rennen. Ist das wirklich eine so gute Idee? Rennen ist primitiv. Eher etwas für Jäger, die mit dem Speer hinter ihrer Beute her sind. Wenn wir heutzutage rennen, sieht es so aus, als ob wir auf der Flucht wären oder etwas gestohlen hätten. Man rennt um sein Leben, aber doch nicht zu seinem Vergnügen? Rennen ist ein Instinkt, der uns in der Zivilisation zurückwirft. Das Rad rennt heute für uns, Moped, Zug, Auto, wie früher das Pferd. Ich habe Gefangene rennen sehen, auf Befehl ihrer Bewacher, die sie dann in den Rücken schossen: Tod auf der Flucht, hieß das. Nein, rennen hat für mich einen scheußlichen Beigeschmack, mit wandern kommt man viel weiter. Die Zivilisation verlangt nach anderen Formen der Bewegung. Haben Sie schon einmal an Eurythmie gedacht? Das wäre ein Schritt nach vorn: Mit dem Körper Gefühle ausdrücken. Man kann Konsonanten stampfen und Vokale trippeln lassen. Oder ein Lied umsetzen, ein Gedicht, je nach dem, was das Gefühl einem eingibt. Auf diese Weise entwickelt man ein Körperbewusstsein und Liebe zur Sprache. Dem Gefühl zu gehorchen ist besser, als seine Muskeln zu übersäuern.«

Die zweite Seite fehlte zum Glück.

Ihre Tasche stand unter dem Bauernstuhl, schuldbewusst hinter einem Bein, wie versteckt sah es aus – wir hatten sie übersehen. Keiner, der sie kurz auf den Schoß genommen hatte oder mit zum WC. Ich streichelte die alte Lederhaut, zerkratzt vom Leben, aber auch weich und ausgebeult und müde. Wie schwer sie wohl war? Die Badezimmerwaage zeigte fast sechs Kilo an, und die hatte sie mit sich herumgeschleppt. Sie klapperte, der Boden bog sich durch. Wir wagten kaum, sie zu öffnen. Verbotenes Terrain. Saskia kippte den Inhalt auf dem Tisch aus – Steine klirrten auf das Tischtuch. Brocken Quarz, Jaspis, Achat, Blutkoralle, Gagat und was sonst noch alles, um Dämonen abzuwehren, Kraft zu verleihen, eine Mauer von Gesundheit aufzubauen. In einer Plastiktüte klebte an einem rostigen Niveadöschen ein Stück Sunlichtseife. Wir rieben ein Fläschchen Alkohol sauber, Eisengarn, Nadeln, Brennglas, Schnürsenkel, ein Schweizer Taschenmesser. Ihr Survivalkit. Der Fluchtkoffer reduziert auf eine Tasche. Ich machte ein Foto davon – ein schöneres Porträt meiner Mutter habe ich nicht.

In einem verborgenen Seitenfach fanden wir den Schlüssel zur Truhe – grob geschmiedet an einer Silberkette. Endlich, da war er. Wir wogen ihn in der Hand. Das bewegte uns mehr als die ganze Feuerbestattung. Und jetzt war es an mir, zusammenzubrechen … Ich kniete mich hin, zog das Batiktuch weg, steckte den Schlüssel in das rostige Schloss, suchend, bis Eisen in Eisen glitt und ich den Deckel hochdrücken konnte – ich streichelte die Risse, die Spuren eines Beils, und zitterte am ganzen Körper. Eine leere Truhe gähnte uns entgegen, oder fast leer: in einer Ecke lag ein Musselinbeutelchen mit zwei langen Spitzenhandschuhen – wir kannten sie vom Hochzeitsfoto unserer Mutter. Und auch ein Sepiaporträt einer jungen Braut mit traditioneller Bauernhaube und Juwelen. Lijntje. Mutter und Tochter sahen sich ähnlich. Sie trug die Handschuhe, mit denen ihre Marie später dem Bauernleben entrinnen sollte.

58

Das Sterbebett war abgeholt – es gibt eine große Nachfrage nach aufblasbaren Matratzen. Wir stellten alle Möbel an ihren alten Platz zurück, die Tasche stand wieder neben ihrem Stuhl, und wir fassten nichts mehr an: Der Hocker blieb in der Dusche, die Teekanne auf der Anrichte, die Tassen neben dem Wasserkocher. Alles blieb neun Tage lang unberührt – wie aufgetragen. Der Geist meiner Mutter würde sich an nichts stoßen. Sie konnte sich einfach hinsetzen. Ihr Stuhl ließ Platz für ihren Bauch. Das schmuddelige Kissen wartete.

Saskia verließ das Zimmer. Ich setzte mich an den Tisch und beschrieb die Dinge um mich herum: die Uhr der französischen Tanten, die hellen Flecken auf der Tapete, wo einst ihre Bilder aufgehängt waren, der nahezu leere Bücherschrank, die Fotos ihrer toten Töchter und militärischen Männer, das verblasste Lächeln des Swami, ihr knotiger Spazierstock, die gestutzten Geranien in der Fensternische.

Die Balkontür flog auf, meine Mutter kam herein, biegsam und hochgewachsen. Sie trug Gartenkleider, ihre Knie glänzten vom Gras. Sie ging zu ihrem Stuhl, schlug ihre Säulenbeine übereinander, schnappte sich mein Notizbuch und las die erste Seite … »Wir standen uns gegenüber, meine Mutter und ich.« Sie nickte.

Anmerkung des Autors

Die Zuckerregion und die van Disse habe ich beschrieben, wie ich sie sah. Mein Tropenatlas stimmt nicht immer, nur die Karten meiner Mutter sagen die Wahrheit. Und meine Mutter? Gleicht sie der Frau, wie andere sie gekannt haben? Ich schreibe über den *Eindruck,* den sie bei mir hinterlassen hat. Dasselbe gilt auch für ihre Kinder. Wer sich für meine Quellen und die zu Rate gezogenen Werke aus der Esoterikbibliothek meiner Mutter interessiert, besuche meine Website: www.adriaanvandis.nl

Nachweise

Die in Kapitel 32 zitierten Tagebucheintragungen von Jules Renard sind der Übersetzung von Liselotte Ronte entnommen.

Jules Renard, Ideen, in Tinte getaucht. Tagebuchaufzeichnungen. Hrsg. und aus dem Franz. übertr. von Liselotte Ronte. DTV 1990

Die in Kapitel 36 zitierten Bemerkungen Krishnamurtis folgen der Übertragung von Erich Schmidt.

Jiddu Krishnamurti, Einbruch in die Freiheit. Lotos Verlag 2012 (33. Aufl.)

Die in Kapitel 47 zitierten Passagen aus der Bhagavad Gita folgen der Übertragung von Siegfried Lienhard.

http://www.gita.be/duits.htm

»Lucile starb, wie sie es sich wünschte: lebendig. Jetzt bin ich in der Lage, ihren Mut zu bewundern.«

DELPHINE DE VIGAN

Das Lächeln meiner Mutter

Schon als Kind findet Delphine ihre Mutter Lucile schöner, talentierter, unkonventioneller als andere Mütter – aber auch immer wieder kühl und distanziert. Verunsichert bewegt sich Delphine in diesem emotionalen Spannungsfeld und kämpft um die Liebe von Lucile. Wie hält man eine Mutter fest, die sich – bis zuletzt – stets entzieht?

»Wie die Autorin die Balance hält zwischen dem, was man wissen darf, und dem, was man nie erfahren soll, ist großartig und bewegend zugleich.«

Christine Westermann

DROEMER